王阳明文化研究书系

WANG YANGMING YU SHANGYOU

王阳明与上犹

周建华　陈定云◎著

江西高校出版社

JIANGXI UNIVERSITIES AND COLLEGES PRESS

图书在版编目（CIP）数据

王阳明与上犹 / 周建华，陈定云著 . -- 南昌：江西高校出版社，2024.8. --（王阳明文化研究书系）.
ISBN 978-7-5762-4855-5

Ⅰ. B248.2

中国国家版本馆 CIP 数据核字第 2024E99X13 号

出 版 发 行	江西高校出版社
社 　 　 址	江西省南昌市洪都北大道 96 号
总编室电话	（0791）88504319
销 售 电 话	（0791）88517295
网 　 　 址	www.juacp.com
印 　 　 刷	浙江海虹彩色印务有限公司
经 　 　 销	全国新华书店
开 　 　 本	700 mm×1000 mm 　 1/16
印 　 　 张	20.25
字 　 　 数	270 千字
版 　 　 次	2024 年 8 月第 1 版
印 　 　 次	2024 年 8 月第 1 次印刷
书 　 　 号	ISBN 978-7-5762-4855-5
定 　 　 价	68.00 元

赣版权登字 -07-2024-337

阳明先生小像

前言

上犹人文，源远流长，但真正使上犹文化鼎盛的是王阳明，同治《上犹县志·序》云："王文成公平瑶贼，道犹邑白水、茶潭间皆其经一所及。文成昌明圣学，功业、文章不朽，非诸生所习闻乎？"

明代思想家黄宗羲曾说："姚江之学，惟江右得其传。"所以，"阳明一生精神，俱在江右"。上犹是江右古南安府属下一个县，虽居偏远，人文底蕴却深厚；地虽不大，却菁华杰盛；人口不多，却别有一番精神气质。特别是500年前，一代圣人王阳明过化之后，上犹有了自己独特的个性，有了加速度的文化演进。

阳明莅犹，吾乡有幸；兵法之妙，存乎一心；治国安邦，外王内圣。王阳明与上犹有着深厚的文化关联：

王阳明平定盘踞在上犹境内的以谢志珊（亦作谢志山，部分引文中保留"谢志山"的写法）、蓝天凤（亦作蓝廷凤）为首的土匪，其中有五路兵马经上犹直捣匪巢横水、左溪和桶冈。平息匪患之后，王阳明奏请朝廷，割上犹、南康、大余三县之地，成立崇义县。新成立的崇义县，有五分之三的地方原属上犹管辖，其中县城横水及重镇左溪、桶冈，原本都是上犹县境。王阳明亲书的《平茶寮碑》，就刻在原上犹辖地思顺桶冈。崇义县设立后，王阳明又派自己的得力助手、上犹典史李禄去治理新县。

王阳明在上犹建功立业，提出了"破山中贼易，破心中贼难"的著名观

I

点。他在上犹营前练兵、筑城，还在中稍屯兵、温泉疗养。他还在上犹进行乡村社会治理，通过办学，讲授"良知"之道，对百姓进行教化，其间，在上犹留下了许多诗文，不少上犹籍弟子拜王阳明为师，他的不少弟子过化上犹，不少部将在上犹立功。王阳明在上犹留下了许多故事传说。阳明湖坐落在上犹境内，阳明小镇落户上犹，王阳明手迹《南赣家书》留在上犹。上犹百姓还没忘记他，立生祠纪念他，挂像拜谒他，世世代代铭记他的功德。

从某种意义上说，上犹是王阳明立德、立功、立言，成就"三不朽"业绩的重要地方，是"破山中贼易，破心中贼难"这一观点的产生地，是阳明知行合一、致良知心学要旨的实践地。

在上犹中稍，王阳明作诗一首，以抒胸臆："此山有贼，吾心不宁。破得此贼，吾心始安！此心有贼，世界不安。破得此贼，世界始宁！"

破山贼建县，是王阳明来此地的丰功伟绩。《上犹县志》云："正德十二年，都御史王守仁奉诏率三省会剿桶冈洞瑶贼。事平，立崇义县。先是，上犹有逋逃流民，窜伏桶冈、横水、左溪诸峒，号曰日瑶贼。贼首谢志珊等纠合诸贼高快马等，统众数千，遥与惠州三浰贼池大鬓等相声援，四处焚掠，官民被害，至是，御史王守仁疏请三省合剿。十月，会师上犹，分道进讨，破横水、左溪二巢，贼窜，退保桶冈老巢，据险固守。十一月，复合兵进攻，破之，捣其巢穴，瑶贼平。旋引兵进剿池水鬓，三浰贼悉平，遂割大庾之义安里，南康之龙平、尚德二里，上犹之崇义、上保、雁湖三里，立崇义县。"

破"心"贼，建设上犹人的精神家园，则是王阳明的更重要的使命。明赣州候补州同、安福人刘裕熙云："阳明先生救人心以学，济万民以功，岂屑与二氏之徒争隆替？"

习近平总书记指出："王阳明的心学正是中国传统文化中的精华，也是增强中国人文化自信的切入点之一。"王阳明"致良知"说不仅在当时有着积极的意义，而且对当代社会精神文明建设也有着极其可贵的启迪。王阳明的万物一体思想对人类命运共同体与人类文明新形态的建构，以及"一带一路"倡议的实现也具有借鉴意义。今天这个社会经济发展过快，造成了我们在意识方面的混乱和心理上的浮躁，很多人都觉得无所适从，而心学所强调的立志、良知、诚意、知行合一、致良知，以及王阳明提出的"人人都是圣人"的口号，对我们这个浮躁的社会来说，正好是一剂正本清源的良药。因此，认识王阳明、了解阳明心学，对我们的人生、对国家、对社会、对世界，都有一定的帮助。

目 录

下编　世代流传

上编 生平事迹

第一章
千古一圣　真三不朽

一、名门世家　文脉延承

王阳明，名守仁，字伯安，浙江余姚人。他的家族是琅邪世家，后迁居山阴，以书法著称。远祖是一代书圣王羲之，王羲之之子王献之，后人王僧虔、王慈、王志、智永，都是大书法家。王羲之不仅是大书法家，还是一代名臣、文学家，曾为东晋宁远将军、右军将军、会稽内史，其所书《兰亭集序》是"天下第一行书"。王阳明传承了先祖的文化基因，不仅善书法，也立下功勋，同时还是文学家。明代书画家徐渭评价二人说，王羲之"以书掩其人"，王阳明"以人掩其书"。意思是说，王羲之才华横溢，文学成就突出，而且立下了功业，但是他的书法成就太突出了，掩盖了其他成就；王阳明也是一位大书法家，但是因为功业过人、思想深邃、才华盖世，掩盖了他的书法成就。

明初，王阳明的六世祖王纲因才华和品格为开国名臣刘基所赏识，推荐他做官。王纲以古稀之年来到南京，向明太祖朱元璋献上了治国之策。他因策论受到了明太祖的重视，并被授兵部郎中、广东参议等职。在王纲勇敢抗敌、不幸牺牲后，他十六岁的儿子王彦达，用羊皮裹着他的遗骸，艰难地回到了余姚老家。从此，王彦达便立下了"不许为官"的祖训，而王家的子孙也积极吸取自己祖宗的教训，对于名利之事看得相当淡薄，多次拒绝入朝为官。

王阳明的高祖王与准，早年闭门力学，尽读先世遗书，精通《礼》《易》，著有《易微》数千言。王与准之子王杰，即王阳明之曾祖，字世杰，自号槐里子，学者称为槐里先生。幼时即有志圣贤之学，年十四尽通四书、五经，以及两宋诸位大儒的学说，后以明经贡太学，著有《易说》《春秋说》《周礼考正》《槐里杂稿》数卷。

王阳明的祖父王伦，字天叙，其家虽环堵萧然，而雅歌豪吟，胸次洒落。穷年口诵心惟，于书无所不观，尤其喜读《仪礼》《左传》，以及司马迁的《史记》等。为文简古有法，赋诗援笔立就，著有《竹轩稿》《江湖杂稿》若干卷。王伦虽然不曾为官，但是王家天生的基因加上他父亲遗留下来的书籍，使得他成了江南地区颇为出名的才子，而他本人也教出了一个好儿子王华，这便是王阳明的父亲了。

王华，字德辉，明成化十七年（1481）参加科举，考取第一名，也就是状元。授修撰。明弘治年间，升官至学士、少詹事。王华有气度，时为皇帝和太子讲经，是谓"帝师"，孝宗皇帝非常器重他。太监李广受到宠幸，王华向皇帝和太子讲《大学衍义》，讲到唐李辅国与张后表里用事时，指出其危害，旁敲侧击提醒皇帝慎用宦官。孝宗皇帝深以为然，命中官赐食酬劳。武宗皇帝继位，王华进礼部左侍郎。因为当时父子俩得罪了权宦刘瑾，王华出为南京吏部尚书，随后又被罢官。刘瑾落败后，王华官复原职。王华事母至孝，母岑氏年逾百岁去世，已经七十多岁的王华，犹寝苦蔬食，尽心尽力服侍母亲，士林嘉其懿行。

据传，王阳明的母亲怀孕十四个月生下他。王阳明出生时，祖母岑氏做了一个奇怪的梦，梦见天上阳光明艳，祥云缭绕，很多神仙穿着红色的衣服击鼓吹箫，乐声悠扬，其中一位仙人——紫霞仙子抱着一名婴儿，脚踏祥云，自空中徐徐而降，一直降至王家，把婴儿递给岑氏，对岑氏说：此儿是天上文曲星，慎教之，将来必成家国栋梁。岑氏大为惊恐，正不知如何是好的时候，突然一阵婴儿的响亮啼声，将岑氏从梦中惊醒。隔壁屋中儿媳郑氏已经临盆，一个麒麟儿呱呱坠地。因为是仙人自云中托梦而生，于是为了纪念这个梦，大家就给这个孩子取名叫"云"。

伴随着祥瑞出生的孩子，往往独有异象、天赋异禀，但王阳明的表现却让大家都傻了眼，因为这个小孩六岁之前根本不会说话。

五岁孩子不开言，一家人都很着急，甚至开始怀疑他是不是先天有疾。有一天，一个僧人经过王宅，远远看到正在门前玩耍的王阳明，便走上前来摸他的头，闭目沉吟半晌之后，喃喃地说："好个孩儿，可惜道破。"

爷爷王天叙是饱学之士，低头沉思许久，恍然大悟。在王阳明出世之际，为了纪念梦中仙人云中送子，自己特意给孩子起名叫王云。但是，"云"字还有一个意思，就是"说"，所谓"子曰诗云"，所谓"人云亦云"。僧人的"道破"就是说王天叙把这个事儿在名字里就给说破了。王天叙决定给孙子改名字。但是改名叫什么好呢？王天叙从《论语》中找到了灵感："知及之，仁不能守之；虽得之，必失之。"他为孙子重新取名叫王守仁。所以，王阳明其实名守仁，字伯安。因为他曾筑室于会稽山阳明洞，自号阳明子，并在后来的人生阶段中，每到一处筑室修学，多以"阳明"名之，被当时的学者尊称为阳明先生，故后世普遍称他为王阳明。

说来也怪，这孩子名字一改，马上开口说话。一开口，就语出惊人。只见爷爷王天叙铺开笔墨纸砚，准备练习书法，提笔一挥，写就四个大字——大学之道。小阳明忽然朗声说道："大学之道，在明明德，在亲民，在止于至善。知止而后有定，定而后能静，静而后能安，安而后能虑，虑而后能得。"王天叙喜出望外，作为老儒的他连忙又问了一些其他的儒家经典，结果王阳明都是张口能诵。再问如何会背，王阳明说每天跟在爷爷身边，听他每日诵读，耳濡目染，也就默记在心了。

二、悟道龙场　立功南赣

王阳明一直跟着爷爷和父亲读书，学业大进。

王阳明十五岁的时候，访居庸关、山海关。出塞，纵观山川形胜和少数民族的骑射。弱冠举乡试，学问得到进一步提升，喜好兵事，且善骑射，登明弘治十二年（1499）进士。受朝廷委派，给去世的威宁伯王越治丧。回京师后，朝议方急西北边，王阳明条八事上奏。不久，授刑部主事。决囚江北，因病回京师，病愈，补兵部主事。明正德元年（1506）冬天，宦官刘瑾逮南京给事中御史戴铣等二十余人。王阳明抗章救戴铣，触怒刘瑾，被投锦衣卫大狱，坐牢三个月，廷杖四十大板，发配三千里之外的贵州龙场驿，劳动改造三年。龙场外万山丛中，苗、僚杂居。阳明因俗化导，夷人非常喜欢他、尊敬他，为他伐木建屋，让他有居住的地方。刘瑾伏诛，阳明量移庐陵（今江西吉安）知县，后又迁南京刑部主事，吏部尚书杨一清改其为验封司。阳明屡迁考功郎中，擢南京太仆少卿，就迁鸿胪卿。

兵部尚书王琼喜欢王阳明的才干。明正德十一年（1516）八月，王阳明擢右佥都御史，巡抚南、赣、汀、漳等八府一州。其时，赣、粤、闽、湘四省，盗贼蜂起。谢志珊据江西横水、左溪、桶冈，池仲容据广东浰头，皆称王。他们与江西大庾（今江西大余）陈曰能、广东乐昌高快马、湖广郴州（今湖南郴州）龚福全等攻剽府县。而福建大帽山贼詹师富等又起。前巡抚文森托疾避去。谢志珊联合乐昌的盗贼劫掠大庾，攻南康、赣州，赣县主簿吴玭战死。王阳明来到赣州后，知悉左右有许多盗贼的耳目，于是审问狡猾的老吏员。吏员战栗不敢隐瞒，一一招供，王阳明赦其罪，让他戴罪立功，于是盗贼的一举一动，王阳明都侦知无遗。王阳明令福建、广东会兵，先讨大帽山贼。明正德十二年（1517）正月，督副使杨璋等破福建漳南长富村，逼贼于象湖山，指挥覃桓、县丞纪镛战死。王阳明亲率锐卒屯上杭。他假装败退，然后出其不意，捣毁盗贼据点，连破四十余寨，俘斩盗贼七千有余，指挥王铠等擒获贼首詹师富。王阳明上疏朝廷，说军权不够，不能随时调兵遣将，请兵部给旗牌，提督军务，得便宜从事。兵部尚书王琼答应了王阳明的请求。于是，王阳明兵权在握，乃更兵制：二十五人为伍，伍有小甲；二伍为队，队有总甲；四队为哨，哨有长，协哨二佐之；二哨为营，营有官，参谋二佐之；三营为阵，阵有偏将；二阵为军，军有副将。皆临事委，不命于朝；副将以下，得递相罚治。

　　明正德十二年（1517）七月，王阳明进兵大庾。横水谢志珊乘间骤然进攻南安（府城在今大余），知府季敩击败了他。副使杨璋等俘获大庾盗贼。于是，他们商量进攻横水、左溪、桶冈。十月，王阳明率领十一路大军，进攻横水、左溪、桶冈。都指挥许清、赣州知府邢珣、宁都知县王天与各一军会横水，季敩及守备郏文、汀州知府唐淳、南康县丞舒富各一军会左溪，吉安知府伍文定、程乡知县张戬堵截了逃散的贼徒。王阳明亲自率领中军，从南康至坪龙沟等处进攻。距横水三十里外，王阳明先遣四百人埋伏在贼巢左右，官军进逼，盗贼方欲迎战，两山间举起了进攻的旗帜。盗贼大惊，认为官军已全部捣毁了他们的据点，于是大败而逃。王阳明乘胜攻克横水，谢志珊及其党羽萧贵模等抵抗不住，败走桶冈。此时大贼巢左溪也被攻破。王阳明认为桶冈险固，率领官军进攻桶冈时，向盗贼晓以祸福利害，派人至贼巢，晓谕盗贼。贼首蓝天凤等正在惊恐之中，看见官军使至，很高兴，想拖延时间，等到冬天下雪，官军行动不便，再与官军决战。然而邢珣、伍文定已经冒着倾盆大雨，夺险而入。盗贼阻水阵，邢珣直前搏战，伍文定与张戬自右边攻入，贼众仓促败走，遇唐淳，贼兵又败。官军攻破桶冈，谢志珊、谢志海、萧贵模被擒获，蓝天凤跳崖自尽。此次总计攻破贼巢八十四处，斩首、俘虏六千余人。其时湖广巡抚秦金亦攻破龚福全。龚福全党羽一千多人败退至桶冈，诸将擒斩之。王阳明为了加强对这一方地域的控制，使之能久安长治，于是两次上疏朝廷，奏设崇义县，县城设于原上犹属地横水。

取得上犹战役胜利之后，王阳明还至南赣巡抚衙门所在地赣州城，商议伐广东龙川浰头盗贼之事。此前王阳明平福建漳南詹师富时，广东龙川的盗贼卢珂、郑志高、陈英都请投降。后征横水，浰头贼将黄金巢亦以五百人降，独贼首池仲容没有被攻下。上犹横水被王阳明攻破后，池仲容始派遣其弟池仲安来投归，私下里却严为战守备。池仲容放言谎称："卢珂、郑志高，都是我的仇人，将袭击我，我要备战。"王阳明假装杖击卢珂等人，并将他们打入大牢，暗中指使卢珂的弟弟纠集兵力，等待命令，表面下令遣散官兵。明正德十三年（1518）春节期间，王阳明布置全城，大张灯乐，以示刀枪入库，马放南山，百姓安享太平。狡猾的池仲容且信且疑。王阳明赐予池仲容及其随从春节礼物，引诱他们至赣州祥符宫（今文庙）领取并致谢。池仲容率九十三人在赣州教场扎营，只引三五人入谒。王阳明呵斥他说："你带来的那些人，也是我的百姓，而你却把他们屯在城外，难道怀疑我吗？"池仲容不敢违抗巡抚大人的军令，将他的随从全部引入祥符宫。王阳明命人好酒好菜招待他们。盗贼大喜过望，更加感到安全。王阳明将他们留下观灯取乐。正月三日是先王祭礼，王阳明在祥符宫暗中安排刀斧手埋伏在门后，又将池仲容的随从分成若干小队，每四人一队，上堂领赏：每人一个托盘，托盘上放二两银子、一块布、两斤熟牛肉、一壶客家酿酒。贼徒领取赏赐后，退入内堂，随即被刀斧手悉数戮之。此外，王阳明还命人向浰头传递假情报，说池大王已经招降，受到王巡抚的优待。浰头贼巢放松警惕，不再严加守备。王阳明暗中亲自率领官军抵达贼巢，连破上、中、下三浰，斩首二千多人。余贼奔逃到九连山。九连山横亘数百里，陡绝不可攻。王阳明乃挑选壮士七百人，穿上盗贼的衣服，奔至崖下。盗贼以为是自己败退下来的人，招呼他们上隘口。随后，官军发起进攻，与先前假投降的官军内外合击，把盗贼杀得一个不剩。平定了三浰之后，王阳明上奏朝廷，于下浰立和平县。自是广东惠州龙川一带得以安宁。

起初，朝廷议论贼势强大，发广东、湖广官兵一起联合进剿。王阳明上疏制止，而广东、湖广的官军已经出发了。上犹桶冈盗贼被剿灭后，湖广的官兵才到达。及至平定浰头，广东的兵还没来得及集结。王阳明带领的人，都是文吏及偏裨小校，没有正规大部队，却能在很短的时间里，平定闹腾了数十年的巨寇，大家认为他是神一样的存在。于是，朝廷奖励他官升一级，爵加一等，进右副都御史，予世袭锦衣卫百户，再进副千户。

三、平定逆藩　安定大明

明正德十四年（1519）六月，朝廷命王阳明勘福建福州的叛军。王阳明衔皇命，匆匆上路。当他行至丰城时，知县顾佖紧急报告了他南昌宁王朱宸濠反叛的消息。王阳明得到情报后，急忙趋至吉安，与吉安知府伍文定一起征调兵粮，治器械舟楫，传檄朱宸濠的暴虐罪行，令各府县率吏士勤王。都御史王懋中，编修邹守益，副使罗循、罗钦德，郎中曾直，御史张鳌山、周鲁，评事罗侨，同知郭祥鹏，进士郭持平，降谪驿丞王思、李中，都听从王阳明调遣，愿以身许国。御史谢源、伍希儒从广东还京师，王阳明把他们留下来，把纪功的重任交给他们。王阳明于是集合众位官吏，商议道："宸濠贼众如果出长江，顺流东下，则南都南京不可保。我想用计阻止他，让他滞留十多天，让官府有所准备。"于是他派遣了许多间谍，传檄各府县说："都督许泰、邵永将边兵，都督刘晖、桂勇将京兵，各四万，水陆并进。南赣王守仁、湖广秦金、两广杨旦各率所部合十六万，直捣南昌，所至有司缺供者，以军法论。"又做蜡书，送给宸濠幕僚伪相李士实、刘养正，假装感谢其幡然悔悟，愿意离开叛贼，为国效力，并命令其早点发兵东下。王阳明还故意让间谍把书信内容泄露出去。王阳明这样做，是兵法"实则虚之，虚则实之"之意，故意混淆视听，引起宸濠的怀疑，让他们内部互相猜疑。宸濠果然上了王阳明的当，怀疑李士实、刘养正与王阳明暗中勾通，以为内应。宸濠与李士实、刘养正商量如何用兵，李士实、刘养正都劝他马上进攻南京，即皇帝大位。宸濠更加怀疑。十多天后，宸濠发现王阳明说的各路大军，并没有到来，方才觉察上了王阳明的当。七月壬辰朔，宸濠留宜春王拱岩居守，而胁迫六万余众，袭下九江、南康，出大江，抵达安徽安庆。王阳明闻知南昌兵少，非常高兴，带领众将趋樟树镇。知府临江戴德孺、袁州徐琏、赣州邢珣，都指挥余恩，通判瑞州胡尧元童琦、抚州邹琥、安吉谈储，推官王晖、徐文英，知县新淦李美、泰和李楫、万安王冕、宁都王天与，都带着自己的兵马，会合于樟树。这些部队一共有八万人，号称三十万。兵马聚集之后，有的将领提议先救安庆，王阳明说："不然。如今九江、南康已经陷入了叛贼之手，我军如果越南昌与宸濠相持于长江之上，九江、南康二郡的叛军断绝我军后路，是腹背受敌也。不如直捣南昌。叛贼精锐都带出去了，南昌的守备虚弱。我军新集气锐，攻必破。叛贼听闻南昌被官军攻破，必然解围自救，回救南昌。我军在鄱阳湖中，迎击叛贼，所谓以逸待劳，必定获胜无疑。"众人曰："善。"己酉，王阳明领军抵达丰城，以伍文定为前锋，遣奉新知县刘守绪袭其伏兵。庚戌夜半，伍文定率兵抵达南昌广润门，守兵惊骇散走。辛亥黎明，诸军登城，俘获了叛贼拱岩等，宫人多被烧死。官军军士杀掠过度，王阳明杀了十多个违犯军令的官军，赦免了胁从的人，安定士民，慰谕宗室，于是人心渐安，百姓喜悦。

过了两天，王阳明派遣伍文定、邢珣、胡琏、戴德孺等各自领精兵分道进击，而使胡尧元等设伏。宸濠果然放弃进攻，自安庆还兵救南昌。乙卯，王阳明官军与宸濠叛军在鄱阳湖黄家渡相遇，进行了一场遭遇战。伍文定为官军前锋，与叛贼接战。邢珣绕到叛贼背后攻击，伍文定、余恩增兵夹击，徐琏、戴德孺张两翼分贼势，胡尧元等埋伏的官军一齐进击，叛贼大溃，退保八字脑。宸濠非常惧怕官军，尽发南康、九江兵，与官军对抗。王阳明派遣抚州知府陈槐、饶州知府林城攻取九江，建昌知府曾玙、广信知府周朝佐攻取南康。丙辰日再战，官军难挡宸濠大势，稍有退却，王阳明提着宝剑，站立船头，斩杀退下来的官军。诸军看见都御史身先士卒，都进行殊死战，叛贼又大败。宸濠率军退保樵舍，把战船连起来，结成方阵；又拿出金银财宝，犒赏将士。第二天，宸濠正在晨朝其群臣，官军忽至。官军以小舟载着柴薪，乘风纵火，焚烧宸濠的副舟。叛军这边，妃娄氏以下皆投水死。宸濠乘坐的船搁浅，仓促换船逃遁，王冕率兵追击，捕获了宸濠。李士实、刘养正及降贼按察使杨璋等均就擒。南康府、九江府也被攻取。凡三十五日而贼平。京师闻变，诸大臣震惧。王琼非常高兴地说："王伯安居南昌上游，必擒贼。"果然不出所料，王阳明奏捷。

其时，武宗已经亲征，自称"威武大将军"，率京边骁卒数万南下，准备迎击宸濠。武宗命安边伯许泰为副将军，偕同提督军务太监张忠、平贼将军左都督刘晖，率领京军数千，溯长江而上，直抵南昌。诸嬖幸以前与宸濠私相勾结，王阳明上宸濠反书，说："觊觎者非特一宁王，请黜奸谀以回天下豪杰心。"诸嬖幸故恨王阳明。宸濠既平，诸嬖幸相与媚功，又惧怕王阳明见皇帝时揭发其罪行，竞相散布流言蜚语，说王阳明先与宸濠通谋，看见成不了事，所以才起兵反宸濠。诸嬖幸又想把宸濠放回鄱阳湖中，让武宗皇帝亲自擒拿，以示皇威。

王阳明趁张忠、许泰未至，先俘宸濠，发南昌。张忠、许泰以威武大将军檄，要王阳明把宸濠带到广信，交给他们。王阳明没有听他们的，亲自带着战俘宸濠，取道玉山，上书请献俘，劝止皇帝南征。皇帝不许。王阳明至钱塘，遇到了太监张永。张永其时任提督赞画机密军务，职务在张忠、许泰等辈之上，又与杨一清友善，当年与杨一清一起除权宦刘瑾，天下称赞他。王阳明连夜谒见张永，称颂他的贤德，言语恳切地叙说江西因宸濠之乱带来的困敝，不堪张忠、许泰等人带来的困扰。张永非常赞同王阳明的话，说："我这次来钱塘，就是为了调护圣躬，并不是为了邀功。你这次擒灭宸濠立下大功，我深知，但献俘这件事没那么简单，容我慢慢调解。"王阳明于是把宸濠交给张永，然后来到镇江，尽量接近皇帝，希望朝觐皇帝。其时，江西巡抚孙燧、监察御史许逵已被宸濠杀害，江西缺主官，朝廷任命王阳明为江西巡抚，王阳明没见到皇帝，只得回南昌赴任。张忠、许泰已到南昌，恨王阳明没有把宸濠交给他们，所以纵容京军向王阳明发难，或直呼其名谩骂。王阳明不为所动，更加用心抚慰京军：病了的，给他们施药治病；死了的，给他们棺木，以礼装殓；路上看到死去的京军，就下车深情慰问。京军们说："王都堂爱护我们。"再没有京军冒犯王阳明。张忠、许泰说："宁王府富厚甲天下，金银财宝、粮草堆积如山，这些东西我们都没有看到，到哪儿去了？"王阳明说："宸濠用这些东西贿赂京师的重要人物，这些都有据可查。"张忠、许泰过去曾经受了宸濠的贿赂，听王阳明这么一说，不敢吭声。张忠、许泰一计不成，又施一计，他们认为王阳明是文官，要与王阳明比箭，以此来羞辱王阳明。王阳明气定神闲，连发三箭，皆中。京军为王阳明欢呼，张忠、许泰感到十分沮丧。到了冬至节，王阳明命居民进行巷祭，又上坟去哭祭。其时，刚遇丧乱，悲号之声震动山野。京军离开家时间久了，听到悲号之声，无不哭泣思归。张忠、许泰不得已班师。两人见了武宗皇帝说："王守仁有反心，又手握重兵，必定会造反，可以试着召他来南京，他一定不肯来。"张忠、许泰屡矫旨召唤王阳明。王阳明得到通知，知道是出于武宗的旨意，马上奔南京来。张忠、许泰见王阳明真的来了，怕王阳明在武宗皇帝面前辩解，设计不让王阳明见武宗皇帝。王阳明没办法，心生一计，登上九华山，在寺庙里，如僧一样晏坐。武宗皇帝得知，说："王守仁学道人，闻召即至，何谓反？"于是遣王阳明还南昌，令其再上疏。王阳明把原来的奏疏加以修改，称"奉威武大将军方略讨平叛乱"，又把诸嬖幸的名字都加在奏疏上，权宦江彬等才无话可说。

　　王阳明带领两万多散兵游勇，没有正规军，只用了三十多天时间，打败了准备了十多年且拥兵八万的宁王宸濠，功成名就。王阳明大智大慧，以少胜多，以弱胜强，以业余胜专业，其军事才能可见一斑。这一战例，放在中国任何一个历史阶段，都是可圈可点的。而文人用兵如此，纵观整个大明王朝，他都算杰出的。所以说，王阳明平濠之役，足以载诸史册。

其时，谗邪构煽，祸变叵测，如果没有王阳明，朝廷东南一方的家国重事恐要废弛。世宗知道得很清楚。世宗嘉靖皇帝才即位，就宣召王阳明入朝受封。而大学士杨廷和与兵部尚书王琼意见不合。王阳明前后平贼，把功劳都归于王琼，杨廷和不高兴，大臣们也忌其功。于是以国哀未毕，不宜举宴行赏为名，不让王阳明进京，只拜王阳明为南京兵部尚书。王阳明没有去赴任，请回乡归省。论功勋，朝廷特进王阳明为光禄大夫、柱国、新建伯，爵位世袭，岁禄一千石。然而不予铁券，岁禄亦不给，只具其名，未有其实。诸同事有功者，惟吉安知府伍文定至大官，当上赏。其他有功者皆名义上升迁，暗地里却遭到排挤，牺牲者一概不给功名。王阳明非常气愤。刚逢父亲王华去世，王阳明丁父忧，屡疏辞爵，乞录诸臣功，都没有得到答复。时间久之，王阳明的朋友席书及门人方献夫、黄绾以议礼得朝廷的信任，对大学士张璁、桂萼说，王阳明立有大功，宜召用。而大学士费宏一直与王阳明不对付，不同意重用王阳明。不少朝士推举王阳明为兵部尚书、三边总督、提督团营，这些建议都没有得到采纳。

四、思田安定　青龙归心

明嘉靖六年（1527），广西思恩、田州土酋卢苏、王受造反。总督姚镆不能平定，于是朝廷诏王阳明以原官兼左都御史，总督两广兼巡抚。黄绾于是借机上书诉说王阳明的功勋，请赐铁券、岁禄，并叙讨贼诸臣的功劳予以封赏，皇帝认为可以。王阳明于是披挂上马，奔赴思恩、田州，在路上，疏陈用兵之非，说道："思恩未设流官，土酋岁出兵三千，听官征调。既设流官，我反岁遣兵数千防戍。是流官之设，无益可知。且田州邻交阯，深山绝谷，悉瑶、僮盘据，必仍设土官，斯可藉其兵力为屏蔽。若改土为流，则边鄙之患，我自当之，后必有悔。"奏章下交兵部，尚书王时中条陈其中不恰当的五件事，皇帝令王阳明再议。

当年十二月，王阳明抵达浔州，恰逢巡按御史石金定计招抚。他散遣了诸军，留永顺、保靖土兵数千，解甲休息。卢苏、王受起初求抚不得，听王阳明至，更感到恐惧。等王阳明到了，知道王阳明的方略，他们感到很高兴。王阳明赴南宁，二人遣使乞求投降，王阳明令他们来到军门。卢苏、王受私议："王公素多诈，恐绐我。"王阳明陈兵让二人入见。王阳明历数二人的罪行，将他们打了一顿后，把他们释放。王阳明还亲自进入卢苏、王受的营中，抚慰其众七万。王阳明上奏朝廷，叙说用兵的"十患"、招抚的"十善"。王阳明将征讨战争的"十患"总结为"伤伐天地之和，亏损好生之德""兵连不息，而财匮粮绝""溃散逃亡，追捕斩杀而不能禁""百姓饥寒切身，群起而为盗"等；将政治安抚的"十善"总结为"培国家元气""百姓无椎脂刻髓之苦"等。很显然，"十善"与"十患"的对比，展现了王阳明对待战争的鲜明态度。

为了更好地治理思恩与田州，王阳明奏请复设流官，量割田州地，别立一州，与田州以岑猛次子岑邦相为吏目，署州事，等他有功的时候再升为知州。而于田州设置十九个巡检司，以卢苏、王受等任其职，并受约束于流官知府。嘉靖皇帝听从了王阳明的建议。这时，断藤峡的瑶民起来造反，他们上连八寨，下通仙台、花相诸洞蛮，盘亘三百余里，郡邑罹害者数十年。王阳明准备去讨伐，所以留在了南宁。他将湖广之兵遣散，表示不再用兵，以此麻痹敌人。等到敌人松懈下来，他突然发起进攻，进破牛肠、六寺等十余个敌人的山寨，从此，断藤峡彻底平定。于是他便率领官军沿着横石江顺流而下，攻克了仙台、花相、白竹、古陶、罗凤等地的山贼。他还命令布政使林富率卢苏、王受直抵八寨，破石门，副将沈希仪邀斩逃窜之贼，彻底平伏了八寨。

开始时，皇帝接到了王阳明关于卢苏、王受已被抚定的奏疏，派遣行人奉玺书奖谕王阳明。后又接到破断藤峡的捷报，则以手诏问大学士杨一清等，说王阳明"自夸大"，并且问及他的生平学术。杨一清等不知道怎么回答。王阳明起用源于张璁、桂萼的推荐，桂萼本来不与王阳明交好，碍于张璁，所以附议。后来桂萼任吏部尚书，张璁任大学士，入内阁，二人势力不相上下。桂萼"暴贵喜功名"，要王阳明去攻取交阯，王阳明没有听从他的意见。桂萼于是诋毁王阳明没有去征抚交阯，赏格不行。方献夫及霍韬心有不平，上疏抗争，说："诸瑶为患积年，初尝用兵数十万，仅得一田州，旋复召寇。守仁片言驰谕，思、田稽首。至八寨、断藤峡贼，阻深岩绝冈，国初以来未有轻议剿者，今一举荡平，若拉枯朽。议者乃言守仁受命征思、田，不受命征八寨。夫大夫出疆，有可以安国家，利社稷，专之可也，况守仁固承诏得便宜从事者乎？守仁讨平叛藩，忌者诬以初同贼谋，又诬其辇载金帛。当时大臣杨廷和、乔宇饰成其事，至今未白。夫忠如守仁，有功如守仁，一屈于江西，再屈于两广。臣恐劳臣灰心，将士解体，后此疆圉有事，谁复为陛下任之！"嘉靖皇帝接到奏折，无动于衷。

王阳明的病情非常严重，他上疏乞骸骨，想回老家养病，并推举郧阳巡抚林富代理他的职务，没等皇帝批复就往回走了。行至江西南安府大庾县青龙镇时去世，年五十七，留下了"此心光明，亦复何言"的临终遗言。丧过江西，军民无不缟素哭送。

王阳明天姿异敏。十七岁时谒上饶娄谅，跟他谈论朱子格物大旨并成圣之道，娄谅告诉他"圣贤可学而至"。回到家以后，他每日端坐，讲读"五经"，不苟言笑。游九华山回乡后，筑室阳明洞中。广泛阅读释、道二氏之学，数年无所得。谪戍贵州龙场，穷荒无书，日绎旧闻。忽悟格物致知，当自求诸心，不当求诸事物，喟然叹曰："道在是矣。"于是便笃信不疑。其为教，专以致良知为主。他认为从宋代周敦颐、二程子之后，唯有陆九渊的学问简易直捷，有以接孟氏之传。而朱子的"集注"(《四书章句集注》)、"或问"(《大学或问》《中庸或问》等)，乃中年未定之说。学者翕然从之，世遂有"阳明学"云。

王阳明既已去世，桂萼奏其擅离职守。嘉靖皇帝大怒，下廷臣议。桂萼等说："守仁事不师古，言不称师。欲立异以为高，则非朱熹格物致知之论；知众论之不予，则为朱熹晚年定论之书。号召门徒，互相倡和。才美者乐其任意，庸鄙者借其虚声。传习转讹，背谬弥甚。但讨捕奔贼，擒获叛藩，功有足录，宜免追夺伯爵以章大信，禁邪说以正人心。"皇帝乃下诏停世袭，恤典俱不行。

隆庆皇帝即位之初，廷臣多颂王阳明的功勋。于是皇帝诏赠其新建侯，谥文成。隆庆二年（1568），予世袭伯爵。既又有请以王阳明与薛瑄、陈献章同从祀文庙者。帝独允礼臣议，以薛瑄配。到了万历十二年（1584），御史詹事讲申前请。大学士申时行等言："守仁言致知出《大学》，良知出《孟子》。陈献章主静，沿宋儒周敦颐、程颢。且孝友出处如献章，气节文章功业如守仁，不可谓禅，诚宜崇祀。"且言胡居仁纯心笃行，众论所归，亦宜并祀。皇帝皆从之。终明之世，从祀者只有薛瑄、陈献章、王阳明、胡居仁等四人。

王阳明五十五岁前没有儿子，过继堂弟的儿子正宪为后。晚年，生子正亿，二岁而孤。既长，袭锦衣副千户。隆庆初，袭新建伯。万历五年（1577）卒。子承勋嗣，督漕运二十年。子先进，无子，将以弟先达子业弘继。先达妻说："伯无子，爵自传吾夫。由父及子，爵安往？"先进怒，因育族子业洊为后。及承勋卒，先进未袭死。业洊自以非嫡嗣，终当归爵先达，且虞其争，乃谤先达为乞养，而别推承勋弟子先通当嗣，屡争于朝，数十年不决。崇祯时，先达子业弘复与先通疏辨。而业洊兄业浩时为总督，所司惧怍业浩，竟以先通嗣。业弘愤，持疏入禁门诉。自刎不殊，执下狱，寻释。先通袭伯四年，流贼陷京师，被杀。

五、三立圣人　名人定评

王阳明是继孔子之后，集立德、立功、立言于一身的"三不朽"圣人，许多历史文化名人对他有过很高的评价：

朱载垕：两肩正气，一代伟人，具拨乱反正之才，展救世安民之略，功高不赏，朕甚悯焉！因念勋贤，重申盟誓。

徐渭：古人论右军（王羲之）以书掩其人，新建先生（王阳明）乃不然，以人掩其书。

朱彝尊：诗笔清婉，书法尤通神，足为临池之模范。

王世贞：①伯安之为诗，少年有意求工而为才所使，不能深造而衷于法。晚年尽举而归之道，而尚为少年意象所牵率，不能浑融而出于自然。其自负若两得。②文章之最达者，则无过宋文宪濂、杨文贞士奇、李文正东阳、王文成守仁。③理学之逃，新建造基。④王伯安如食哀家梨，吻咽快爽不可言；又如飞瀑布岩，一泻千尺，无渊渟沉冥之致。

李贽：阳明先生在江西与孙、许同时，则为江西三忠臣。先生又与胡端敏、孙忠烈同举乡荐，曾闻夜半时有巨人文场东西立，大言曰："三人好作事!"已忽不见，则在浙江又为三大人矣。且夫古之立大功者亦诚多有，但未有旬日之间不待请兵请粮而即擒反者，此唯先生能之。然古今亦未有失一朝廷即时有一朝廷，若不见有朝廷为胡虏所留者。举朝晏然，三边晏然，大同城不得入，居庸城不得入，即至通州城下亦如无有，此则于少保之勋千载所不可诬也。若英宗北狩，杨善徒手片言单词，欢喜也先，遂令也先即时遣人随善护送上皇来归。以余观之，古唯厮养卒，今仅有杨善耳。吁! 以善视养卒，则养卒又不足言矣。此皆今古大功，未易指屈，则先生与于与杨又为千古三大功臣焉者也。呜呼! 天生先生岂易也耶! 在江西为三大忠，在浙江为三大人，在今古为三大功，而况理学又足继孔圣之统者哉?

胡宗宪：阳明先生以致良知立教，天下士靡不翕然响风。

刘宗周：良知之教，如日中天。

张岱：阳明先生创良知之说，为暗室一炬。

沈德符：惟王文成以理学建安壤，遂开国封，固书生之希构矣……乃知王文成真天植异禀，其用兵几同韩、白（韩信、白起），而见罗亦以良知余唾，妄希茅土，且兼十哲三良而有之，亦不知量矣。

黄宗羲：王阳明可谓"震霆启寐，烈耀破迷"，自孔孟以来，未有若此深切著明者也。

黄景昉：王新建能用度外人，收罗甚富：如致仕县丞，捕盗老人，报效生员、儒士，义官、义民、杀手、打手等，皆在宠络奔走中，即土目亦为心死。大都眼高襟豁，从学问澄彻来。

魏禧：阳明先生以道德之事功，为三百年一人。

王士祯：王文成公为明第一流人物，立德、立功、立言皆踞绝顶。

纪昀：守仁勋业气节，卓然见诸施行，而为文博大昌达，诗亦秀逸有致。不独事功可称，其文章自足传世也。

张廷玉：王守仁始以直节著。比任疆事，提弱卒，从诸书生扫积年逋寇，平定孽藩。终明之世，文臣用兵制胜，未有如守仁者也。当危疑之际，神明愈定，智虑无遗，虽由天资高，其亦有得于中者欤。矜其创获，标异儒先，卒为学者讥。

爱新觉罗·弘历：名世真才。

曾国藩：王阳明矫正旧风气，开出新风气，功不在禹下。

邓之成：阳明以事功显，故其学最为扎实有用。

严复：①夫阳明之学，主致良知。而以知行合一，必有事焉，为其功夫之节目。②独阳明之学，简径捷易，高明往往喜之。

康有为：言心学者必能任事，阳明辈是也。大儒能用兵者，一人而已。

梁启超：①他在近代学术界中，极其伟大；军事上政治上，亦有很大的勋业。②阳明是一位豪杰之士，他的学术像打药针一般，令人兴奋，所以能做五百年道学结束，吐很大光芒。

章太炎：①文成以内过非人所证，故付之于良知，以发于事业者或为时位阻，故言行之明觉精察处即知，知之真切笃实处即行，于是有知行合一之说。②文成之术，非贵其能从政也，贵夫敢直其身、敢行其意也。

孙中山：日本的旧文明皆由中国传入，五十年前维新诸豪杰，沉醉于中国哲学大家王阳明的"知行合一"说。

蔡元培：明之中叶，王阳明出，中兴陆学，而思想界之气象又一新焉。

三岛毅：忆昔阳明讲学堂，震天动地活机藏。龙冈山上一轮月，仰见良知千古光。

东乡平八郎：一生低首拜阳明。

高濑武次郎：我邦阳明学之特色，在其有活动的事业家，乃至维新诸豪杰震天动地之伟业，殆无一不由于王学所赐予。

冈田武彦：修文的龙场是王阳明大彻大悟，并形成思想体系的圣地……阳明学最有东方文化的特点，它简易朴实，不仅便于学习掌握，而且易于实践执行。在人类这个大家庭里，不分种族，不分老幼，都能理解和实践阳明的良知之学。

胡哲敷：五百年来，能把学问在事业上表现出来的，只有两人：一为明朝的王守仁，一则清朝的曾国藩。

郭沫若：王阳明对于教育方面也有他独到的主张，而他的主张与近代进步的教育学说每多一致。他在中国的思想史乃至日本的思想史上曾经发生过很大的影响。

钱穆：①阳明思想的价值在于他以一种全新的方式解决了宋儒留下的"万物一体"和"变化气质"的问题……良知既是人心又是天理，能把心与物、知与行统一起来，混合朱子偏于外、陆子偏于内的片面性，解决宋儒遗留下来的问题。②阳明以不世出之天姿，演畅此愚夫愚妇与知与能的真理，其自身之道德、功业、文章均已冠绝当代，卓立千古，而所至又汲汲以聚徒讲学为性命，若饥渴之不能一刻耐，故其学风淹被之广，渐渍之深，在宋明学者中，乃莫与伦比。

张岱年：阳明宣扬"知行合一"，强调躬行实践的重要，更提出"致良知"学说，强调人的主观能动性，提倡独立思考具有深刻的意义。

毛泽东：名世于今五百年，诸公碌碌皆余子。

第二章
南赣烽烟　惊起卧龙

一、王琼荐才　书生绰枪

明正德年间（1506—1521），盗贼蜂起，乱局频繁，最难剿平的是南赣的盗贼。南赣盗贼以大帽山为根据地，首领张番瓓、李四仔等，聚众数千，流劫江西、福建、广东、湖广四省，先后攻陷福建建宁、宁化，江西石城、万安、新淦（今江西新干）等县，活捉参政赵士贤。

正德七年（1512）正月，南赣巡抚、都御史周南率兵讨伐，分遣江西之兵从安远进攻，攻破盗贼据点七处；广东兵从程乡进攻，攻破盗贼据点九处；福建兵从武平进攻，攻破盗贼据点八处。擒住番瓓等首领，并将其全部斩首，俘获属从，南赣乱局暂时平息。

然而没多久，南赣盗贼死灰复燃，谢志珊占据江西上犹的横水，蓝天凤占据江西上犹的左溪，钟景等占据江西上犹的桶冈；池大鬓占据广东龙川的浰头；詹师富占据福建的南靖。他们称霸一方，又联合广东乐昌的高快马、湖广郴州的龚福全，流劫府县，僭称王号，四省为之骚然，朝野震动。与南赣相邻的江西其他地方，也是一片乱局。

华林乱众以仙女寨、鸡公岭为根据地，首陷瑞州，分劫府县，是诸盗贼中最称枭悍的。正德七年（1512）五月，江西按察司副使周宪率兵进剿。先是，右副都御史陈金檄周宪等分三路进攻盗贼据点。周宪率兵突进，间谍说盗贼缺粮，他深信不疑，于是分兵夹攻。然而，其余二路失期未至。周宪与华林贼展开激战，单独带一彪人马冒进。山谷险峻，华林贼居高临下，礌石下如雨，周宪被捉，被华林贼肢解而死。周宪的儿子周干见父亲被捉，跃马前行，奋力与战，不克而死。六月，南昌知府李承勋会同按察使王秩督兵进剿。李承勋招降华林贼首领黄奇，并对他大加信任，黄奇誓死报效。李承勋令黄奇回到寨中，招降乱众。与之约期，令黄奇通报消息。至期，李承勋令土酋岑猛，选精兵五百人，乘月黑风高，与他一起来到山下。李承勋令黄奇秘密进入敌寨，诱所约的人来降；既见，又把他们放回去，叫他们做内应。李承勋于是与岑猛率领的五百人，乘夜登山，以黄奇与他手下的几个人为向导，历重重险要，来到据点之处。此时，敌人正在酣睡，值夜的在打更鼓。黄奇拔起寨栅，率众一拥而入，五百人奋刀砍之，敌营中的我方内应亦合势夹攻。敌仓促不知所为，甲胄、武器不知何处找寻，大多被擒杀，斩首三千余级。漏网者逃匿山谷间。次日，搜查各据点，又斩获千余人。华林贼遂平。

靖安乱众以玛瑙寨、越王岭为根据地，李承勋既平华林寇，移师进剿。

桃源乱众以桃源为根据地，以王浩八为首。华林寨既平，王浩八愿抚。右都御史陶琰虑王浩八谲诈难信，于是奏请设兵备，及简拔有才者分处要害，这是正德七年（1512）十月事。次年正月，王浩八等又叛变，他率五洞蛮兵，与东乡贼分劫州县。朝廷命副都御史俞谏同总兵刘晖，率狼兵进剿，大败乱众于裴源。乱众放弃据点，奔突四出，逾饶、信，纵掠徽州、衢州诸州县。六月，陶琰、王缜、俞谏夹攻桃源乱众于徽州、衢州，平之。请建东乡、万年二县，分治地方，抚安人民。

东乡乱众以东乡为据点，与桃源乱众先后就抚，后又怙乱复叛。正德八年（1513）四月，江西兵备副使胡世宁约王赛一内应，引兵征东乡贼。东乡乱众悉数擒获。王赛一效顺有功，赦其死罪。既而修城壕，迁县治，经武赈饥，百姓晏然。

其余，如建昌乱众，以徐九龄为首，为患数年，势逼官府，官军畏惧不敢讨伐，俞谏调兵平之。临川四寨宿盗，则由胡世宁率兵次第剿平，数年剧盗，至此始告略定。

当此四省天下分崩、乱情甚嚣之时，兵部尚书王琼举荐王阳明为都察院右佥都御史，巡抚南赣汀漳等处。一介书生王阳明，身系家国，绰枪上马，来到一线战场，立下千古奇功。

二、分析匪情　制定方略

此时江西、福建、广东、湖广四省之交，开始之时，乱民不过三千有余，属芥藓之忧，然而不过两三年时间，乱民规模已经达到数万，人数增加了十多倍。王阳明上任伊始，不辞舟车劳顿，通过询诸官僚、访诸父老、采诸道路、验诸田野等方式，进行了深入细致的调查研究，掌握了翔实的第一手资料，分析了乱民迅速增加的原因。王阳明认为，盗贼日增是因为招抚太滥；招抚太滥，是因为兵力不足；兵力不足，是因为赏罚不施行。盗贼之性，虽然都非常凶顽，亦未尝不畏进讨诛杀。朝廷没法进讨诛杀，从而招抚，使得盗贼肆无忌惮。招抚这一方略，可偶行于无辜的胁从乱民，而不能经常用于长恶怙终之徒；可施行于回心向化的乱民，而不可经常施行于随招随叛的盗贼。南赣盗贼兴起的时候，被害之百姓依仗着官府的威令，也曾聚众与盗贼进行斗争。他们也曾告官，而官府认为盗贼既已招抚，都置之不问。盗贼知道官府不支持百姓，加倍胁迫百姓从贼；百姓不胜其苦，知道官府不足依靠，没办法，只好去跟从盗贼。因此，盗贼益无所畏，而劫掠日益频繁，他们知道官府必将又会招抚他们；百姓越发无所依靠，被迫跟随盗贼的日益增加，他们知道官府必不能为他们着想。平民有冤屈而无处伸张，盗贼却无求不遂；为民者困征输之繁多，而为盗贼者获犒赏却很多；这样的话，百姓为什么不去跟从盗贼呢？如此一来，近贼者为之战守，远贼者为之向导，处城郭者为之交援，在官府者为之间谍。他们这样做，开始时是出于避祸，后来是因为有利可图，趋利为之。所以说，盗贼日益猖獗，是由于招抚太滥。兵力不足，则剿捕未必能克；剿捕不克，则必有失律之咎，则必征调日繁，督责日至；纠举论劾者四面而起，往往坐视而至于落职败名者有之。招抚之策行，则可以安居而无事，可以无调发之劳，可以无戴罪杀贼之责，无地方多事不得迁转之滞。夫如是，孰不以招抚为得计！是故宁使百姓之荼毒，而不敢出一卒以抗方张之虏；宁使孤儿寡妇之号哭，颠连疾苦之无告，而不敢提一旅以忤反招之贼。招抚之议，开始时，是出于不得已，后来又渐渐成为常策。古代善于用兵的军事家，驱使平民百姓让他们去战斗；收散亡之卒，让他们去抵抗强大的敌人。如今南赣之兵尚足以及数千，难道都是不可用的吗？然而鸣金不止，击鼓不进，没有看见敌人先逃走了，没有进入战斗就败北了。原因何在？前进而效死，没有封赏奖励之说，退而奔逃，也没有诛戮的处罚；而前进有必死，退后却能侥幸生存，何苦前进求死呢？春秋战国时期的军事家吴起曾说："法令不明，赏罚不信，虽有百万，何益于用？凡兵之情，畏我则不畏敌，畏敌则不畏我。"如今南赣之兵，皆畏敌而不畏我，欲求其用，安可得乎！所以说，兵力之不足，由于赏罚之不行。古代善用兵者，赏不逾时，罚不后事。过时而赏，如同不赏；过时而罚，如同不罚。况且过时而不赏，后事而不罚，其何以鼓励人心，作兴士气？

三、严立兵符　拣选民兵

在掌握了第一手资料、分析了各方面的情况之后，王阳明制定了擒贼方略，并上疏朝廷。他认为，贼徒已恶贯满盈，神怒人怨，譬如痈疽之在身，如果不迅速加以攻治，必然会溃肺决肠。然而攻治之方，亦有二说。若陛下假臣等以赏罚重权，使得便宜从事，期于成功，不限以时，则兵众既练，号令既明，人知激励，事无掣肘，可以伸缩自由，相机而动。一寨可攻则攻一寨，一巢可扑则扑一巢。量其罪恶之轻重而为抚或剿，度其事之缓急以为先后。如此，亦可以省供馈之费，无征调之扰，日剪月削，使之渐尽灰灭。这就如古人拔牙之喻，日渐动摇，牙拔下而没有感觉。然而今此下民之情，莫不欲大举进攻，以快一朝之忿，因怨恨所激，不复计虑其他。必须南调两广的狼兵，西调湖湘的士兵，四路并进，一鼓成擒。那么，南赣数十年之患可以消除，千万人的积怨可以昭雪。然而，以兵法十而围之、五而攻之的成例，如果盗贼有两万，必须要调十万兵，每日费用在千金之上；行之于道，影响七十万家的日常生活；积聚军资、粮草，需要几个月；定期举事，又要准备几个月，各路兵马才能聚集。这个过程中，强敌早已知道我军的举动，或据险设障，或乘间逃匿。到时候剿来的，不过是老弱病残的胁从百姓而已。我方班师，而山林之间，复已啸聚成群。且狼兵所过，危害不逊于贼寇；军队的转运，会对百姓造成很大的困扰。近年以来，江西有姚源之役，疮痍甫起；福建有汀漳之寇，军旅未旋；府江之师方集于两广，偏桥之讨未息于湖湘。兼之杼柚已轻，种不入土；而营建所轮，四征未已；诛求之刻，百出方新。如果再加以大兵作战，百姓情何以堪？就比如给小孩拔去一颗坏牙齿，而小孩也因此死了。

　　王阳明紧锣密鼓地准备战斗，首先要解决的就是兵力不足问题。于是，他着手挑选和训练民兵，各方筹措，准备打大仗。王阳明认为，南赣各属，普遍存在财用耗竭、兵力脆寡等问题。各卫所的兵丁，只存在于名册中，几乎已经散尽。抵御敌人的方略，百无足恃。每每遇到盗贼猖獗，都是请调兵征剿，不是调土军，就是调狼达之兵，往返的过程中，少则半年，多则一年，所需费用，动辄数以万计。等到各军抵达，贼众已经遁之无形了，曾无可剿之贼；等到班师旋旅，则又狐鼠集党，卷土重来。个中因由，在于平时不练兵，手头无兵可用，而要借用他方力量，迁延时日，屡误战机，守备也日益松弛。征发无救乎疮痍，供馈适增其荼毒，群盗知道官军这些习惯，愈益猖狂无忌。百姓认为盗贼可以凭恃，跟从了盗贼。事缓则坐纵乌合之众，无计可施；事急则请求调兵。这都是苟且之谋。至于各县的机快，虽渐胜于之前，但也只能护守城郭，提备关隘，而不能捣其巢穴，摧锋陷阵。因此，王阳明令江西、广东、福建、湖广四省各兵备官，于所属弩手、打手、机快等项，挑选英勇绝群、胆力出众之士，每县或十余人，或八九人，务求魁杰异才，缺则悬赏招募。大约江西、福建二省兵备，各以五六百名为率。广东、湖广二省兵备，各以四五百名为率。中间若有力能扛鼎、勇敌千人者，优其廪饩，任命为将领。招募犒赏诸费用，皆查各属商税赃罚等银支给。各县机快，除南赣兵备已行编选外，其余兵备，仍于每县原额数内拣选精壮可用者，量留三分之二；委派各县能官统率训练，专以守城、防御关隘之任；其余一分，挑选疲弱不堪重任者，免其署役，停发工资食料，省下来的工资食料，统一解往该道，增益募赏。所募精兵，专随各兵备官屯扎，别选平素有胆识各属官员，分队统押。教习之方，随材选技；器械之备，因地制宜。逐日操练，循序渐进，听候征调。王阳明令各官常加考校，以核其进退金鼓之节。王阳明经常亲加调遣，让他们习惯于进剿。资金装备，都已准备停当，遇警即发，声东击西，举动由己；运用计谋，从心所欲。如此，则各县屯戍之兵，既足以护守截击，而兵备募召之兵，又可以应变出剿。盗贼渐知所畏而格心，平民益有所恃而无恐。

又立兵符。王阳明认为，习战之方，莫要于行伍；治众之法，莫先于分数。王阳明调集各兵，每二十五人，编为一伍，伍有小甲；五十人为一队，队有总甲；二百人为一哨，哨有长、协哨二人；四百人为一营，营有官、有参谋二人；一千二百人为一阵，阵有偏将；二千四百人为一军，军有副将、偏将无定员，临阵而设。总甲于小甲之中，选材力优者为之；哨长于千百户议官之中，选材识优者当之。副将得以罚偏将，偏将得以罚营官，营官得以罚哨长，哨长得以罚总甲，总甲得以罚小甲，小甲得以罚伍众。务使上下相维，大小相承，如身之使臂，臂之使指，自然举动齐一，治众如寡，始为有制之兵。编选既定，仍每五人给一牌，备列同伍二十五人姓名，使之联络熟悉，谓之伍符。每队各置两牌，编立字号，一付总甲，一藏本院，谓之队符。每哨各置两牌，编立字号，一付哨长，一藏本院，谓之哨符。每营各置两牌，编立字号一付营官，一藏本院，谓之营符。凡遇征调，发符比号而行，以防奸伪。其余缉养训练之方，旗鼓进退之节，皆要逐一讲求，务济实用。

王阳明于正德十二年（1517）正月十六日，抵达赣州。甫一抵赣，即开府视事。南赣巡抚府衙在赣州城内。王阳明首先严格战御之法，令各属将各地的匪情、地方的情形及意见建议，限期写明呈递，以备采纳，并且要求：务求实用，无尚虚言。

其时龙南县有乱民二千余人，突然气势汹汹来到信丰，攻打信丰县城；又纠合广东龙川浰头诸处乱众，分队以进，非常猖獗。王阳明事先得到情报，命兵备官调兵截击于乱众的归途；又委官统领，迎头痛击，前后夹攻。王阳明对诸将说：此贼既离巢穴，利在速战速决。又令在险要之处设立伏兵，等待敌众经过，乘间痛击。各乡村往来道路，多张疑兵，使乱众进无所获，退无所据，不过十日，可以坐擒。王阳明严申，如有不听号令者，以军法从事。

在官吏书门皂，以及在门军民、阴阳占卜，都与山贼暗中联系。每天，他们在官府左右打探，不仅是说出口的言语，甚至是使个眼色，或者一个暗示的动作，山贼都知道。王阳明侦知了这个情况后，反其道而用之，每每示之以假象，使山贼产生错误的判断。如在此则示彼，在彼则示此。每令阴阳选择日子，白天占卜，占为吉而不用，或欲用而中止，每励兵蓐食，令候期而发，到期却不发兵。如此，山贼再无从窥探官府的秘密了。

王阳明部署既定，于是依次对南赣山贼进剿。山贼各依险自固，四路设伏，王阳明令兵备官各率兵从间道与山贼交锋，前后大战数次，擒斩无数。

第三章
雷霆出击　剿平群盗

一、进剿漳南　立县平和

王阳明先进攻离赣州最远、势力相对较弱的福建漳南山贼。乱众奔象湖山拒守，官军追至莲花石，与贼众对垒。会广东兵至，刚准备合围，乱众见势急，于是冲围而出。王阳明一马当先，冲进贼阵，贼众复合围。王阳明处于异常危险的境地，指挥覃桓、县丞纪镛见状，死命保着王阳明，二人壮烈牺牲。其时天气渐暄，官兵屡受挫折，乱众越聚越多。诸将见一时难以取胜，请求王阳明增调狼兵，等到秋天之后再行进剿。王阳明则认为各官顿兵不进，不奉节制，故违方略，致此败北，不允所请，要他们立功赎罪，并下令各官兵：俱要齐心奋勇，乘机进剿，毋顿兵遥制，以失机宜；毋倚待狼兵，以自懈弛。务连营犄角，以壮我军之威；更休迭出，以蓄我军之锐；多方以误贼人之谋，分攻以疲贼人之守；扫荡巢穴，安靖地方，出东隅可收于桑榆，大捷不计小挫。

诸将犹疑未决，王阳明又发出指令：兵宜随时，变在呼吸，岂宜各恃成说？福建诸军稍缉，都欲立功赎罪，利在速战。若当集谋之始，即掩贼众之不备，成功可必。如今声势彰闻，各贼众必联络准备，以御我师，应该外示宽懈，而犹执乘机之说以张皇于外，是徒知我军之可击，而不知贼众之不可击。广东之军意在倚重狼达土军，然后举事，诸山贼众亦俟我土军集聚，以决定战与不战，什么时候战，乘此机候，正可奋怯为勇，变弱为强。而犹执持重之说，以坐失事机，是徒知吾军之未可击，而不知敌之正可击也。善用兵的将领，因形而借胜于敌，故其战胜不复，而应形于无穷。胜负之算，间不容发，不可执滞。

于是，王阳明亲自带领精锐兵士，进屯上杭，放出情报，说要班师回赣，等到秋天再征剿，实则暗中激励将士，做好战斗准备。王阳明下令：一面将不甚紧要的人马，抽放一两处，让敌人觉得官军真的不想战斗了；其实所遣散的人马，亦可不远，随时可以聚拢，预先安排间谍，侦探山贼虚实；有间可乘，即赍粮衔枚，连夜进发。在此关键时刻，却须舍去身家，有死无生，有进无退，若一念转变，便成大害；劲卒当前，重兵继后，伺至其地，鼓噪而入。王阳明仍然训诫当先的士卒，最重要的是摧锋破阵，不计较斩取首级的多少。后面重兵相继，只允许另分五六十骑，沿途收斩，其余也不得辄乱行次。重兵之后，纪功赞划等官，各率数队，相继而进，严整行伍，务令鼓噪之声远近不绝，使诸乱众逃遁山谷者都听到这些声音，不得再行聚集。如果还有逃脱之乱众，打探其所在，即分兵迅速追击，不得稍缓，使得乱众及时被歼。

王阳明又秘密派遣义官曾崇秀刺探乱众的虚实，乘其松懈，以护送广东布政使司为名，选兵分三路，令各将都在二月十九日，乘夜衔枚直趋，三路并进。半夜，王阳明亲自率领几百精兵，秘密把前军招来，直捣象湖山山贼据点，官军夺得重要隘口，乱众竟毫无所知。乱众虽然失去险要，其中骁悍者，尚能够凭凌绝谷，超跃如飞，占领了更高一层的险峻之地，四面飞打滚木礌石，以死相拒。官军奋勇鏖战，自辰时至午时，呼声振地，而江西、福建、广东三省的奇兵，再从间道鼓噪，突击登险，乱众彻底惊溃。官军乘胜追杀，擒斩了许多乱众。乱众坠崖壑而死的，不计其数。残敌遁入流恩、山冈等巢穴，与其他乱众合到一处。次日，再战，乱众又败，遁入福建与广东交界的黄蜡溪、上下漳溪等大山间。

象湖山既破，而大帽山山贼首领詹师富等还在依仗天堑，龟缩在可塘洞等山寨，聚粮守险，势甚强固。王阳明令诸将乘胜搜剿余敌，急攻可塘，乱众全部平息。同时，福建兵攻破长富村等三十余处贼巢，胁从余党，都愿意携家带口，听从官府的抚安。王阳明委任官员对他们进行招抚，让四千多人重新回家耕田耙地，箍桶做篾。广东的官兵亦奉秘密命令，由牛皮、石岭脚等处，分兵三路，攻破古村、白土村、柘林等十余个据点。如此，积十余年的福建漳南的盗贼悉数荡平，用时仅仅三个月。

漳南之乱平息后，王阳明上疏朝廷，奏请设立平和县，然后腾出手来平定江西、广东、湖广相交之地的横水、左溪、桶冈的山贼。

二、兵出至坪　进击横水

横水、左溪、桶冈，其地相连，依同唇齿。谢志珊在横水僭号称王，蓝天凤在左溪亦称王，他们纠合广东乐昌、龙川等处的山贼，攻打南安府、南康县等府、县城。这些山贼都被王阳明派兵击退。王阳明与众将商量如何攻打谢志珊、蓝天凤乱众。王阳明认为：诸贼荼毒三省，其患虽然相同，而事情其实是有区别的。以湖广而言，则桶冈诸山贼据点，是山贼的咽喉，而横水、左溪诸山贼据点，是山贼的腹心；以江西而言，则横水、左溪是山贼的腹心，而桶冈是山贼的羽翼。如今先去横水、左溪之患，而欲与湖广夹击桶冈，进兵两寇之间，腹背受敌，势必不利。况且山贼知道官兵撤湖广而夹击桶冈，横水、左溪必然观望未备。出其不意，进兵速击，可以得胜。横水、左溪既破，再移兵桶冈，必然势如破竹。于是，王阳明决定先攻打横水、左溪。

其时谢志珊等带领一众人盘踞在横水、桶冈一带，大小八十四寨，势力炽盛，互相呼应。

大头领谢志珊、谢志田、谢志富、谢志海、萧贵模、萧贵富、徐华、谭曰志、雷俊臣盘踞在横水等据点；大头领蓝天凤、蓝八苏、蓝文昭、胡观、雷明聪（在《横水桶冈捷音疏》中又名"雷鸣聪"）、蓝文亨盘踞在桶冈等据点；首领唐洪等盘踞在鸡湖等据点；首领刘允昌等盘踞在新溪等据点；首领叶志亮等盘踞在杨梅等据点；首领薛文高、高诵、冯祥等盘踞在左溪等据点；首领何文秀等盘踞在朱雀坑等据点；首领苏景祥等盘踞在下关等据点；首领高文辉等盘踞在义安等据点；首领高玉瑄、康永三等盘踞在密溪等据点；首领唐曰富、刘必深等盘踞在丝茅坝等据点；首领蔡积富、叶三梅等盘踞在长河坝等据点；首领陈贵诚等盘踞在伏坑等据点；首领蓝通海盘踞在鳌坑等据点；首领谭曰荣等盘踞在赤坑等据点；首领谭祐、李斌等盘踞在双坝等据点……

正德十二年（1517）十月，王阳明兵分十路，开进齐云山区，进剿谢志珊等。

第一路军（前哨军）由赣州府知府邢珣、兴国县典史区澄等统领，以中稍为大本营，自上犹石坑进，由上稍、石溪入磨刀坑。过白封龙，一面分兵搜茶潭、鸢井、杞州坑，正兵经过朱坑、早坑入杨梅村，攻白蓝、横水，与都司许清，指挥谢昶、姚玺，知县王天与等兵会合，共结为一大营。王阳明进一步要求这一路军选拔精锐，带上乡导，带三天干粮，搜剿附近各山寨，如茶潭、鸢井、杞州坑、寨下等处，一定要剿灭殆尽，免生后患。左溪的反贼剿灭之后，分哨起营过背乌坑，穿牛角窟，逾梅伏坑，过长流坑，涉果木口，搜芒背、上思顺，过乌地，入上新地、中新地、下新地，攻桶冈峒诸贼，与知府唐淳，指挥余恩、谢昶等兵合势夹击，贼既败散，肯定会各营连络犄角，为一大营；各营精锐，开合纵横，分布搜扒，不留活口，直到胜利在望，才可以回兵。

计开：安远县新民义官某某等名下打手八百名。乾字营哨长赵某某等名下机兵四百名，弓箭手一队，铳手八名，乡导二十名。火药八十斤，地图一张。军令八十张。号色布一千五百件。兵旗大小九十面。令字蓝绢大旗一面。奇兵搜扒用为先导，寻常皆卷，遇各营兵始开。令字黄绢大旗一面。正兵行动用为先导，寻常皆卷，遇各营兵始开。

军令：失误军机者斩。临阵退缩者斩。违犯号令者斩。经过宿歇去处，敢有搅扰居民，及取人一草一木者斩。扎营起队，取火作食，后时迟慢者照军法治；因而误事者斩。安营住队，常如对敌，不许私相往来，及辄去衣甲器仗，违者照军法治；因而误事者斩。凡安营讫，非给有各队信牌，及非营门而辄出入者皆斩。守门人不举告者同罪。其出营樵牧汲水方便，而擅过营门外者杖一百。军中呼号奔走惊众者斩。虽遇贼乘暗攻营，将士辄呼动者斩。军中卒遇火起，除奉军令救火人外，敢有喧呼，及擅离本队者斩。军中守夜巡夜之人每夜各有号色，号色不应者，即便收缚。军中不许私议军机，及妄言祸福休咎，惑乱众心，违者皆斩。凡入贼境哨探，可往而畏难不往，托故推调，及回报不实者斩。军行遇敌人往冲，及有埋伏在傍者，不许辄动，即便整队向贼牢把，相机杀剿，违者斩。军行遇贼众乞降，恐有奸谋，即要驻军严备，一面飞禀中军，令其远退，自缚来投，不许辄与相近；遇有自称官吏，及地方里老来迎接者，亦不许辄与相近，即便驻军严备，一面飞禀中军，审实发落，违者皆斩。贼使入营，及来降之人，将士敢与私语，及问贼中事宜，凡漏泄军情者斩。凡临阵对敌，一队失，全伍皆斩。邻队不救，邻队皆斩。贼败追奔，不得太远，一听号令，闻鼓方进，闻金即止，违者斩。贼巢财物，并听杀贼已毕，差官勘验给赏，敢有临阵擅取者斩。乘胜逐贼，不许争取首级；路有遗下金银宝物，不许低头拾取，违者皆斩。

该路军于十月十二等日，攻破磨刀坑等巢；十一月初一等日，攻破桶冈洞等巢；二十三日，会兵击贼于上新地寨，共十四处。共擒斩大贼首雷鸣聪、蓝文亭、梁伯安等六名颗，贼从王礼生等二百四十一名颗；俘获贼属；并夺回被掳男妇二百五十七名口；烧毁贼巢房屋一百七十七间；及夺马牛赃仗等项。

第二路军由福建汀州府知府唐淳、上杭县县丞陈秉等统领，前往南安府，自百步桥、浮江、合村等处进屯聂都；会同把隘推官徐文英将点集守把乡夫，从中选取一百名乡导，分引哨路，进袭上关，破下关，再分兵为三哨：中一大哨逾相见岭，扑密溪，径攻左溪；右一小哨从下关分道搜丝茅坝，复从中大哨于密溪进攻左溪；左一小哨自密溪搜羊牯脑山，再自密溪从中大哨进攻左溪。三哨复合为一，与王阳明率领的大部队会于横水，会同守备郏文、知府季敩、指挥余恩、县丞舒富等兵五营犄角合为一大营；再各选精锐，带上乡导和两三天的干粮，四处搜山寨，务必剿灭干净。左溪诸贼既尽，分哨起营，再自密溪回关田。推官徐文英仍于关田厚集营阵，以待奔窜的流寇。王阳明自关田率兵由古亭进屯上保，再自上保历茶坑，由十八磊依期进于木坳，攻桶冈等诸贼盘踞地，与知府邢珣、指挥余恩等兵合势夹击。

该路军于十月十二等日，攻破左溪等巢；十一月初一等日，攻破十八磊等巢；共十二处。共擒斩大贼首蓝天凤、蓝八、苏景祥等四名颗，贼从廖欧保等二百六十四名颗；俘获贼属，并夺回被虏男妇五百四十四名口；烧毁贼巢房屋七百一十二间；及夺获马牛、器械、赃银等项。

第三路军由南安府知府季敩、南安府同知朱宪、推官徐文英等统领，自南安府石人背进破义安，分兵搜朱雀坑，入西峰；分兵搜狐狸坑，进船厂；分兵搜李家坑，屯稳下；分兵搜李坑，逾狗脚岭，搜阴木坑，攻左溪；与王阳明主力会于横水，乃与守备郏文，知府邢珣、唐淳，指挥余恩，县丞舒富等兵合连为一大营；挑选精锐兵士搜寨。左溪的流寇既已剿灭，然后分哨起营，过密溪，搜羊牯脑，逾相见岭，历上关、下关、关田，经古亭，分屯上保、茶坑，断葫芦洞等处流寇的路，四面设伏，与都指挥许清遥相呼应。

该路军于十月十二等日，攻破稳下等巢；十二月初三日，击贼于朱雀坑等巢；共八处。生擒大贼首高文辉、何文秀等五名；擒斩贼从杨礼等三百六十一名颗；俘获贼属；并夺回被虏男妇一百七十一名口；烧毁贼巢房屋五百七十八间；夺获牛马赃仗等物。及先于七月二十五等日，二次被贼拥众攻打本府城池，统领本营官兵会同指挥来春、冯翔，与贼对敌。本职下官兵舍人共擒斩贼从龙正等一百三名颗；来春下官兵擒斩贼从王伯崇等二十五名颗；冯翔下官兵擒斩贼从刘保等一百三十五名颗。

第四路军由江西都司都指挥佥事许清、千户林节等统领，自南康进破溪湖，扑新地，袭杨梅坑，攻白蓝；与王阳明主力会于横水，遂与知府邢珣等兵会合共结为一大营；乃各自挑选精锐，用乡导分引，带上几天干粮，四搜附近各山寨，剿灭余党。然后分哨起营，自横水穿牛角窟，搜川坳、阴木潭，会左溪，入密溪，过相见岭，历下关、上关、关田、上华山，过鳞潭，屯左泉，分断西山界、葫芦洞等贼路，四面设伏，等待桶冈逃散的流寇。仍归屯横水，控制盘踞各巢穴的散兵游勇，与知府季敩遥相呼应。

该路军于十月十二等日，攻破鸡湖等巢，共九处。共擒斩大贼首唐洪、刘允昌、叶志亮、谭祐、李斌等共一十名颗，贼从王志成等一百四十六名颗；俘获贼属；并夺回被虏男妇一百二名口；烧毁贼巢房屋二百间；及夺获牛马赃仗等物。

第五路军由南安、赣州二府地方都指挥体统行事指挥使郑文、安远县义官唐廷华统领，前往南安府，自石人坑度汤瓶岭破义安上西峰，过铅厂破苦竹坑，剿长河洞，搜狐狸坑攻左溪，与王阳明主力会于横水，又与知府唐淳、季敩，指挥余恩，县丞舒富等兵营连为一个大营；再挑选兵勇，搜寻附近天台巷、狮子山、丝茅坝等山寨。左溪附近剿灭既尽，听候王阳明再授方略，然后分哨起营，自左溪过密溪，分兵搜丝茅坝，会下关，入关田，过古亭，逾上保，搜茶坑，屯于十八磊，分兵断下章，设伏以待桶冈逃窜出来的残兵败将，继知府唐淳之后，伺机进兵。

该路军于十月十二等日，攻破狮子寨等巢；二十三日，会兵击贼于上新地寨。斩获首贼蓝文昭等三名颗；擒斩贼从许受仔等一百六十六名颗；俘获贼属；并夺回被虏男妇九十八名口；烧毁贼巢房屋四百一十二间；及夺获牛马器械等项。

第六路军由赣州卫指挥余恩统领龙南县新民王受等兵，自上犹、官隘逾独孤岭，至营前，进金坑，屯过步，破长流坑，分兵入梅伏坑，破牛角窟，扑川坳、阴木潭，与正兵合攻左溪，与王阳明所率领的主力在横水相会；又与县丞舒富，知府唐淳、季敩，守备郏文等兵连为一大营；组成精锐之师，带上几天的干粮，四处搜寻附近各山寨，剿灭流寇。待左溪的流寇剿灭，再听候王阳明再授方略，然后分哨起营，过密溪，搜羊牯脑，逾相见岭，历下关、上关、关田、上华山、鳞潭、网夹里，从左溪入西山界，攻桶冈诸贼，与知府邢珣、唐淳，指挥谢昶等兵合势夹击。

该路军于十月十二等日，攻破长流坑等巢，共五处。擒斩大贼首陈贵诚、薛文高、刘必深三名颗，贼从郭彦秀等一百七十七名颗；俘获贼属；并夺回被虏男妇九十九名口；烧毁贼巢房屋五百一十七间；及夺获马驴、器械、赃银等物。

第七路军由宁都县知县王天与、典史梁仪等统领，自上犹县，取道官隘、员坑过琴江口，由白面寨至长潭，经杰坝屯石玉，分兵搜樟木坑。与王阳明总部会于横水，乃与知府邢珣、都司许清等兵会合四营，共结为一大营；挑选精锐兵士，带上干粮，四处搜寻附近各山寨。横水等处诸贼既已剿灭干净，乃听候王阳明再授方略，然后分哨起营，过背乌坑、牛角窟、梅伏坑，涉长流渡、果木口，搜芒背、上思顺，入乌地，经上新地、中新地，分屯下新地，分兵搜扒，断绝要路，四面设伏，以待桶冈之贼，为知府邢珣之继。使人打探其他各路军进军情况，与县丞舒富所率部队互相声援，除恶务尽。

该路军于十月十二等日，攻破樟木坑等巢，共三处。擒斩大贼首邓崇泰、王孔洪等八名颗；擒斩贼从陈荣汉等一百三十九名颗；俘获贼属；并夺回被虏男妇二百七十五名口；烧毁贼巢房屋一百六间；及夺获牛马赃物等项。

第八路军由南康县县丞舒富统领上犹县义官胡述等兵，自上犹、营前、金坑进屯过步，破长流坑，径攻左溪，与王阳明率领的主力会于横水，又与知府邢珣、唐淳、季斅，守备郏文等兵合四营，共结为一大营；挑选精锐兵士，带上干粮，四处搜剿附近谢志珊部众盘踞地，如鳖坑、箬坑、赤坑、观音山、奄场、仙鹤头、源陂、左溪等处。待搜剿完毕，听候王阳明再授方略，然后分哨起营，再自长流坑过果木口，搜芒背，搜铁木里，徇上池，遍搜东桃坑、山源、竹坝泉、大王岭、板岭诸巢，进屯锁匙龙外，四面埋伏，等待桶冈逃窜出来的散兵游勇。与知县王天与遥相呼应，相机互相支援，一定要剿灭殆尽，方可回兵。

该路军于十月十二等日，攻破箬坑等巢，共五处。擒斩贼从康仲荣等四百一十九名颗；俘获贼属；并夺回被虏男妇一百八十三名口；烧毁贼巢房屋九百九十三间；及夺获牛马赃银等项。及先于九月二十一等日，大贼首谢志田等攻打白面寨，随督发寨长廖惟道等，擒斩首从贼徒谢志田等三十五名颗。

第九路军由广东潮州府程乡县知县张戬统领，他统领部下新民、打手、乡夫人等，搜剿稽芜、黄径坳、新地等处贼巢，进屯横水，听候王阳明再授方略，然后进攻桶冈诸峒。

该路军于十月二十四日等，攻破杞州坑等巢；十一月初一等日，攻破西山界、桶冈等巢；共九处。擒斩大贼首萧贵富、钟得昌等六名颗，贼从何景聪等二百五十七名颗；俘获贼属；并夺回被虏男妇一百五十七名口；及夺获牛马、器械、赃银等物。

第十路军由吉安府知府伍文定统领后开官兵，前去屯扎稳下，会同守备郏文并谋协力，搜剿稽芜等处贼巢；进屯横水，听候王阳明再授方略，然后进攻桶冈诸峒。王阳明仍须详察地理险易，相度机宜，协和行事，毋得尔先我后，力散势分，致失事机。国典具存，决不轻贷。

该路军于十月二十四等日，攻破寨下等巢；十一月初一等日，攻破上池等巢；二十日击贼于稳下等巢；共十二处。擒斩大贼首谢志珊、叶三等二十名颗，贼从王福儿等二百三十八名颗；俘获贼属；并夺回被虏男妇二百八十四名口；烧毁贼巢房屋一百三十三间；及夺获赃仗等物。

中军由王阳明亲自率领，他带领中营随征参随等官推官危受、指挥谢昶等，于十月十二等日，攻破长龙、横水大巢及庵背等巢，共七处。生擒大贼首萧贵模等一十四名；擒斩贼从萧容等四百六十五名颗；俘获贼属；并夺回被虏男妇二百四十八名口；烧毁贼巢房屋二百二间；及夺获牛马、金银、赃仗等项。

王阳明亲自率兵千余，自南康进屯至坪，期直捣横水，以与诸军会。大本营总部在中稍、龙勾一带驻扎。兵备副使杨璋、分守参议黄宏，监督各营官兵，往来给饷，以促其后。分布既定，即于十月初七日夜，各哨齐发；初九日，王阳明率兵至南康；初十日，进屯至坪。使间谍四路分探，皆以为诸贼不虞官兵猝进，各巢皆鸣锣聚众，往来呼噪奔走，为分投御敌之状，势甚张皇；然已于各险隘皆设有滚木礧石。度此时贼已据险，势未可近，王阳明率兵乘夜遂进。

三、破贼左溪　清剿桶冈

十一日小饷，未至贼巢三十里，止舍，使人伐木立栅，开堑设堠，示以久屯之形。夜使报效听选官雷济、义民萧庚，分率乡兵及樵竖善登山者四百人，各与一旗，赍铳炮钩镰，使由间道攀崖悬壁而上，分列远近极高山顶以觇贼。张立旗帜，爇茅为数千灶；度我兵且至险，则举炮燃火相应。

十二日早，王阳明率兵进至十八面隘。贼方据险迎敌，骤闻远近山顶炮声如雷，烟焰四起；我兵复呼噪奋逼，铳箭齐发。贼皆惊溃失措，以为我兵已尽入破其巢穴，遂弃险退走。王阳明预遣千户陈伟、高睿分率壮士数十，缘崖上夺贼险，尽发其滚木礧石。我兵乘胜骤进，声震天地。指挥谢昶、冯延瑞兵由间道先入，尽焚贼巢。贼退无所据，乃大败奔溃。遂破长龙巢、十八面隘巢、先鹅头巢、狗脚岭巢、庵背巢、白蓝大巢、横水大巢。

先是，大贼首谢志珊、萧贵模等，皆以横水居众险之中，倚以为固。闻官兵四进，仓促分众扼险，出御甚力。至是，见横水烟焰障天，铳炮之声撼摇山谷，亦各失势，弃险走。各哨官兵乘之，皆奋勇力战而入。

知府邢珣遂破磨刀坑巢、茶坑巢、茶潭巢。知县王天与破樟木坑巢、石王巢；都指挥许清破鸡湖巢、新溪巢、杨梅巢；俱至横水。知府唐淳破羊牯脑巢、上关巢、下关巢、左溪大巢；守备指挥郏文破狮寨巢、义安巢、苦竹坑巢；指挥余恩破长流坑巢、牛角窟巢、鳖坑巢。县丞舒富破箬坑巢、赤坑巢、竹坝巢；知府季敩破上西峰巢、狐狸坑巢、铅厂巢；俱至左溪。守巡各官亦随后督兵而至。

是日，擒斩俘获甚众，自相蹂践，堕岸填谷而死者，不可胜计。当是时，贼路所由入，皆刊崖倒树，设阱埋签，不可行。我兵昼夜涉深涧，蹈丛棘；遇险绝，则挂绳崖树，鱼贯而上，猿臂而下，往往失足堕深谷。幸而不死，经数日始能出。各兵已至横水、左溪，皆困甚，不复能驱逐。会日已暮，遂令收兵屯扎。次日，大雾，咫尺不辨；连数日不开。王阳明令各营休兵享士，而使乡导数十人分探溃贼何在，并未破巢穴动静。

十五日，得各乡导报，谓诸贼分阵，预于各山绝险崖壁立有栅寨，为退保之计，有复合聚于未破之巢者，俱不意我兵骤入，未及搬运粮谷。若分兵四散追击，可以尽获。王阳明认为，湖、广夹攻在十一月初一，期已渐迫。此去桶冈尚百余里，山路险峻，三日始能达。若此中之贼围之不克，而移兵桶冈，势分备多，前后瞻顾，非计之得。于是，王阳明令各营皆分兵为奇正二哨，一攻其前，一袭其后，冒雾速进，分投急击。

十六日，知府邢珣攻破旱坑巢、鸢井巢；知府季敩、守备指挥郏文攻破稳下巢、李家巢。

十七日，知府唐淳攻破丝茅坝巢。

十八日，都指挥许清攻破朱雀坑巢、村头坑巢、黄竹坳巢、观音山巢。

十九日，指挥余恩攻破梅伏坑巢、石头坑巢。

二十日，知府邢珣又攻破白封龙巢、芒背巢；知县王天与攻破黄泥坑巢、大富湾巢。

二十二日，县丞舒富攻破白水洞巢；本日，知府伍文定，知县张戬兵亦至。

二十四日，知府伍文定攻破寨下巢，知县张戬攻破杞州坑巢。

二十五日，知县张戬又破朱坑巢，知府伍文定破杨家山巢。

二十六日，知府季敩又破李坑巢，都指挥许清又破川坳巢。

二十七日，守备指挥郏文又破长河洞巢。连日各擒斩首从贼人、贼级并俘获贼属男妇，夺回被虏人口、牛马、赃仗数多。

是日，各营官兵请乘胜进攻桶冈。王阳明复议得桶冈天险，四面青壁万仞，中盘百余里，连峰参天，深林绝谷，不睹日月。中所产旱谷、薯蓣之类，足饷凶岁。往者亦尝夹攻，坐困数月，不能俘其一卒，竟以招抚为名而罢。及询访乡导，其所由入，惟锁匙龙、葫芦洞、茶坑、十八磊、新地五处，然皆架栈梯堑，夤悬绝壁而上。贼使数人于崖巅，坐发礌石，可无执兵而御我师。惟上章一路稍平，然深入湖广，迂回取道，半月始至。湖兵既从彼入，而我师复往，事皆非便。今横水、左溪余贼皆已奔入其中，同难合势，为守必力。善战者，其势险，其节短。如今，王阳明欲乘全胜之锋，兼三日之程，长驱百余里而争利，彼若拒而不前，顿兵幽谷之底，所谓强弩之末，不能穿鲁缟矣。今若移屯近地，休兵养锐，振扬威声，先使人谕以祸福，彼必惧而请服。其或有不从者，乘其犹豫，袭而击之，乃可以逞。

于是，王阳明使素与贼通戴罪义官李正岩、医官刘福泰，释其罪，并从所获桶冈贼钟景，于二十八日夜悬壁而入，期以初一日早，使人于锁匙龙受降。贼方甚恐，见三人至，皆喜，乃集众会议。而横水、左溪奔入之贼，果坚持不可，往复迟疑，不暇为备。

王阳明遣县丞舒富率数百人屯锁匙龙，促使出降；而使知府邢珣入茶坑；知府伍文定入西山界，知府唐淳入十八磊，知县张戬入葫芦洞；皆于三十日乘夜，各至分地。遇大雨，不得进；初一日早，冒雨疾登。大贼首蓝天凤方就锁匙龙聚议，闻各兵已入险，皆惊愕散乱，犹驱其众男妇千余人，据内隘绝壁，隔水为阵以拒。

知府邢珣之兵渡水前击，张戬之兵冲其右，伍文定之兵自张戬右悬崖而下，绕贼傍击。贼不能支，且战且却。及午，雨霁；各兵鼓奋而前，贼乃败走。县丞舒富、知县王天与所领兵，闻前山兵已入，亦从锁匙龙并登。各军乘胜擒斩，贼悉奔十八磊。知府唐淳之兵复严阵迎贼，又胜之。会日晚，犹扼险相持。次早，诸军复合势并击，大战良久，贼遂大败。知府邢珣破桶冈大巢、梅伏巢、乌池巢；知县张戬破西山界巢、锁匙龙巢、黄竹坑巢；知府唐淳破十八磊巢；知府伍文定破铁木里巢、土池巢、葫芦洞巢；知县王天与破员分巢、背水坑巢；县丞舒富破太王岭巢。擒斩首从贼人、贼级，并俘获贼属男妇，夺回被掳人口、牛马、赃仗数多。

贼大势虽败，结阵分遁者尚多。是日，闻湖广土兵将至，王阳明使知府邢珣屯葫芦洞，知府唐淳屯十八磊，知府伍文定屯大水，守备指挥郏文屯下新地，知县张戬屯礁头，县丞舒富屯茶坑，指挥姚玺、知县王天与屯板岭；而副使杨璋巡行礁头、茶坑诸营，监督进止，以继其粮饷。又使知府季敩分屯聂都，以防贼之南奔；都指挥许清留屯横水，指挥余恩留屯左溪，以备腹心遗漏之贼；而使参议黄宏留扎南安，给粮饷，以为聂都之继。王阳明亦亲自率帐下屯茶寮，使各营分兵，与湖兵相会，夹剿遁贼。

初五日，知府邢珣又破上新地巢、中新地巢、下新地巢。

初七日，知府唐淳又破杉木坳巢、原陂巢、木里巢。

十一日，知县张戬破板岭巢、天台庵巢；十三日，又破东桃坑巢、龙背巢。

连日各擒斩俘获数多。其间岩谷溪壑之内，饥饿病疹颠仆死者，不可以数。于是，桶冈之贼略尽。王阳明以其暇，亲行相视形势，据险立隘，使卒数百，斩木栈崖，凿山开道。又使典史梁仪领卒数百，相视横水，创筑土城；周围千余丈，亦设隘以夺其险。议以其地请建县治，控制三省诸瑶，断其往来之路；事方经营。

十六日，据防遏推官徐文英呈称，广东鱼黄等巢被湖兵攻破，贼党男妇千余，突往鸡湖、新地、稳下、朱雀坑等处。王阳明复遣知府季敩分兵趋朱雀坑等处，知府伍文定趋稳下、鸡湖等处，守备指挥郏文、知府邢珣趋上新等处，各相机急剿。

二十日，知府伍文定兵，击贼于稳下寨、西峰寨、苦竹坑寨，长河坝巢、黎坑巢。

二十三日，守备指挥郏文、知府邢珣击贼于上新地巢，知府伍文定又追击于鸡湖巢。

十二月初三日，知府季敩击贼于朱雀坑寨、狐狸坑巢。擒斩首从贼徒、俘获贼属、夺获赃仗数多。于是奔遁之贼始尽。然以湖、广二省之兵方合，虽近境之贼悉以扫荡，而四远奔突之虞，难保必无。乃留兵二千余，分屯茶寮、横水等隘，而以是月初九日回军近县，以休息疲劳；候二省夹攻尽绝，然后班师。

两月之间，共捣过巢穴八十余处，擒斩大贼首谢志珊、蓝天凤等八十六名颗，从贼首级三千一百六十八名颗，俘获贼属二千三百三十六名口，夺回被虏男妇八十三名口，牛马骡六百八只匹，赃仗二千一百三十一件，金银一百一十三两八钱一分；总计首从贼徒、贼属、牛马、赃仗共八千五百二十五名颗口只件。俱经行令转解纪功官处，审验纪录。

王阳明在呈给皇上的奏折里写道：参照大贼首蓝天凤、谢志珊等，盘踞千里，荼毒数郡；僭拟王号，图谋不轨；基祸种恶，且将数十余年。而虐焰之炽盛，流毒之惨极，亦已数年于兹。前此亦尝夹剿，曾不能损其一毛；屡加招抚，适足以长其桀骜。今乃驱卒不过万余，用费不满三万，两月之间，俘获六千有奇，破巢八十有四；渠魁授首，噍类无遗。此岂臣等能贤于昔人，是皆仰仗朝廷威德之被，庙堂处置得宜；既假臣以赏罚之权，复专臣以提督之任。故臣等得以伸缩自由，举动如志；奉成算以行事，循方略而指挥；将士有用命之美，进止无掣肘之虞；则是追获兽兔之捷，实由发纵指示之功。臣等偶叨任使，亦安敢冒非其绩！夫谋定于帷幄之中，而决胜于千里之外；命出于庙堂之上，而威行于百蛮之表。臣等敢为朝廷国议有人贺，且自幸其所遭，得以苟免覆𬣙之戮也。及照监军副使杨璋，参议黄宏，领兵都指挥佥事许清，都指挥使行事指挥使郑文，知府邢珣、季敩、伍文定、唐淳，知县王天与、张戬，指挥余恩、冯翔，县丞舒富，随征参谋等官指挥谢昶、冯廷瑞、姚玺、明德，同知朱宪，推官危寿、徐文英，知县陈允谐、黄文鹜、宋瑢、陆瓍、千户陈伟、高睿等。以上各官，或监军督饷，或领兵随征，悉皆深历危险，备尝艰难，各效勤苦之力，共成克捷之功。俱合甄录，以励将来。伏愿皇上普彰庙堂之大赏，兼收行伍之微劳。激劝既行，功庸益集，自然贼盗寝息，百姓安生，则地方幸甚！臣等幸甚！

王阳明将擒斩的盗贼首级送巡按衙门会审验明；生擒的，解往提督军门处决，枭首示众；被掳的人口放回家，与亲人团聚；盗贼亲属公开出卖，得钱赏给有功将士；牛马骡等畜生变卖银两，得钱赏给有功将士；所获器械赃物尽数贮存在赣县库房里。

贼首谢志珊就擒的时候，王阳明问他："你是怎样召集到万人之多的？"谢志珊说："也不容易。平生发现世上的好汉，断不会轻易放过，千方百计加以笼络，或者用饮酒，或者帮助他们渡过难关，等到他们心服了，就把自己真实的想法告诉他们，没有不答应的。"听罢，王阳明对他的弟子们说："儒家一生求朋友之益，与这个没有什么区别。"

盘踞在横水、左溪、桶冈的山贼既平，王阳明两次上奏朝廷，请立崇义县，以示控御，使地方得以久安长治。

四、挥师浰头 建县和平

王阳明认为，南赣的盗贼，在南安府横水、左溪、桶冈诸据点的，与湖广的郴州接境；在浰头诸据点的，则与福建、广东交界。接境于湖广郴州的，盗贼数量多而势力分散，恃山溪之险以为固；界连于福建、广东的，盗贼狡猾而势力聚集，结党与之助以相援。因之先攻横水、左溪，次攻桶冈，之后与广东会师，徐图浰头。好比砍伐坚硬的树木，先砍平整处，再砍其节点。

明正德十二年（1517）九月，王阳明将进兵横水，又恐浰头之盗贼乘虚出扰，思考如何离间其党羽。王阳明于是亲自拟告谕，把为匪作患的祸福说明清楚，发往各据点，并且给被胁迫者银帛。一时间，贼党感动，多有愿意投降的，唯有大贼首池仲容冥顽不化，愤然对他的部下说："我们这些人做贼已非一年，官府来招降已非一次，官府能原谅我们吗？"而其他贼首如黄金巢等，带五百人投降。王阳明相信了他们，让他们参与战斗，去征讨横水。

横水既平，池仲容怕王阳明进攻他的据点，派遣他的弟弟池仲安，假意率老弱两百余人来归降。这些归降的人背地里却严为守备，意在缓兵，且窥探官军虚实，乘间做内应。王阳明识破了他们的阴谋，表面上信任他们。进攻桶冈的时候，王阳明让池仲安带领自己的部属，截路于上新地，以远其归途；内中警备，以防其起衅；表面作宽容状，以安其心。王阳明暗中使人召集邻近诸县被池仲容害过的人集军门议事。旬日之间，来了几十人。问这些人攻剿池仲容之策，这些人皆认为池仲容这个大贼首狡诈凶悍，非比他贼。

从前官府调狼兵两三万剿贼，竟亦不能大捷。后虽打败了盗贼几次，但所杀伤亦略相当。大家都认为，须大调狼兵，方可济事。王阳明却认为在这种情况下恰好不必调狼兵就能消灭他们。王阳明于是使之前来的几十人各归部集，待候兵期，据住隘险之处，遏制乱众。

十一月，桶冈又破，池仲容越发恐惧，为战守备。王阳明先行使人至盗贼据点，赐各酋长牛、酒，以察其变。池仲容知道已经隐瞒不过去了，于是诈称龙川新民卢珂、郑志高等，将掩袭浰头，因此他们才秘密提防，他们不敢与官兵对抗。王阳明假装相信他说的话，并假装指责卢珂、郑志高等，说他们不应该擅兵仇杀。王阳明又致书龙川，叫他进一步核实此事。王阳明又令池仲容等伐木开道，做出待桶冈胜利后，将回兵至浰头，取道讨伐卢珂、郑志高等的姿态。池仲容听了王阳明的指令后，以为王阳明相信了他，又恐假道讨伐他，且喜且惧。因此，池仲容遣使者来谢恩，并且说勿劳官军，自己可以抵御卢珂、郑志高等。

十二月十五日，王阳明凯旋，回兵至南康，卢珂等皆来告变，说池仲容等僭号设官，今已点集兵众，号召远近贼首，于三省夹攻之时，同时并举，以行其不轨之谋。王阳明已侦知其阴谋，等卢珂来到后，王阳明即假意怒叱卢珂等擅兵仇杀真心接受招抚的人，罪已当死，如今又编出这等没根没表的话，诬陷别人。王阳明把卢珂打进大牢，假意要杀掉他。其时池仲安等都在王阳明军营中，看见王阳明惩罚卢珂等人，一开始大惊失色，接下来又高兴万分，竞相诬告卢珂等人的罪恶。王阳明亦假意让池仲安等写成详细状纸，并说将把卢珂等人全部拘来，然后杀之。明里卢珂被下狱，暗中王阳明告诉卢珂，并不是真要惩罚他，而是要引诱池仲容上当。王阳明又叫卢珂等人暗中准备力量，等卢珂等人还浰时可用；又使人告诉池仲容，不要再生疑虑。

十二月二十日，王阳明还至赣州，遣散兵士，让他们回乡务农，表示不再用他们。他以此举表示马放南山，刀枪入库。王阳明又使池仲安率领自己的部属回归浰头，助其兄防守。回到浰头的池仲安告诉池仲容等人王阳明的态度，大家都认为官军不会杀来浰头，都非常高兴。王阳明又使人对池仲容说："如今官府对你们甚是宽容厚待，你为什么不亲自去一趟赣州，当面致谢王都御使呢？何况卢珂等人天天在王都御使身边诉反状，请求官府拘捕你们。不如主动去赣州，去当面向军门控诉卢珂等人的罪恶，官府必然进一步信任你们，杀掉卢珂等人。"池仲容的部属听了这番话后，觉得很有道理，都从旁极力赞成，池仲容于是下决心前往赣州。池仲容对他的部属说："若要伸，先用屈。赣州军门的伎俩，也必须亲往勘破。"于是商定，率领麾下四十余人，来到赣州。王阳明知道池仲容已经上路，暗中遣人先行属县勒兵分哨，候报而发。

闰十二月二十三日，池仲容等人来到南赣巡抚所在地——赣州，见官军各营皆已散归，街市张灯结彩，一片祥和，信以为不复用兵。又暗中贿赂狱卒窥探卢珂等人在狱中的情况，果然发现卢珂等人被打入死牢。池仲容非常高兴，遣人归报浰头下属："我今天可以得万全矣。"

见池仲容上当，王阳明乘夜释出卢珂等人，让他们驰归浰头发兵；一面又设羊、酒犒劳池仲容，让他们滞留赣州。正月初三，料卢珂等人已经到家，所遣属县勒兵应当集合起来了，于是王阳明设犒赏宴席，庆祝春节，并邀请池仲容和他的部属赴宴，实则幕后埋伏甲士。池仲容带着他的部属，高高兴兴来参加宴会。宴会设在赣州祥符宫，即赣州文庙。王阳明将池仲容部属分成若干组，每组四个人，分头上前领赏。王阳明赏给每人一个托盘，托盘里装着二两银子、一块布、两斤熟牛肉、一壶客家酿酒。当池仲容部属高高兴兴领到赏赐，退到幕后时，事先埋伏好的刀斧手手起刀落，"咔嚓"一声，人头落地。池仲容和他的属下悉数被斩杀。当天晚上，文庙血流成河。王阳明动了不忍之心，呕吐不已。儒家讲"不忍"，王阳明也时怀恐惧、怜悯、恻怛之心。他自任南赣巡抚以来，面对乱局，动心忍性，此心不动，坚如磐石，取得了一个又一个胜利。而今天，面对几十条活生生的生命瞬间血溅圣训之地，岂能心无所动？王阳明回到住处，心中一直非常难过，辗转反侧，难以入眠。他认为，剥夺了几十条生命，不管这些人积了多大的恶，毕竟有损私德。然而，王阳明又想，这样做虽有损私德，但德有"公""私"之分，从公德看，为了一方百姓的安定生活，为了一个地方的长治久安，为了大明王朝的安定，这事是值得做的。私德是小德，公德是大德，是为百姓，为江山社稷做贡献。因此，牺牲个人的小德，是值得的。想到这一层，王阳明终于释怀，不再纠结。

处理好池仲容一事，王阳明立即部署，令南赣各县同时发兵三浰，期以正月初七日同时进入三浰山贼据点。先是，贼徒得到池仲容密报，说赣州兵已罢归，军门松弛，未做战斗准备。于是，贼徒各据点的防备处于松懈状态，各隘口也没有防备。王阳明秘密发九路大军，水陆并进，直逼三浰。贼徒看见官军，疑为神兵，惊惧失措，仓促间分头出御，其千余精锐之兵，据险设伏，并势迎战官军于龙子岭。王阳明把九路军合并为三路，依犄角之势向前突进，与浰头贼激战多时。浰头贼抵抗不了，败退逃走。官军奋追一里多路，贼伏兵四起，官军奋勇迎击，贼遂奔溃，呼声振山谷。官军乘胜逐北，连破上、中、下三浰，斩获了两千多人。尚有八百多贼徒，复聚集在九连山，扼险自固。王阳明望见九连山山势高峻，横亘数百里，四面斩绝；官军既不能进，而其内东接龙门山后诸处，有几百名贼徒据守。如果官军贸然逼近，贼徒必然奔往其间；诱激诸据点，相连而起，势必难制。然而贼徒既无把截之兵，欲从旁县潜军，断其后路，必须半月才能抵达，缓不及事。只有山贼所屯据崖壁之下，一道可通，然而山贼已占据险要，自上发礌石滚木，官军百无一全。于是，王阳明乃选精锐七百余人，穿着山贼的服装，打扮成山贼的样子，佯装成溃败的山贼，乘夜直冲贼所，据崖下涧道而过。山贼以为是各据点散溃的同伙，都在崖下招呼他们。等他们知道是官军后，并力冲击，但已经来不及了，官军已经据住险要，从上、下两个方向，同时攻击，山贼不能抵抗，又败退。自正月二十五日激战至二月二十六日，山贼迭受挫败。三月初三日，据乡导人等四路爪探，皆以为各巢积恶凶狡之贼，都已擒斩略尽。只有余党张仲全等两百余名贼徒，当时都是受胁迫，不得已为贼的，从恶没多久。他们呼号痛哭，诚心向官军投降，于是官军在白沙这个地方接受了他们的投降。

浰头既平，王阳明为了加强这一地方的治理，变强梁之地为膏腴之区，乃上书朝廷，提请在三浰设立和平县。

第四章
中稍点兵　温泉军疗

一、中稍地理人文

中稍河，在上犹南部，为上犹江支流。其源出中稍乡黄竹村，经中稍乡、东山镇，至稍口注入上犹江，长14.4千米，沿河是一带状河谷平地，平均宽约0.5千米。中稍河流经区域农田灌溉方便，土地肥沃，人烟稠密，是主要产粮区。其古名稍里水，后因源出中稍，且流域多在中稍，故名中稍河。

中稍村，江西省赣州市上犹县东山镇下辖行政村，位于东山镇西南方向，距上犹县城10千米，离镇政府所在地10千米，辖35个村民小组，共有1441户4597人（数据来自上犹县人民政府官网2016年公告公示）。

中稍村含高土、社背、庙下、白木头、寨下（因王阳明当年在这里立营寨，故称寨下又称军寨之下）5个自然村，与群英村、元鱼村、伏坳村、黄竹村、高桥村、茶亭村、南河村、南塘村、滨江村、沿河村、东门村、上埠村、清湖村、广田村相邻。

据《江西省上犹县地名志》载，中稍公社（后并入东山镇）位于上犹县南陲。其东邻黄埠公社和东山镇，南面和西面与崇义县接壤，北接清湖公社。总面积76平方千米，有耕地10000亩（1亩约666平方米），林地54720

亩。

中稍圩是中稍公社与中稍大队驻地,位于中稍的中部,中稍河和犹崇公路从圩北通过。因整个中稍平地似船(方言也叫艄)形,东端称艄口,西端叫艄尾,此间居中为中艄,后演变为中稍。此地昔为黄沙河坝,故又名黄沙坝。

1. 中稍大队

中稍大队位于中稍公社中部。地属丘陵,村舍耕地都在山谷平地和山坑里。犹崇公路从境内通过。有9个自然村,以种水稻为主,产茶油。

高峰山:位于中稍圩西北3千米处的高山腰里。原居饶氏、吴氏均迁走,清道光年间刘氏从广东兴宁迁清湖旋迁此。村边一山称高峰山,村以此得名。

田头:位于中稍圩北侧山下。原名田寮,1961年更名田头。清咸丰年间钟氏从横岗下迁此。

官田墩:位于中稍圩东南0.5千米处的杨梅坑口。因此地较干旱,原名干田墩,后雅化为官田墩。原居康氏失考。张辅政于清康熙年间从广东迁此。

牛角湾:位于中稍圩南侧矮丘上。村在形似牛角的土岗上,故名。凌氏于明万历年间从广东兴宁迁南岭然后迁此。

水福:位于中稍圩南0.5千米处的矮山下。此地原为一片沼泽地,在此立居如水上之佛,故原名水佛,后更名水福。杨秀山从广东兴宁迁此。

下李屋:位于中稍圩东南1千米处的杨梅坑口山下。分上下李屋,此居下,故名。李红贵从广东龙川迁此。

崩岗下:位于中稍圩南1.5千米处的杨梅坑口西侧。地处崩岗下面,故名。原居叶姓失考。钟高占从县城迁此。

上李屋:位于中稍圩东南2千米处的杨梅坑口山下。处下李屋之上,故名。李氏从广东龙川迁此。

松山坑：位于中稍圩南 2 千米处的杨梅坑西侧山坑。昔多松树，故得名。清咸丰年间张科扬从广田迁此。

2. 南坝大队

南坝大队位于中稍公社东北部，中稍河南岸田塅上和山坑里。驻湾角。以所属南坝得名。有 6 个自然村。以种水稻、甘蔗为主。

湾角：位于中稍圩东北 7 千米处的中稍河南边湾角里，故名。清雍正年间罗泰会从县城迁此。

岗上：位于中稍圩东北 8.5 千米处的中稍河东边山岗上，故名。张普于清康熙年间从县城迁此。

石角头：位于中稍圩东北 9.5 千米处的黄坑地片中部山下。村旁山上一石似牛角，故名。清嘉庆年间罗经周从黄沙迁此。

南坝：位于中稍圩东北 8 千米处的中稍河南边山下。此地原为河坝，故名。清雍正年间罗登世从广东兴宁迁此。

团岭：位于中稍圩东北 8.5 千米处的南坝东侧河边。一圆形小山突立村旁，故名。1980 年罗新元从上埠迁此。

朝对坑：位于中稍圩东北 11.5 千米处的黄坑地片北侧的弯曲山坑。因两坑坑口相对，故名。清光绪年间罗明柱从南坝迁此。

3. 黄塘大队

黄塘大队位于中稍公社东北部。驻高桥头。北多低丘，南为田塅，犹崇公路从境内通过。有 10 个自然村。种水稻、甘蔗为主，产茶油。

高桥头：别名沙湾。位于中稍圩东北 7.5 千米处的中稍河高桥北端，故名。罗积琅从广东兴宁迁此。

耙头屋：位于中稍圩东北 8 千米处的山弯里。因房顶竖有耙头得名。朱思端从水洋尾迁此。

圳下：位于中稍圩东北 8 千米处的山圳下面，故名。胡春台从广东梅县迁此。

黄塘：位于中稍圩东北 8 千米处的高桥头东侧山口上。昔村内一水塘，塘水经常黄浊，故名。罗文开从南坝迁此。

石坪：位于中稍圩东北 7.5 千米处的犹崇公路西北山下。因门前有石砌晒坪得名。罗明从黄塘迁此。

和尚坑：位于中稍圩东北 8 千米处的高桥头西北山坑。传说，昔坑内有庵，土地全归庵里的和尚管理，故名。廖逯从早岗迁此。

小丰坑：位于中稍圩东北 8.5 千米处的高桥头北面山坑。因水足地肥，坑内生产年年丰收，故名。朱思铣从水洋尾迁此。

瓦屋：位于中稍圩东北 7.5 千米处的高桥头东侧山坑口。昔邻村房屋多盖茅草，独此房盖瓦，故名。清顺治年间刘立汉从广东兴宁迁此。

樟树下：位于中稍圩东北 7.5 千米处的犹崇公路北旁山下。张必信从广东兴宁迁此。村内昔多樟树得名。

窝下：位于中稍圩东北 7.5 千米处的高桥头北面山窝里，故名。吴起祥从古下迁此。

4. 高桥大队

高桥大队位于中稍公社东部，中稍河两岸，北多山丘，南为田畈，犹崇公路从境内通过。有 8 个自然村。主种水稻、甘蔗，产茶油。

官陂圳：位于中稍圩东北 5 千米处的高桥头西边的低山圳。据说，清朝曾在村河上筑一水陂，称官陂，故名官陂圳。刘时发从邻村迁此。

镰刀坑：位于中稍圩东北 7 千米处的高桥头东侧山下。因山形似镰刀得名。赖光连从塘埠前迁此。

古下：位于中稍圩东偏北 7 千米处的高桥头南面山下。原居民古姓，村居古屋下，故名。吴诸从城关茶亭迁此。

西瓜坝：位于中稍圩东偏北 5 千米处的中稍河南岸山下。此地昔为河坝，村旁山形似西瓜，故名。清康熙年间刘太鼎从县城迁此。

塘埠前：位于中稍圩东北 7 千米处的高桥南端。据传，昔村上有一当铺，原名当铺前，后演变为现名。清康熙年间赖同选从广东兴宁迁此。

水洋尾：位于中稍圩东 7 千米处的水杨梅坑的尾部，原名水杨梅坑尾，后演变为水洋尾。宋末王春发从邻近迁此。

龙勾甲：位于中稍圩东 7.5 千米处的高桥头东南山坑里。因山形似畚钩（畚谷工具），故名。原居民陈氏、朱氏均外迁，清光绪年间邱昌龙从崇义县迁此。

桥子坑：位于中稍圩东 8 千米处的高桥头南面山坑。因长野蒚子，原名蒚子坑，后写成桥子坑。陈姓于清同治年间从感坑迁此，其后裔于 1917 年迁居龙勾甲，同年郭世发迁此续居。

5. 佛坳大队

佛坳大队位于中稍公社东北部，在中稍河两岸河谷平地上。犹崇公路从境内通过。驻横堂上。有 21 个自然村。主种水稻、甘蔗，产茶油。以所属佛坳得名。

横堂上：位于中稍圩东北 3 千米处的犹崇公路旁。昔因预防洪害，村民在村下筑起一条泥石横堂（堤），村以此得名。清光绪年间谢壮梅从广东兴宁迁此。

留坑：位于中稍圩东北 3.5 千米处的犹崇公路北侧山坑。昔村一老妇，留种济困，风格高尚，故名。黄氏从黄竹坑迁此。

弯背：位于中稍圩东北 5 千米处的犹崇公路北侧山弯背后，故名。罗洪德于明建文年间从吉水县迁此。

圣田：位于中稍圩东北 5 千米处的犹崇公路旁矮山下。昔村内河边树下设有社坛，旁边稻田称神田，后雅化为圣田。廖德沅于南宋绍熙年间从南康迁此。

官坑：位于中稍圩东北5.5千米处的高桥头西侧山坑里。土地干旱，原名为干坑，后雅化为官坑。钟宇栋从和尚坑迁此。

新村：位于中稍圩东北4千米处的犹崇公路北侧矮岗上。原居陈姓外迁失考。1975年为县财贸系统知青点，1978年冬县安排上埠移民罗氏、陈氏在此定居，重建新村，故名。

郭屋坑：位于中稍圩东北3千米处的犹崇公路旁山坑里。清雍正年间郭氏、罗氏来此立基，后迁走。林玉莲从莲塘迁此。沿用原名。

窑岗上：位于中稍圩东北3.5千米处的犹崇公路边矮岗上。从前建过砖瓦窑，故名。宋末，刘德端从县城迁此。

佛坳：位于中稍圩东北4.5千米处的犹崇公路北侧矮山旁。昔村旁山坳上有一庵，常有人来此求神拜佛，故称此地为佛坳。清嘉庆年间叶龙从广东兴宁迁此。

土狗坑口：位于中稍圩东北4.5千米处的佛坳东面山坑口。因山形似土狗（蝼蛄）得名。王世福从圆村迁此。

罗屋：位于中稍圩东北5千米处的佛坳东侧矮山下。村后一山似马蹄，曾名马子蹄。清康熙末年罗万筹从广东兴宁迁此，更名罗屋。

塅心：位于中稍圩东北2.5千米处的中稍河北岸田塅中，故名。廖大茂于清道光年间从今新立迁此。

冷水坑口：位于中稍圩东北4.5千米处的佛坳东侧的山坑口。因坑内泉水较冷得名。1957年钟氏从竹山下迁此。

竹山下：位于中稍圩东北4.5千米处的佛坳东南矮山下。从前村上毛竹甚茂，故名。钟高文从今新立迁此。

沙龙口：位于中稍圩东北4千米处的山口。村民称产钨的山脉为砂龙，故名砂龙口，写成沙龙口。清同治年间谢子章从广东兴宁迁此。

白文窝：位于中稍圩东北4.5千米处的佛坳西南小山窝。昔有白色坟墓，称白坟窝，写成白文窝。原居黄氏外迁，失考。杨自有从水福迁此。

下岗：位于中稍圩东 6.5 千米处的佛坳东南矮山岗下，故名。1926 年朱英伦从黄塘迁此。

社背：位于中稍圩东 6.5 千米处的佛坳东南山排上的社坛背后，故名。清光绪末年陈世胜从感坑迁此。

坳上：位于中稍圩东 5 千米处的佛坳南面山坳上，故名。叶文超从水岩下迁此。

沙坑龙：位于中稍圩东 6 千米处的山坑里。产钨，村民称此为砂坑龙，后写成沙坑龙。原居乐、曾两姓，均失考。清雍正年间乐寿华从崇义县迁此。

上庵子：位于中稍圩东南 7.5 千米处的佛坳南面山上。原有一庵，故得名。

6. 新立大队

新立大队在中稍公社北部，属丘陵，北为山岭，南为平地，犹崇公路从境内通过，驻高排。有 12 个自然村。种水稻、甘蔗为主，产茶油。

高排：位于中稍圩北偏东 1 千米处。在高排山下，故名。清顺治年间罗业光从广东兴宁迁此。

寨背：位于中稍圩东北 2.5 千米处的犹崇公路旁的小山背后，故名。清康熙年间张捷文从佛坳迁此。

枫树排：位于中稍圩东北 2.5 千米处的犹崇公路北侧山排上。以多枫树得名。清乾隆年间黄逨先从广东兴宁迁此。

三横：位于中稍圩北 1.5 千米处的犹崇公路北侧山下。因村内有 3 丘平行的稻田如"三"字得名。1957 年廖姓从崇义县迁此。

新屋：位于中稍圩东北 1.5 千米处的犹崇公路北侧。原居罗姓外迁。清咸丰年间钟承福从中稍迁此。以新建房屋得名。

鹅形：位于中稍圩东北 2 千米处的高排山下。以村旁一山似鹅得名。清嘉庆年间廖奕洋从广东嘉应州迁此。

土围下：位于中稍圩东北 2.5 千米处的中稍河南边山下。据说村内山上筑过土围，故名。吴楷万从福建漳州迁此。

树下：昔村旁有大樟树得名。在中稍圩北 0.5 千米处的山下。宋末，吴志善从虔州迁此。

横岗下：位于中稍圩东偏北 0.7 千米处的横山岗下面，故名。元末，钟官民从兴国县迁此。

石盘：村内一石似盘得名。位于中稍圩东北 1.5 千米处的中稍河南岸山下。清乾隆年间廖有三从佛垇迁此。

南岭：位于中稍圩东 1 千米处的南岭山下，故名。清乾隆年间凌启浒从牛角湾迁此。

李坑：位于中稍圩东 1 千米处的南岭南侧山坑。以姓命名。原居民李氏、吕氏均迁走。张姓于清嘉庆年间从南康迁此。

7. 圆鱼大队

圆鱼大队在中稍公社西北部，中稍河两岸的山谷平地上，居民点多在河两旁山下，犹崇公路横贯本境。驻罗山口。有 23 个自然村。种水稻为主，产茶油。

罗山口：位于中稍圩西南 1.5 千米处的犹崇公路边山坑口。坑内一山似箩，称箩山口，后写成罗山口。清嘉庆年间张馥林从圆鱼迁此。

横坑：位于中稍圩西 4 千米处的石溪坑内的横向山坑，故名。张会敬从广东兴宁迁此。

瓦子坪：位于中稍圩西 4 千米处的犹崇公路南面山腰上。昔村内独此为瓦盖房屋，建在小平地上，故名。张炽玉从横坑迁此。

梅子坑：位于中稍圩西 8 千米处的小山坑。西与崇义县交界。昔多杨梅得名。张成桂从横坑迁此。

隘前：位于中稍圩西 0.5 千米处的山下。昔村内山上设过关隘，故名。

清乾隆年间钟姓从横岗下迁此。

深坑：位于中稍圩西 4 千米处的狭长山坑，林木茂密，故名。清康熙年间叶乾从广东龙川迁此。

庵塘子：村内水塘边昔有一庵，故名。位于中稍圩西 4 千米处的石溪坑水库西边山坑里。1955 年刘姓从龙门迁此。

圆鱼：村内一小山，形圆如鳖，俗称圆鱼。位于中稍圩西偏南 2 千米处的石溪坑水库下方。明万历年间孟宪恩从广东长乐迁此。

孟屋：别名大湾，位于中稍圩西 2 千米处的石溪坑水库下西侧山下。明万历年间孟九肖从广东长乐迁此。

新屋场：位于中稍圩西南 2 千米处的中稍河西北山下。昔居熊姓，原名熊屋场，赖姓迁入，改称新屋场。清康熙年间赖氏从学堂下迁此。

新庙下：位于中稍圩西南 3 千米处的中稍河北边山排上。村后山上有一新庙，故名。叶贤福从莲塘迁此。

学堂下：因村内办过学堂得名。位于中稍圩西南 1.5 千米处的中稍河南面山岗上。清康熙年间赖如松从广东惠州河源县迁此。

蛇头塍：位于中稍圩南 1.5 千米处的中稍河南岸。因一山形状如蛇，村在"蛇"的头部，称蛇头塍。明崇祯年间黄色亢从广东兴宁迁此。

下圳：位于中稍圩西南 2.5 千米两溪汇合处。此圳在上圳的下面，故名。清乾隆年间张玉锡从上圳迁此。

土岗下：位于中稍圩西南 3 千米处的一长土岗下，故名。黄汤渊从清湖迁此。

上圳：别名围里。位于中稍圩西南 3 千米处。在下圳的上面，故名。清康熙年间张贞先从广东迁此。

蔡屋村：位于中稍圩西南 4 千米处的墨溪山坑口山排上。明宣德年间蔡崇华从崇义县迁此。

庵下：昔村有清隐庵得名。位于中稍圩西南 6 千米处的中稍河南面的山坑中。清雍正年间管宗山从广东兴宁迁茶坑，后分居此地。

墨溪山：别名茶头排。位于中稍圩西南 6.5 千米处的峡谷里。山上有墨溪庵，故名。清雍正年间管宗山从广东兴宁迁茶坑，其后裔分居此地。

白石基：位于中稍圩西 7 千米处的石溪坑北边山排上。现无居民，驻有养路段。以产白灰石得名。清雍正年间何文清从广东兴宁迁此，1958 年何姓迁走。

庵子前：位于中稍圩西 2.5 千米处的石溪坑里。无居民，有耕地 10 亩。昔有一庵得名。张成贤从广东兴宁迁此，其后裔于 1958 年迁居罗山口。

三卡水：地处三条小溪汇合处得名。位于中稍圩西 7 千米处的山坑里。原居张氏于 1972 年迁居下坬。

桥头：位于中稍圩西 5.5 千米处的石溪坑里。村有石拱桥得名。清光绪年间张开清从横坑迁此，其后裔于 1960 年迁走。

8. 群英大队

群英大队位于公社南部，属山区。辖境由直坑、中心坑和桂兰坑等山坑组成，统称杨梅坑。东、南均与崇义县交界。驻田心。有 17 个自然村。种水稻为主，产茶油。

田心：别名大板桥。位于中稍圩南偏东 2 千米处，在三条山坑合口处的田墩中，故名。清初曾同权从县城迁此。

大山下：位于中稍圩东南 2 千米处的杨梅坑东侧大山下。清乾隆年间郑文华从船岭迁此。

松树下：位于中稍圩南 3.5 千米处的杨梅坑西侧山坑里。清同治年间黄姓从桂兰坑迁此。

淦子：位于中稍圩南 4 千米处，地处狭长山径，俗称径子，后写为淦子。清嘉庆年间黄氏从老屋子迁此。

大坪子：位于中稍圩南 3.5 千米处的杨梅坑山腰小平地上，故名。昔居朱姓，失考。1952年黄一贵从丰田迁此。

老屋子：位于中稍圩南4.5千米处的淦子南面山排上。清嘉庆年间黄桂学从广东兴宁迁此。黄氏后裔另辟新居，称此为老屋子。

中心坑：位于中稍圩南5千米处的中心坑地片山排上。三条山坑，此坑居中，故名。清康熙年间罗光仑从广东兴宁迁此。

船岭：村后一山似船得名。位于中稍圩南5千米处的大人岭北面山坑里。清康熙年间陈复锦从广东兴宁迁此。

丰田坑：昔称荒田坑，后更名丰田坑。位于中稍圩东南5千米处的杨梅坑内的小山坑。原居张姓，失考。黄文善从福建上杭迁此。

上坑：位于中稍圩南6千米处的中心坑的上部，故名。清乾隆年间黄甫瑞从田心迁此。

桂兰坑：位于中稍圩南7千米处的山坑尾部。清嘉庆年间黄桂兰从广东兴宁迁此，以建村人的名字为名。

蛇王坑：原名崩沙坑，后因居民陈蛇王善武艺，精伤科，在本地颇有名气，村以其名为名。位于中稍圩南7千米处的小山坑里。清嘉庆年间陈明开从福建迁此。

寨下排：位于中稍圩南6千米处的中心坑尾部山排上。昔筑过寨得名。清康熙年间朱日焕从广东兴宁迁此。

上洞子：位于中稍圩南7千米处的中心坑上部，故名。清康熙年间陈复镇从广东兴宁迁此。

燕窝：位于中稍圩东南3.5千米处，东与崇义县交界。无居民。产钨。驻有县办钨矿工棚。因山窝似燕窠得名。

石窝子：位于中稍圩南6千米处的山窝里。无居民，耕地8亩。1929年张富有从荒田坑迁此，1968年其又迁居崇义县。

直坑子：位于中稍圩东南4.5千米处的杨梅坑东边的小山坑。无居民，产钨。因山坑较直得名。

9. 黄竹大队

黄竹大队在公社西南部。属山区，辖区多在南坑、北坑两条山坑。西、南均与崇义县交界。以驻地黄竹得名。有 18 个自然村。种水稻为主，产茶油、竹木。

黄竹：别名稍尾。位于中稍圩西南 3.5 千米处，为南坑、北坑合口处。以黄竹多得名。清光绪年间朱世汉从崇义县迁此。

刘屋：位于中稍圩西南 5 千米处的北坑西边山排上。清乾隆年间刘绍周从广东兴宁迁此。

朱屋：位于中稍圩西南 6.5 千米处的北坑尾部。清嘉庆年间朱成松从广东兴宁迁此。

杉树下：位于中稍圩西南 4.5 千米处的北坑坑口上。清康熙年间易孔礼从广东龙川迁此。昔多大杉树得名。

太平山：位于中稍圩西南 7.5 千米处的北坑西边。西与崇义县接壤。据传，历代兵乱，此地均平安无事，故名。清同治年间黄姓迁此。

横田塍：位于中稍圩西南 3.5 千米处的北坑坑口。原居宋姓外迁，原名宋田坊。清康熙年间王应举从广东龙川迁此续居，以门前三条田塍横列得名。

松树庵：位于中稍圩西南 7.5 千米处的南坑尾部山窝里。清道光年间朱光连从朱屋排迁此建庵立基。多古松得名。

烂泥坑：位于中稍圩西南 4 千米处的南坑中部。坑内冷浆田较多，故名。杨宏秀从崇义县迁此。

李山下：位于中稍圩西南 3.5 千米处的南坑中部山下。地处李山下面，故名。清道光年间尹汤达从黄泥潭迁此。

上西坑：位于中稍圩西南 5 千米处的南坑中部西侧山坑里，故名。宋初，凌贤生从广西迁此。

朱屋排：位于中稍圩西南 4 千米处的南坑中部山排上。元至正年间朱文兴从广东兴宁迁此。

小河店：位于中稍圩西南 4 千米处，为两小溪汇合处。清道光年间黄宗芬在此开店坊立基，故名。

开子排：村两旁皆梯田，如楼梯，故名梯子排，后演变为开子排。位于中稍圩西南 6 千米处的山排上。清道光年间杨氏从烂泥坑迁此。

南康庄：位于中稍圩西南 4.5 千米处的南坑尾部山下。据传建房时在地下挖出许多有"南康"字样的砖块，故名。明正统年间黄志从广东迁此。

石人庵：位于中稍圩西南 7 千米处的尖峰顶东南山窝里。因庵前一石似人，故名。王士洪从佛垇迁此。

竹背坑：位于中稍圩西南 6 千米处的南坑尾部。因产毛竹得名。清道光年间邹可西从信丰县迁此。

东坑子：位于中稍圩西南 8 千米处的南坑东侧山坑，故名。清乾隆年间邱仲远从福建迁至梅水然后迁此。

千户营：别名上庵。位于中稍圩西南 8 千米处的南坑尾部小山坑。据传，昔有千户官率兵扎营于此，故名。清光绪年间钟义见从崇义县迁此。

10. 其他地名

张天堂：位于中稍公社南部。南北走向，面积 2 平方千米。海拔 557 米。山多岩石、茅草，有钨矿。昔时山上曾建一庵称张天堂，故名。

鸡笼嶂：位于中稍公社西部。东西走向，面积 4.5 平方千米。海拔 390 米。有杉林。山形似鸡笼得名。

石窝子：位于中稍公社南部。南北走向，面积 1 平方千米。海拔 577.7 米。有钨矿。因满山窝是挖矿的余石，故名。

茶亭坳：位于中稍圩西部，为上犹与崇义两县交界处，犹崇公路由此通过。海拔 533.8 米。古名茶瓶坳，坳上曾设亭得名。植被有杉木、竹林。

川坳岽：位于中稍圩西部，为上犹通往崇义的山口。海拔 400 米。有路穿过山坳，故名。建有凉亭和石板桥。植被有杉木。

黄坑：位于中稍公社东北部，南坝村境内。面积 1 平方千米。含石角头、朝对坑等 4 个自然村。种水稻为主，产茶油。传说昔时此坑黄蜂多，常伤人畜，原名黄蜂坑，后称黄坑。

龙上：位于中稍东部，佛坳境内山形似卧龙得名。面积 0.5 平方千米，含坳上、社背、下岗 3 个自然村。种水稻为主，产茶油。

石溪坑：位于中稍西部圆鱼村境内的狭长山坑。面积 3 平方千米。含桥头、横坑、瓦子坪等 6 个自然村。筑有石溪坑水库。种水稻为主，产茶油。以坑内小溪多石头得名。

北坑：位于中稍西南部，黄竹村境内。面积 5 平方千米。有杉树下、刘屋、横田塍等 5 个自然村。种水稻为主，产竹、木。地处黄竹北面山坑，故名。

南坑：位于中稍西南部，因处黄竹村境内南面山坑得名。含烂泥坑、南康庄等 12 个自然村。面积 6 平方千米。种水稻为主，产竹、木、茶油。

杨梅坑：位于中稍南部，群英村境内。含田心、船岭、直坑子、桂兰坑等 18 个自然村，面积 9 平方千米。种水稻为主，产竹、花、茶油。以多杨梅得名。

中心坑：位于中稍南部，因处群英村境内三条山坑的中间得名。含中心坑、寨下排等 8 个自然村。面积 1.5 平方千米。种水稻为主，产茶油。

二、王阳明与中稍地名

1. 传说与王阳明有关的七座山

高排山：位于中稍与清湖公社交界处。海拔 591.3 米。东西走向，面积 1 平方千米。有松、杉，有钨、铜、锡。因山较高且数峰排列得名。别名九龙山，传说由王阳明命名。王阳明欲平谢志珊、蓝天凤悍匪，成其王霸事业，故名。

狗子脑：位于中稍东北，与黄埠乡交界处。海拔 335.2 米。南北走向，面积 1 平方千米。有松、杉。山形似狗头，王阳明将其比为狗土匪，故名"狗子脑"。

天子地：位于中稍东南边，与横水交界处。海拔 331 米。南北走向，面积 3 平方千米。有松、杉，有钨矿。传说山上有一能出天子的坟墓（方言称"地"）；又传原为谢志珊、蓝天凤悍匪占据，王阳明剿灭土匪后，将其归于天子治下，命其名曰"天子地"。

尖峰顶：位于中稍西南边，与崇义县交界处。为中稍最高峰。海拔868.2 米。南北走向，面积 1 平方千米。有松、杉、竹。因山峰较尖得名。古名稍尖，王阳明见其像笔峰，名其为"笔峰"。

大人岭：位于中稍南部，西与崇义县交界。东西走向，面积 2 平方千米。主峰 813.1 米。植被为松、杉、灌木林。有铁矿。因山状如人，王阳明手下人呼之为"大人"，即象征"大人"王阳明像此山一样巍峨。

岩鹰嘴：位于中稍南部。海拔 730 米。南北走向，面积 1 平方千米。山多岩石、茅草，因岩峰空立状似岩（老）鹰的嘴巴，王阳明行兵路过时，感其雄伟，为其命名"岩鹰嘴"。

大棚山：位于中稍东部。南北走向，面积 2 平方千米。海拔 557 米。山多岩石、茅草。王阳明平定谢志珊、蓝天凤时，工匠在这里打造兵器，搭有大片工棚，故名。

2. 古庵址遗存

九峰庵：在县西南 10 千米处，邑人张文茂建。

龙凤庵：在县治西南 7.5 千米处，邑人钟高贤建。

太平庵：在县西南 17.5 千米处的稍尖峰下，明永乐间邑人尹志万建。

墨溪庵：在县西南 17.5 千米处，明嘉靖年间邑人刘珊建，明万历中改名清隐庵。

松树庵：在县西南 17.5 千米处，明洪武年间邑人朱子坚建，明万历年间朱绂重修，并捐田、山，清康熙初重修，额曰"朝阳"。

千户庵：在县西南 20 千米处。

3. 古桥址遗存

神桥：在县治西南，宋咸淳年间邑人建木桥，跨之江上，每春涨多漂溺。元邑令赵明甫开新路，避其险，造桥于此，成功之速若神助，故名。

通衢桥：在县治西南 3 千米之黄泥潭上湾里，上犹、横水往来通途，清乾隆四十七年（1782），邑人叶蓁捐建，并砌石路。

横岗桥：在县治西南 10 千米处，邑人钟高贤建。

4. 城隍庙址遗存

城隍庙：原在县治西南隅，元尉司衙旧址府馆基地。明洪武三年（1370），知县章爵改建于北门外龙来寺之右。清康熙四年（1665），知县陈今盛迁建于东城内，庠生曾同渠捐土凑建，邑人蔡希舜记。雍正十三年（1735），邑人钟高贤添建中栋戏台头门，更赡麻租二石。乾隆丁丑（1757）、己酉（1789）二年合邑重修两次，胡奏铭捐土凑建。

城隍庙祭仪式：庙祭日，迎城隍神至邑厉坛，由知县主祭，各官陪祭，奏乐行礼如仪。每岁霜降之日，祭军牙旗之神，例系武备门备。

三、读书沐足　温泉养伤

平定横水、桶冈、左溪贼乱后，王阳明留下部分官兵驻守原地维护社会秩序，派南康县丞舒富负责建县筑城之事后，便指挥各路官兵在临县修整，自己则率领中军官兵打道回府，且一路上总在思考如何妥善安置那些在战斗中负了伤的士兵。

于是，不少在军中担任医官和士兵的上犹人，纷纷建议王阳明在归途必经之地的中稍停留歇息几天。因为此地山清水秀，地势开阔，且山上名贵草药繁多，中稍河边温泉遍布，是疗伤治病的好去处。王阳明听闻后大喜过

赣州阳明温泉度假小镇

望，随即下令所率兵马驻扎中稍，让受伤的士兵好好休养生息、疗伤治病。

　　见官兵驻扎下来，王阳明不顾疲惫，先到各营地探望伤病员，后又向地方德高望重的乡民详细了解中稍的情况。历史上因为中稍地形似船状（当地口音叫艄），东端叫艄口（又叫上艄），西端叫艄尾（又叫下艄），此地居中，故为中艄，之后演变为现在的中稍。

　　自宋以来，先后有大批广东客民返迁此地，与当地人一起农耕渔猎。驻地和附近乡民常利用温泉沐足养生、疗伤治病。深谙药理的王阳明，一边找到中稍当地名医认真探讨中草药与温泉组合的医疗药性，一边召开会议，采取措施，培训医生，把开发中草药与温泉的综合利用当作民生大事来抓。他还带头捐银十两，在军队建立医疗所，为军民疗伤治病。

　　在他的带领下，其他官员和地方士绅纷纷效仿，依托中稍温泉资源建立医疗所，为伤病员和当地百姓免费疗伤治病。

　　王阳明关注民生疾苦，开发利用温泉资源，服务官兵百姓的良谋善举被传为佳话。

大批军、地医疗所建在中稍河两岸，犹如鲜花盛放，甚是壮观，王阳明见此心情大好。为了感谢王阳明，中稍河的渔民百姓，特地驾船送来鱼和酒，邀其夜游中稍河，与民同乐。见百姓如此盛情，王阳明无法推却，只好叫上谋士雷济和肖庚二人同游，并带上家乡的绍兴黄酒以助兴。

中稍河蜿蜒曲折数十里，清澈见底，水流潺潺，终年不息，由西向东汇入上犹江。每到夜晚，沿河两岸灯火闪烁，人声鼎沸，美丽无比。尤其灯火最光亮的地方，必定是当地的医疗所，这让王阳明更加的欣慰与自豪，借着酒兴，不知不觉游玩到了深夜，同时，这美景激发了他更多的遐想。

船靠岸后，便对随员雷济、肖庚动情地说：可否在古街上增建温泉设施，形成经商贸易、温泉疗养一条街，实现多种业态融合之美？

次年，依照王阳明的构想，南康县丞舒富组织村民工匠，在中稍古圩驿道上修建了一条近 300 米的"汤街"。"汤街"修好后，王阳明特别高兴，公务之余，常由赣州来到中稍，休息调养、读书沐足，一时成为美谈。

文成圣泉，传说建于 1517 年

第五章
营前整兵　筑蔡氏城

一、王阳明营前整训

营前（因王阳明当年在这里立营，又称军营之前）位于上犹县西部。东临阳明湖、五指峰乡，南屏崇义县，北枕遂川县，西邻湖南省桂东县，是王阳明平定谢志珊的核心区域之一。

营前战略位置重要，历来为兵家必争之地。唐末五代虔州节度使卢光稠、明朝正德年间南赣巡抚王阳明先后在此建兵营，营前由此得名。

营前有军田村，位于营前圩西北 0.5 千米处，因明正德年间王阳明平定谢志珊时，军队在这里垦田而得名。

明正德年间蔡氏在太傅营前面筑城御贼，蔡姓城堡起名为营前城。王阳明来上犹营前屯兵时，多次驻扎在营前城，与蔡氏家族关系十分密切，而且承诺平贼战斗结束后，一定再回去看望营前的百姓。当得知王阳明在中稍歇息，蔡姓氏族便备马着轿前来迎候。

王阳明见此心情大好，在众乡亲的簇拥下回到了营前。营前百姓获此消息后，纷纷前来祝贺王阳明取得大捷。当天夜里，营前城楼灯火辉煌，蔡氏家族和王阳明在上犹的弟子，设宴款待王阳明和立下平贼之功的众将士。

王阳明不仅应邀为蔡氏祠堂题写了"蔡氏宗祠"4个遒劲有力的大字，还作诗《将归与诸生别于城南蔡氏楼》，以抒发惜惜离别之情："天际层楼树杪开，夕阳下见鸟飞回。城隅碧水光连座，槛外青山翠作堆。颇恨眼前离别近，惟余他日梦魂来。新诗好记同游处，长扫溪南旧钓台。"

明正德之前，营前动乱频仍，人烟稀少，王阳明过化之后，营前经历了相当长一段时间的安定。因这里山好水好，许多客家人陆陆续续从江西各地及广东、福建等处迁入，从此，营前成为一个重镇，并被誉为赣南四大镇之一。营前在古代经济繁荣时期，素有"头唐江二营前"之说。"头唐江"，指唐江镇是除赣州城之外，与邻邦贸易往来最多，与梅关古道联结最深的古镇。方圆百里之内有数百个乡镇、数十万人家，商贾往来，奠定了唐江镇为商业重镇之首的显要地位。"二营前"指上犹营前，其有水路、陆路纵横交错、四通八达之地理优势。

营前城，位于县治西北40千米处，其地即太傅营也。县志载：明正德间，村头里贡生蔡元宝、元湘、元环、汝霖、宜化、朝伴等，因地接郴桂，山深林密，易于藏奸，建议提督军门王阳明行县设立城池，因筑外城。明嘉靖三十一年（1552），山贼李文彪流劫此地，知县吴镐复令生员蔡朝佾、朝璜、仕华、仕宜、仕卿、朝机、天俊等重筑内城，浚濠池，砌马路，知县文光有记。后城中俱蔡氏居住，无他姓。城池遇有坍塌，亦系蔡姓公祠及有力之家自行捐修。

旧时营前设有把总署。把总官职始于明代，武职是营以下部队的指挥官或教练官。清代把总为正七品，驻守一城一地，下辖士兵若干名。营前所恢复的把总署为明代形制。把总署门外的墙上是一些简笔画，有总旗、小旗、立牌兵、藤牌兵、长枪兵、档把兵、火兵、狼筅兵等。营前把总署原在营前城外，后移城内北门，其地基系蔡姓土，共计10余间，经汛官谢、李、魏3人重修，左有关圣庙、火官庙、马王庙，右有兵房，基土横直10余丈，四面皆有围墙，脚为界，后有园 1 所，前有操场、箭道，横直 40 余丈。

新地把总署，在营前西 20 千米处的上新地，原系千总署，乾隆十八年（1753）添建，嘉庆三年（1798）毁于贼。道光二十六年（1846），经生员赖尚涛、钟鸣皋等请案移驻鹅形圩。咸丰三年（1853），洪水冲塌，仅存地基在圩尾庙角头，长 9 丈，阔 5 丈。

云水公廨，在营前太傅圩真君庙右斜对面，其瓦店房相连 4 栋，前至凉亭，滴水为界，后至余宅，店巷墙为界。左至何宅，众店为界。右至余宅，店为界。经前县张鹏翰存案作合邑粮局公馆。

古代营前有八景：城楼山色、妙乐钟声、书峰呈秀、举岭献奇、龙塔琴音、蕉潭渔唱、浮潮夜月、仙岩古松。

城楼山色：指的是于营前蔡家城南门，在早晨、黄昏、夜月下观察营前的山光水色，会看到不同景象。早晨看日出炊烟，黄昏看晚霞落雁，夜里看月华溶桂，不同时分的景象是不同的美妙。邑人、贡生蔡希舜有《城楼山色》诗云："眼底云山尽郁葱，城楼收拾织天工。千峦耸翠岚光接，万壑含青雾气蒙。曙色朝来明画栋，落霞晚照透帘枕。登高不厌频频望，几处寒烟带落鸿。"

妙乐钟声：妙乐寺，在营前，唐朝兴建，旧名祇林。旧载，寺租 500 余石，经僧剥蚀殆尽。清道光间，监生魏殿镇捐赀赎回 10 余石，并修造佛殿。又职员黄彰仁将公项赎回 10 余石，不复招僧，但顾看守。同治六年（1867），讼起，知县邱文光断照旧交营前众管理，将原断并寺业勒石。蔡希舜有《妙乐钟声》诗。

书峰呈秀：即太傅山与文峰寺。太傅山，在营前城北。其形如书柜，一名书山。《南安府志》云：延亘十余里，下有太傅书院。又文峰寺，在营前城东 1.5 千米处，明上犹县令龙文光建塔其上，人文遂兴。蔡、陈二姓德之为立祠塔旁，又捐田 100 石，内除 15 石为奉祀。龙公香火费余 85 石，为蔡、陈两姓庠生分年轮收，并上达往京讲诸费。蔡希舜有《书峰呈秀》诗云：

"游人揽胜望天章，山若书夸奕有光。五色云腾滋翰墨，千端锦簇映缥缃。漫言万卷金仁美，岂羡多乘张子襄。自是珍奇难隐灭，年年玉笋列成行。"

举岭献奇：在营前城东南，高百余丈，绵亘十余里，与书山对峙。相传岭上有石棋盘，隐现无常，樵者有时见之。又名挂榜山。蔡希舜有《举岭献奇》诗云："摩空直欲迥寥寥，揽画英奇独建标。万丈文光连崒顶，千层雾气拥山腰。秋来桂子从天落，春到杏花满地飘。此岭生来原有意，云梯长挂在青霄。"

龙塔琴音：过江龙，在营前城东南江中，峭石林立，蜿蜒横亘，望之俨然龙过江，中流急湍，舟过共鸣，瞬息数转。双琴龙山，琴江下有龙潭，遇旱祷雨于此即应。

蕉潭渔唱：有焦龙山，在营前蔡氏城外，东南两峰对峙，中泻急湍，下有龙潭，深不可测。蔡希舜有《蕉潭渔唱》诗云："淡淡轻烟销玉波，谁人乘筏在深涡。晓披宿雾连天碧，夜发清声带月歌。剧羡渔翁能自得，浑忘人世有风波。秋来欲动思鲈鲙，几处游人系尔多。"

浮潮夜月：浮潮是一种奇观。其位于老圩南面0.5千米处的上湾村，临云水河。古时有一巨榕，根须发达，竟有一枝干延至河对岸，行人便以其根枝作桥往来，且水涨根浮，这枝干始终可以载行人过往。于是，此地便被唤作了"浮桥"，后讹为"浮潮"。蔡希舜有《浮潮夜月》诗云："一泓碧水映云霞，俯视群流自若汗。风动潮声溅野岸，夜来月色印明沙。谁联渔筏垂杨卧，尚有骚人泛斗槎。上下天光澄到底，蛟龙应鼓浪中花。"

仙岩古松：仙人岩，在营前石溪峒。仙岩古松，古圩往桂东方向去的石街路，有一仙人洞，洞上有一古松。过去人们行走于石街上，在经过"石人出在石溪河"的神奇石人像后，远远便眺望着那屹立于仙岩上的苍劲古松。

二、王阳明过化后营前的繁荣

阳明过化之后，营前安定下来，大量人口纷纷迁至此地，带来了空前的繁荣。

据《江西省上犹县地名志》载，营前圩为公社驻地。

1.蛛岭大队

蛛岭大队位于营前公社中部山间平地。有山似蜘蛛得名。驻九秋。有10个自然村。

九秋：位于营前圩南侧蛛岭山下。郑氏于清咸丰年间从坪子街迁此。据传开基建房时挖出九条红色泥鳅，故名。

军田：位于营前圩西北 0.5 千米。曾元泉于清顺治十四年（1657）从广东兴宁迁此。传说此地农田为王阳明军队垦成，故名。

笠麻坑：位于营前圩北侧，犹营公路旁的小山坑里。何伯宁于清顺治年间从广东兴宁迁此。昔有松树，原名松木坑。后因居民编斗笠为副业，故名。

黄屋：位于营前圩西 0.5 千米处的田塅中。黄四多于清乾隆年间从石溪洞迁此。

百家塘：位于营前圩南 0.5 千米处的田塅中。黄志道于清乾隆三十一年（1766）从上湾迁此。原名八家塘，后称百家塘。

下陈：位于营前圩东南 1.5 千米处的平地上。陈兴德于明初从泰和县迁此，分居上下村，上村称上陈，此村称下陈。

朱屋：位于营前圩南 1 千米处的平地上。朱子和于清雍正年间从广东和平迁此。

坪子街：位于营前圩东南 1 千米处的平地上。郑际旺于明宣德年间从福建迁此。此地坪场上有小街，故名。

樟树下：位于营前圩东南 2.5 千米处的营前河与洞头河汇合口的山下。正德前原居赵氏迁走。明末钟庭荣从油石迁此续居。村后有樟树，故名。

后坑：位于营前圩东南 2.5 千米处的樟树后面的山坑里。曾宗儒于清雍正年间从广东兴宁迁此。

2. 新阳大队

新阳大队位于营前公社西北部，石溪河东北山下。驻杨屋村。有 5 个自然村。种水稻为主。

杨屋村：位于营前圩西北 5.5 千米处的石溪洞尾部，别名洞尾。正德前原居杨姓迁走，张氏于清乾隆年间从黄沙坑迁此。

下南寮：位于营前圩西北 6 千米处的鸡公山南面的小山窝里。昔有棚寮得名。1959 年何氏从牛嶂子迁此。

牛岗肚：位于营前圩西北 5.5 千米处的大山窝里。因村内山岗形似五牛相斗，得名牛岗肚。毛氏于清乾隆年间从广东迁此建村，后迁走，张、沈二姓续居。

马道排：位于营前圩西北 4.5 千米处。昔为当年王阳明习武跑马的场所，故名。

邓屋：位于营前圩西北 4.5 千米处的长岭岗脚下，别名长岭下。邓成章于清顺治年间从广东兴宁迁此。

3. 王龙大队

王龙大队位于营前公社西北部，石溪河西南山下。驻龙王。有 4 个自然村。

坝岗：位于营前圩西北 5 千米处的石溪河西南岸河坝岗坪上，故名。钟标异于明崇祯年间从广东兴宁迁此。

大竹园：位于营前圩西北 7 千米处的山腰上。清末杨、梁两姓居此，曾设大队茶场。昔竹林茂密得名。

龙王：位于营前圩西北 5.5 千米处的石溪河西南山下。朱金振于南宋从豫章迁此。因山形似龙，传说此山为龙之王，故名。

黄龙坝：位于营前圩西北 5.5 千米处的石溪河西南河坝上。南宋朱氏居此，后张、钟、黄等姓续居。

4. 新溪大队

新溪大队位于营前公社西北部，石溪河南侧田塅上。驻樟树村。有 3 个自然村。

竹山下：位于营前圩西北4千米处的石溪河南面山下。因山上有竹林得名。黄洪五于清道光年间从长岭岗迁此。

山下：位于营前圩西北4千米处的竹山下东侧山下。清中叶蓝氏从狮形迁此。

樟树村：位于营前圩西北4千米处的石溪河南岸田塅上。昔有大樟树，故名。

5. 长龙大队

长龙大队地处营前公社西北部，在长山岗上及东侧山坑里。驻油槽下。以所属长龙村得名。

油槽下：位于营前圩西北4千米处的林业公路南侧田塅上。昔有油槽，故名。张氏于清乾隆年间从广东兴宁迁此。

长岭尾：位于营前圩西北6千米处的长岭岗的尾部。黄氏于清康熙年间从广东兴宁迁此。

耙头：位于营前圩西北5.5千米处的山坑里。刘氏于清康熙年间从广东兴宁迁此。以屋顶竖有耙头得名。

长岭岗：位于营前圩西北5千米处的南北走向的长山岗上。黄世元于清康熙年间从广东兴宁迁此。

巷子角：位于营前圩西北4千米处的长岭岗下面。朱氏于南宋从豫章迁此。清乾隆年间张氏从广东兴宁迁来，在朱、吕两姓房屋中间的小巷角头建房，故名。

长龙：位于营前圩西北5千米处的长岭岗东侧田垄里。刘氏于清康熙年间从广东兴宁迁此。以山形似龙得名。

洞头坑：位于营前圩西北6千米处的小山坑里。在洞头圳下，故名。

6. 石溪大队

石溪大队地处营前公社西北部，石溪洞东段。驻坑口。以石溪洞片村得名。

坑口：位于营前圩西北 3 千米处公路北边的小山坑口。刘氏于清乾隆年间从邻近圳上迁此。

三台岭：位于营前圩西北 6 千米处的书峰西面山腰上。因山岗如三层平台，故名。黄氏于清嘉庆年间从广东兴宁迁此。张氏继入。

高坑子：位于营前圩西北 3.5 千米处的地势较高的小山坑里。蓝氏于清雍正年间从广东兴宁迁此。

寨背：位于营前圩西北 3 千米处的小溪东侧山下。刘氏于清乾隆十五年（1750）从邻近圳上迁。村在山寨背后，故名。

山田背：位于营前圩西北 3 千米处的山坑里。清康熙年间张氏从广东长乐迁此。村在山排梯田背后，故名。

桥头坝：位于营前圩西北 2.5 千米处的石溪河北岸田墩上。村在桥头河坝上得名。刘捷兴从水岩下迁此。

竹山排：位于营前圩西北 2.5 千米处的公路北侧山下。因山排产毛竹得名。黎氏于清顺治年间从广东梅县迁此。

狮形：位于营前圩西北 2 千米处的石溪河南岸。因有山似狮，故名。蓝氏于清嘉庆年间从广东兴宁迁此。

鲇形：位于营前圩西北 3 千米处的石溪河南岸鲇形山下。1956 年刘氏从龙门移民于此。

水口庙：位于营前圩西北 2 千米处的石溪洞出水口。昔有水口庙。

7. 合河大队

合河大队地处营前公社西部。村子分布在矮山岗及其四周的小山坑里。驻新圳。以所属合河村得名。

新圳：位于营前圩西北 2 千米处的山岗下。清康熙年间赖氏从广东和平迁此。后钟、黄两姓继入。

高嶂下：位于营前圩西北 2.5 千米处的高山下，故名。赖应和从黄泥洞迁此。

黄泥洞：别名黄龙。位于营前圩西北 2 千米处的山坑里。多黄泥土得名。清康熙年间赖道奇从广东和平迁此。

画眉垄：位于营前圩西 2.5 千米处的山坑里。昔因村中多画眉鸟得名。清乾隆年间廖纯初从洞头迁此。

月形：位于营前圩西北 1 千米处的山岗下。明正德年间钟世光从广东兴宁迁此。因山形似月弦（乐器）得名月弦，写成月形。

陶顶：位于营前圩西 2 千米处的山岗上。因建有土瓷窑得名窑岗，后演变为陶顶。钟氏于清康熙年间由窑背分居于此。

陶背：位于营前圩西 2.5 千米处的窑岗东侧背后，得名窑背，后演变为陶背。清顺治年间钟明扬从广东兴宁迁此。

陶下：位于营前圩西 1.5 千米处的窑岗下面，得名窑下，后演变为陶下。清康熙年间钟氏从窑背分居此地。

合河：位于营前圩西南 1.5 千米处的石溪河上的公路桥西端。地处石溪、平富两河汇合口，故名。

8. 象牙大队

象牙大队位于营前公社东北部的山间平地。驻戽斗垄。以所属象牙湾得名。

戽斗垄：位于营前圩东北 0.5 千米处的山丘下。因田垄形似戽斗得名。傅氏于清康熙年间从广东兴宁迁此。

九子寨：位于营前圩北 1.5 千米处的山坑里。刘思贤于清雍正年间从沙田坝迁此，曾名思贤坳。地处山寨下，传说清咸丰年间村内一朝生九子，后改称九子寨。

蛇头湾：位于营前圩东北 2 千米处的山弯里。因有山岗似蛇头得名。清雍正年间张印龙从广东兴宁迁此。

横岭坳下：位于营前圩东北 2.5 千米处的横岭山坳下。清乾隆年间胡行谟从横岭寨分居此地。后张氏继入。

蛇头嘴：位于营前圩东北 2 千米处的山嘴头。因山岗形似蛇头得名。清道光年间赖相俦从金盆迁此。

蓝屋排：位于营前圩东北 1.5 千米处的山排上。蓝子元于清乾隆年间从广东兴宁迁此。

象牙湾：位于营前圩东北 2 千米处的山弯里。清顺治年间何湛一从广东兴宁迁此。因山形似象牙得名。

崩河塝：位于营前圩北 1 千米处的矮山下。村中河塝较高，曾名高河塝，由于洪水冲崩河塝，改称崩河塝。清康熙年间陈玉贤从广东兴宁迁此。1929 年毛泽东同志率红军至此，召开了犹、崇、余党的负责人会议。

沙田坝：位于营前圩东北 1.5 千米处的河坝上。原沙石成堆，被王阳明军队垦成良田，故名。何伯秀于清康熙年间从营前圩迁此。

田螺寨下：位于营前圩东 1.5 千米处的山下。因山形似田螺，明正德年间，蓝天凤曾筑山寨，故名。清顺治年间何氏从广东兴宁迁此。

欧坝：位于营前圩东 1 千米处的洞头河西岸河坝上。以原居欧姓得名。欧氏迁走，何孟立于清康熙年间从广东兴宁迁此。

梅口：位于营前圩东 1.5 千米处的梅肚子片村的出口处。何应理于清顺治年间从广东兴宁迁此。

大黄屋：位于营前圩东 1 千米处的田墈上。因房屋大，故名。

9. 梅里大队

梅里大队地处营前公社东北部葫芦形山坑里。以梅肚子片村得名。驻下狗形。

下狗形：位于营前圩东北 2 千米处的山排上，因有山似弯月，故名月形。曾氏于清乾隆年间从上狗形分居此地，改叫下狗形。

社窝子：位于营前圩东北7.5千米处的陡水水库西岸山窝里。因设有社官神位得名。张氏于清康熙年间从广东兴宁迁此。原居姜、钟两姓，曾名姜钟坑。

岭背：位于营前圩东北7千米处的社窝子山岭背后，故名。清乾隆年间张氏从社窝子迁此。

廖屋坑：位于营前圩东北4千米处的小山坑。廖应忠于清道光年间从杨梅坪迁此。

黄竹头下：位于营前圩东北3千米处的山下。因产黄竹得名。黄端达于清乾隆年间从东田围迁此。

上狗形：位于营前圩东北2.5千米处的山窝里。因山形似眠犬得名。曾文卿于清雍正八年（1730）从广东兴宁迁此。

一里坑：位于营前圩东北7千米处的陡水水库西岸山坑里。清光绪年间张氏从社窝子迁此。因此坑长1华里（即0.5千米）得名。

苎窝子：位于营前圩东北3千米处的山窝里。黄氏于清康熙年间从墩心迁此。原居朱姓叫朱窝子，因种苎麻，改名苎窝子。

彭屋坑：位于营前圩东北2千米处的山坑口。原名流水坑，彭氏于清雍正年间从广东兴宁迁入，改为现名。

崇垴：位于营前圩东北4千米处的山岗上，故名。李世荐于清乾隆年间从东田围迁此。

黄洞子：位于营前圩东北5千米处较高的山坑里。以黄土山丘得名。张升琳于清乾隆年间从崇坑迁此。

松山下：位于营前圩东2.5千米处的山下。因山上有松林得名。李世英于清乾隆年间从广东兴宁迁此。

虎形：位于营前圩东3千米处的山下。村旁山似老虎得名。黄铭山于清乾隆年间从邻近的楼岭寨迁此。

桃花洞：位于营前圩东 3.5 千米处的山窝里。原居曹氏，叫曹家洞，曹氏迁走，李世鸾于清乾隆年间从广东兴宁迁此续居，改名桃花洞。

邹洞：位于营前圩东南 4 千米处的山坑里。原居邹姓得名。戴天惠于清顺治年间从广东兴宁迁此。

新搬田：原名青子坪，后开垦成水田，改名新搬田。

蓝屋：位于营前圩东北 4.5 千米处的茨茅坜东南山下。蓝氏于清康熙年间从龙下迁此。

10. 龙下大队

龙下大队在营前公社东部山弯里，以龙下地片得名。驻高坑。

高坑：位于营前圩东偏南 6 千米处的陡水水库北岸较高的山坑里，故名。张林发于清乾隆年间从大塘面迁此。

高分头：位于营前圩东偏南 6.5 千米处的华山西坡的山弯里。因地势较高，原名高弯头，演变为高分头。原居蓝姓外迁，清康熙年间黄氏从龙埂分居于此。

龙埂：在营前圩东南 6 千米处的山腰上。黄而亨于清康熙年间从广东兴宁迁此。因山形似龙，名为龙埂。

大湾：位于营前圩东南 5 千米处的山排上。戴嗣韩于清乾隆年间从邹洞迁此，得名戴湾。公社化时改为大湾。

腊树：位于营前圩东南 4 千米处的山排上。昔多腊树得名。原为蔡姓田棚，黄玉成于清康熙年间从广东兴宁迁此。

桃岭坑：位于营前圩东南 6 千米处的小山坑里。在桃岭庵下面，故名。蓝永茂于清康熙年间从高分头迁此。

坪上：位于营前圩东南 5.5 千米处的山排上。蓝子信于清雍正年间从桃岭坑迁此。村在坪上得名。

11. 上湾大队

上湾大队位于营前公社西南部，营前河南岸山弯里。驻竹头。

竹头：位于营前圩西南 3 千米处的山坳上。有竹林得名。黄开统于清乾隆年间从广东兴宁迁此。

寨下：位于营前圩西南 2.5 千米处的山下。山上曾筑紫金寨，故名。陈嘉泰于清顺治年间由赣州长宁迁此。

岭排子：位于营前圩西南 3 千米处的山排上。杨亭劳于清乾隆年间由大潭坑迁此。

坳头顶：位于营前圩西南 3 千米处的山坳上。清康熙年间刘登泰由广东龙川迁此。

桥头：位于营前圩南 1.5 千米处，原圩址对岸高桥头，故名。黄集明于清康熙年间从上湾老屋分居此地。

花屋：位于营前圩南 2 千米处的花园岗下面，故名。黄栋五从上湾老屋分居此地。

湾子：位于营前圩西南 3 千米处的山弯里。黄氏于清乾隆年间从竹头分居于此。

洞仔：位于营前圩西南 3.5 千米处的山岗下。清康熙年间朱世谦从广东和平迁此。因山谷如洞得名。

陶排：位于营前圩西南 2.5 千米处的山下。山排有瓦窑，得名窑排，写成陶排。黄真民由上湾老屋迁此。

蕉龙：位于营前圩西南 3.5 千米处的山窝里。田垄边多芭蕉，得名蕉垄，写成蕉龙。清乾隆年间邱世连由广东兴宁迁此。

12. 下湾大队

下湾大队位于营前公社南部，营前河南岸丘陵间。以驻地下湾命名。

下湾：位于营前圩南 2 千米处的营前河南岸上湾片村下面的山弯里，故名。清康熙年间黄氏由上湾迁此，王氏继入。

水南：位于营前圩南 2 千米处，原圩址对岸，河水之南。黄虞雾于清康熙二十九年（1690）由广东和平迁此。

社下：位于营前圩南偏东 3 千米处的营前河南岸山下。昔设社官神位得名。清康熙年间叶捷岳从广东兴宁迁此。

山下城：位于营前圩东南 3 千米处的营前河南岸山下。由原居陈姓得名山下陈，后写成山下城。清顺治年间朱思进由广东和平迁此。

岗顶：位于营前圩南 4 千米处的山岗上。清道光年间黄相才由水南迁此。

香炉：位于营前圩南 3 千米处的山坑口。传说山嘴社官神位前曾置金香炉，故名。清乾隆年间黄有昆从竹山迁此。

柯树坳：位于营前圩南 4 千米处的山坳下，因有大柯树得名。清顺治年间范印科从广东惠州迁此。

竹山：位于营前圩南 4 千米处的山坑口。因山上有竹林得名。清乾隆年间黄志抡由水南迁此。

大船洞：位于营前圩南 5 千米处的山窝里。有山形似船，故名。清康熙年间蔡玉瑞从广东兴宁迁此。

上坝：位于营前圩南 4 千米处的黄坑口。因在河坝上面得名。黄盛传于清光绪二十三年（1897）从竹山分居于此。

掌牛坪：位于营前圩南 5 千米处的两溪汇合处的山岗上。昔为放牛的草坪，故名。

大毛松：位于营前圩南偏东 4 千米处的山坑里。昔有大松树得名。清乾隆年间李贤彬从水南迁此。

大坳：位于营前圩南偏西 4 千米处的山坳下。明崇祯九年（1636）蔡益文从广东兴宁迁此。原名蔡坳背，后改为大坳。

厂下：位于营前圩南 5.5 千米处的黄坑口。昔有炼铁厂得名。

黄坑：位于营前圩南 5 千米处的山坑尾部。因坑内多黄土山丘得名。清光绪年间朱斌龙从大潭坑迁此。

十二洞：位于营前圩南 6 千米处的举岭北麓。清康熙年间黄生杰从赣州迁此。传说坑内有居民十二姓，得名十二洞。

下五爪岭：位于营前圩南 7 千米处的小山窝里。有山似兽爪，叫五爪岭，村居山下，故名。清嘉庆年间钟有霞从垇头迁此。

狗子垴：位于营前圩南 7 千米处的山岗上。因山形似狗头得名。原居黄氏，1968 年建黄坑水库，居民迁走。

13. 蕉里大队

蕉里大队位于营前公社东南部，陡水水库南岸，举岭北麓丘陵间。以蕉里片村命名。驻石街下。

石街下：位于营前圩东南 4 千米处的上蕉片村的水口。因有几家店房筑有石砌路，得名石街下。清雍正年间谢之任从过江龙迁此。

过江龙：位于营前圩东南 3.5 千米处的陡水水库南岸山排上。明末侯氏从下蕉迁此。江中峭石蜿蜒横亘，犹龙过江，故名。

庙背：位于营前圩东南 4 千米处的山下。村在锦隆庙背后，故名。清雍正年间曾泰友由大浪迁此。

石古坝：位于营前圩东南 6 千米处的河坝边的山岗上。昔河坝多石，得名石古坝。清康熙年间李氏由广东兴宁迁此，沈、余姓继入。1956 年建陡水水库，村子部分被淹，原居民迁走，叶氏从上蕉迁此。

下蕉：位于营前圩东南 5 千米处的山弯里。因焦姓建村得名蕉里，后分居上、下村，此村居下，名为下蕉。明嘉靖年间侯世旦从寻乌迁此。

横坑子：位于营前圩东南 5 千米处，对下蕉而言，是横向的山坑，故名。清道光年间刘盛坤从上蕉迁此。

下棚：位于营前圩东南 4.5 千米处，上蕉片村中部，原为蔡姓田棚，有上下二处，此地居下，故名。何启文于清乾隆年间从梅口迁此。

作陂坑：位于营前圩东南 6 千米处的横坑子南面山坑口。有山坳如陂头，故名。清道光十二年（1832）何用鳌从梅口迁此。

下庵子：位于营前圩东南 7 千米处的大龙山下。昔有一庵，故名。

肖坳：位于营前圩南偏东 6.5 千米处的山坳下。清乾隆年间肖兴兰从山下陈迁此。

桃子坑：位于营前圩东南 5.5 千米处的下蕉南面山排上。因产桃子得名。清乾隆年间何宏窗从梅口迁此。

石坝：位于营前圩东南 5 千米处的山坑里。坑内溪边乱石成堆，后砌石墈造梯田得名石坝。陈可兴于清嘉庆年间从军田排迁此。后何、胡、曾姓继入。

墈头庵：位于营前圩东南 6 千米处的石坝南面山腰上。昔有庵建在高石墈上，故名。何江英于清康熙年间从梅口迁此。

坪顶子：位于营前圩东南 7 千米处的山岗上。清光绪年间陈余远从井子坳迁此。因小山顶上有一坪场得名。

杉山子：位于营前圩东南 7.5 千米处的高山窝里。山上有杉林得名。清康熙年间何氏从梅口迁此。

大浪：位于营前圩东南 6 千米处的大山窝里，俗称大囊，写成大浪。清雍正年间谢泰顺从高车下迁此。此地产铅、锌、钨、银等矿。

大龙山：位于营前圩东南 6 千米处的山腰上，昔有庵名大龙山，村以此得名。清嘉庆年间罗氏从洋坝子迁此。村内产方竹子。

蔡屋：位于营前圩东南 5 千米处的山坑中。蔡氏于清嘉庆年间从营前迁此。后有叶、张、李姓继入。公社化时曾名兴隆。

上棚：位于营前圩东南 6 千米处的举岭北麓。昔有蔡姓田棚上下二处，此地居上，故名。何用东于清乾隆二十五年（1760）从梅口迁此。

小坑：位于营前圩东南 6.5 千米处的狭小的山坑里。朱盛廷于清乾隆年间从山下陈迁此。

举岭：位于营前圩东南6千米处的举岭北麓。赵尚浩于清嘉庆年间从樟树下迁此。原名苦竹坑，公社化时改名举岭。

石灰窑下：位于营前圩东南7.5千米处的举岭东北坡山窝里。清康熙年间何东桂由梅口迁此。在石灰窑下方，故名。

井子坳：位于营前圩东南9千米处的井子坑尾的山坳上。曾设大队茶场。清道光年间陈友昇由广东程乡迁此。

14. 其他地名

石溪洞：别名石街洞。位于营前公社西北部的山间平地上。有石溪河，河中多石，得名。南宋朱金振从豫章迁此。

军田排：位于营前公社中部，蛛岭大队境内的田塅上。传说此地农田为王阳明军队垦成，故名。清顺治年间曾元泉由广东兴宁迁此。

梅肚子：位于营前公社东北部，梅里大队境内山坑里。因山丘形如梅花五瓣，又多梅树，得名梅里，俗称梅肚子。黄明琰于清康熙年间从广东兴宁迁此。

上湾：位于营前公社西南部，上湾大队境内山弯平地。有相连两个大山弯，此村居上，故名。昔有浮潮夜月景色，曾名浮潮湾。清康熙年间黄世荣从广东兴宁迁此。

下湾：位于营前公社南部下湾大队境内，营前河南岸，在上湾下面的山弯里，故名。清康熙年间黄虞雾从广东和平迁此。

上蕉：位于营前公社东南部，蕉里大队境内。其为山坑。因焦姓建村分上、下二村，此村居上，得名上蕉。明末侯氏从下蕉迁此。

蕉里：位于营前公社东南部蕉里大队境内河边山弯里。昔焦姓建村得名蕉里。侯世旦于明嘉靖年间从寻乌迁此。

三、卢光稠与营前

卢光稠（840—911），字懋熙，别名十七郎。今上犹县双溪乡卢阳村人。上犹昔属南康，故《新五代史》称卢为南康人。光稠生于唐文宗开成五年（840）。其父卢卓，曾任虔州刺史。光稠年少时，喜弓马骑射，天资聪颖，毅力过人，与同邑谭全播相友善。谭全播生于唐文宗大和八年（834），勇敢有胆识。唐僖宗年间，政治腐败。王仙芝、黄巢等农民领袖相继起义。唐室衰微。各地纷纷起兵，自据一方。一日全播对光稠道："现在天下汹汹，民不聊生，国无宁日，吾辈岂能坐视不顾？"为防御计，遂相与聚兵，众推全播为首领，全播拥立光稠为帅。卢于唐僖宗光启元年（885）占虔州，称刺史。天复元年（901）取韶州。从此，据有虔、韶两州（今赣州地区和广东韶关地区）。未几，王潮攻占岭南。全播遣光稠弟光睦攻潮州（今广东潮安）。光睦好勇，全播嘱其谨慎，切勿轻进，光睦不听。全播料其必败，乃设奇兵埋伏于其归路。

后光睦果然败北。潮兵紧追不舍，全播出伏兵截击之，大败潮兵，遂取潮州。以光睦为贞潮二州刺史。后刘岩起兵南海，驱走光睦，继以兵数万攻虔州，光稠大惧。全播劝光稠勿虑，谓自有计策破之。乃选精兵万人伏于山谷中，阳设战地于城南，与刘岩约定交战日期。到时，以老弱兵五千出战，战未久，佯败，刘岩率兵追击。全播率老弱兵且战且走，退入山谷，刘岩尾追入山谷，全播伏兵齐发，刘岩大败。光稠奖励全播战功，全播悉将战功推给将士。光稠对全播之为人，愈加敬佩。唐昭宗天复二年（902），杨行密据有江苏、安徽、江西及部分湖北之地。自称国号吴，史称杨吴。唐哀帝四年（907）四月，朱晃灭唐自立，称帝于开封，国号梁，史称后梁。其据有陕西、河南、山东、河北、湖北、山西等地。开平三年（909）光稠请命于后梁，表示愿通道路输贡赋，以便海外诸国来朝。后梁太祖朱晃认可。置百胜军于虔州，授光稠为防御使兼五岭开通使，辖虔、韶二州及吉州（今吉安）南边诸县。又建镇南军，封光稠为舟汝王，食邑一千五百户。开平五年（911）光稠病笃，将符印交全播，全播不收。复传命于京师开封，立光稠子延昌为尚书。是年十二月，光稠病逝，年七十一岁。全播立延昌，事之。

延昌好游猎。开平五年（911）冬被部将黎求所杀，众欲立全播，全播不从。未几，黎求暴卒。牙将李彦图自立，全播称疾不出。彦图死，州人相率趋全播家，力请全播，全播乃出。遣使请命于梁，授全播为防御使兼岭南节度使。全播治虔州七年，有善政。贞明四年（918）春，杨吴遣兵攻虔州，来势凶猛。全播乞师邻境相教，或被杨吴击溃，或惧杨吴引退。十一月，追执全播于于都，解全播至广陵（今扬州），命为右威卫将军领百胜军节度使。不久，全播卒。终年八十五岁。史载，卢光稠状貌雄伟，无佗材能。谭全播有谋略，其用兵，恩威并济，以德服人，率兵抗敌，注重策略，非以杀伐为能事，成为后人景仰之杰出军事人才。卢、谭据虔、韶二州三十三年。依梁时，为梁在南方的一块飞地。梁对虔州之统治，鞭长莫及，卢、谭自据郡邑，剪奸除暴，收租税，济贫困，深得黎民爱戴。唐昭宗天复二年（902）扩虔州城东、西、南之隅，凿址为隍，三面阻水。天祐二年（905）与县民黄廷玉议建上犹场。史称卢、谭治虔有善迹。新编《赣州地区志》有传记。

四、营前蔡氏城

王阳明来上犹营前屯兵时，多次驻扎在营前城。

明龙文光有《营前蔡氏城记》记云：

> 予治犹之初年，因公至村头里，见其山川清美，山之下坦，其地有城镇，甚完固。既而寓城中，比室鳞次，人烟稠密。询其居，则皆蔡姓也，他姓无与焉。为探其所以，有生员蔡祥球等揖余而

言曰："此城乃生蔡姓所建也。生族世居村头里。正德间，生祖岁贡元宝等，因地近郴桂，山深林密，易以藏奸，建议军门行县设立城池。爰纠族得银六千有奇，建筑外城。嘉靖三十一年，粤寇李文彪流劫此地。县主醴泉吴公，复与先祖邑庠生朝佾等，议保障之策。先祖等又敛族得银七千余，重筑内城，高一丈四尺五寸，女垣二百八十七丈，周围三百四十四丈；自东抵西径一百一十三丈，南北如之。城内悉蔡姓氏。其城垣损坏、城堤倒塌修补之费，一出于生姓宗祠。生祖训曰：君子虽贫，不鬻祭器。创建城垣，保固宗族，其艰难讵祭器之若？郎或贫不能自存，欲售屋、土者，亦只可本族相授受，敢有外售者，以犯祖论。故子孙世守勿失焉。"予闻而颔之。及按县、府、省志，果与蔡生所言符。不禁喟然叹曰：美哉！蔡氏之为子孙计，深且远也。考自黄帝，始筑城以居守。而城者，成也。一成不可毁，所以固疆国而安生灵也。彼夫聚居村落，一遇有警即奔窜离散，而父母兄弟之不相保，室庐田产之不能守，岂非捍御之无资以至此？人情危则散，安则聚。蔡氏之建城不贻子孙以危而贻子孙以安，不欲其散而欲其聚，其贻谋不亦远且大矣！然固守虽藉于城，而守先唯在于志，语云：众志成城，盖其志之可用也。今观蔡氏后贤，虽罹兵燹而人无散志，城中屋土不敢鬻与外姓，惟祖训是遵，洵可谓能继先志者矣！自兹以往，聚族而处。居常则友助扶持，筋酒豆肉，而孝敬之风蔼然；遇变则守陴巡侦，心腹干城，而忠义之气勃发。是尔祖之建城、凿池，非第安而聚之，乃所以教忠而教孝也。其建造之微意欤？祥球等因丐余志其颠末，遂援笔而为之记，且颜其城曰：江南名镇。蔡氏后贤，其勿替所守也可。天启四年甲子冬月记。

第六章
中稍伏兵 勒石茶寮

一、攻心为上　中稍伏兵

不战而屈人之兵，最高明的战法就是心战。在对各地贼巢发动大规模宣传心理战的同时，王阳明还对那些有一技之长的人才，或是隐藏的内奸展现宽容和信任，并最终让他们为己所用。刚到赣州时，王阳明知人善任，敢于用熟悉地方情况的能人志士，跟随在他身边的两位大谋士雷济、肖庾就是赣县文武双全的义民。雷、肖两人果然没有辜负王阳明，一直跟随王阳明参与各处平贼战斗，危急时刻屡献良策，成为王阳明的左膀右臂。在进攻横水大战之前，有人密告王阳明身边的义官李某和医官刘某。王阳明故意将举报信交给李、刘两人看，并对他们说，人孰无过，改之为贵。李、刘两人感激涕零，当天晚上就向王阳明报告了重要情报，建议以后官军剿贼时，从地形十分险要的十八面隘和中稍的稍河以南两个方向进攻，可以出其不意打击贼巢的要害。

不打无把握之仗。为了确定兵力集结地和进攻路线，王阳明亲自挑选百名精兵驻扎在中稍河边一处极为隐蔽的大山洞里，并经常趁夜在当地向导的带领下，沿稍河以南到贼巢山寨边缘地区侦察贼情。经多次侦察推演，王阳明决定将剿贼的大军主力分别屯放在上犹中稍、营前附近隐蔽处集结待命。

兵贵在胜，不贵在久。为保持战前准备的隐蔽性，王阳明在赣州衙门白天正常处理公务，上半夜与学生讲学，下半夜则召开军事会议，部署作战计划。王阳明下令，十路兵马于十月初七夜里出发，秘密运动到指定的攻击阵地，于初十日夜一同发起进攻，以迅雷不及掩耳之势扑向横水。上兵伐谋，知己知彼。一切安排妥当后，王阳明自己带领中军，先于初九下半夜悄悄地前往南康唐江，初十进驻至坪。为迷惑贼众，王阳明故意下令，让官兵在离贼巢三十里的地方安营扎寨，做出要长期驻扎的样子，另外又偷偷地派雷济、肖庚选派精兵四百人，各人一旗，由小道攀崖而上，分别在附近的高山顶处"张立旗帜"，准备烧着几千处茅草，等官兵发起总攻时，"则举炮燃火相应"。十二日早，王阳明亲自带官兵向十八隘发起全面进攻。只见山顶炮声如雷，烟焰弥漫，万箭齐发。贼众被王阳明的突然袭击打得惊慌失措，以为贼巢已破，皆"弃险退走"。与此同时，王阳明又派千户陈伟等领兵数十人"缘崖上夺贼险"，断其后路。很快，横水贼巢的主要天险十八隘被王阳明指挥的大军攻破，不久又攻破了贼首谢志珊的大贼巢横水，取得了决定性的胜利。

除王阳明的中军外，其他十路大军也按王阳明的命令乘夜发起进攻。因为王阳明在战前既有朝廷给予的生杀大权，发兵前又下达了一系列极其严厉的军规，对违反者处斩，所以各路大军的统兵官一点也不敢懈怠。

为了激励士气，出征横水、左溪、桶冈前，王阳明在中稍筑点将台，检阅三军，号召官兵为了南赣、上犹等辖地的长治久安，冲锋不息，战斗不止。

因势造势，出奇制胜。十路大军中，埋伏在上犹中稍和营前等地的五路大军（近六千官兵，占进攻兵力一半）攻势凶猛。王阳明命令赣州知府邢珣亲自领兵，从上犹中稍、石溪等地发兵，直扑横水；赣州卫指挥余恩领兵，主要从上犹营前出发，经过金坑，驻军过埠，配合其他军队进攻左溪；宁都知县王天与同典史梁仪领兵，从上犹官隘、员坑出发，经过琴江口等地到石玉后，进驻樟木坑，一路进攻横水；南康县丞舒富领兵，从上犹营前出发，经过金坑、过步和长流进攻左溪；吉安知府伍文定领兵，从上犹杰坝进攻横水。每路兵马千余人，每人备足三天干粮，另外配备了三十名本地向导带路。经过两天两夜激烈战斗，十月十二日五路大军攻下众贼大巢——左溪，胜利会师。王阳明也带领其他各路兵马，于同日以摧枯拉朽之势攻破了贼首谢志珊的大巢——横水。至此，横水和左溪两大贼巢基本被消灭。

二、桶冈报捷　茶寮纪功

大雨滂沱，各路兵马驻扎在横水和左溪一带休整。

"兵者，诡道也。"十一月初一，仍是大雨天气。中午是蓝天凤投降的最后时限。王阳明的部下攻其不备，迅速集中优势兵力，在早晨果断利用雨雾做掩护，出其不意地从四面八方提前攻击正在开会讨论是否投降的贼巢。遭到突然袭击的贼首蓝天凤悲愤交加，带着家人投崖而亡。至此，以桶冈为中心的贼巢全部被消灭。随着横水、左溪和桶冈三处大贼巢和其他八十多处小贼巢被清剿，整个平定横水、左溪、桶冈贼乱的战役取得了彻底胜利。

为了铭记这段历史，万分感慨的王阳明，在桶冈茶寮潇洒挥墨，尔后勒石记功，留下了千古不朽的茶寮碑刻。这块记功碑，既记录了平贼的背景过程和战果，更对兵事的激烈悲催有着超越战斗胜利本身的无限感伤。《平茶寮碑》全文如下：

> 正德丁丑，猛寇大起，江、广、湖、郴之间，骚然且四三年，于是上命三省会征。乃十月辛亥，予督江西之兵自南康入。甲寅，破横水、左溪诸巢，贼败奔。庚辛复连战，贼奔桶冈。十一月癸酉，攻桶冈，大战西山界。甲戌，又战，贼大溃。丁亥，与湖兵合于上章，尽殄之。凡破巢大小八十有四，擒斩二千余，俘三千六百有奇，释其胁从千有余众。归流亡，使复业。度地居民，凿山开

道，以夷险阻。辛丑，师旋。于乎！兵惟凶器，不得已而后用。刻茶寮之石，匪以美成，重举事也。

后面落款是：

提督军务都御史王守仁书。纪功御史屠侨，监军副史杨璋，参议黄宏，领兵都指挥许清，守备郏文，知府邢珣、伍文定、季敩、唐淳，知县王天与、张戬随征指挥明德、冯翔、冯廷瑞、谢昶、余恩、姚玺，同知朱宪，推官徐文英、危寿，知县黄文鹜，县丞舒富，千百户高睿、陈伟、郭璘、林节、孟俊、斯泰、尹麟等，及照磨汪德进，经历杭埕，典史梁仪、张淳，并听选等官雷济、肖庚、郭诩、饶宝等，共百有余名。

王阳明另有《桶冈和邢太守韵二首》，同时刻于茶寮碑，其诗云：

其一

处处山田尽入畲，可怜黎庶半无家。

兴师正为民瘼甚，陟险宁辞鸟道斜！

胜世真如瓴水建，先声不碍岭云遮。

穷巢容有遭驱胁，尚恐兵锋或滥加。

其二

战乱兴师既有名，挥戈真已见风行。

岂云薄劣能驱策？实仗皇威自震惊。

烂额尚惭为上客，徙薪尤觉费经营。

主恩未报身多病，旋凯须还陇上耕。

王阳明又有《茶寮纪事》诗，述其事，诗云：

> 万壑风泉秋正哀，四山云雾晚初开。
>
> 不因王事兼程入，安得闲行向北来？
>
> 登陟未妨安石兴，纵擒徒美孔明才。
>
> 乞身已拟全师日，归扫溪边旧钓台。

诗中寓功成身退之意。

茶寮碑刻名闻天下，历代名士高流多有记咏。如清代崇义县训导、南丰人刘凝有《游桶冈茶寮碑记》；清人朱航有《王文成公茶寮碑跋》；清代太仆、大余人戴第元《先登岭》诗，有咏王阳明句云："桶冈天险比秦关，扼吭攻腹肩背削。指挥三军利无疆，绝顶屹立朝天阁。"

三、割上犹地　设崇义县

明正德十二年（1517），平定谢志珊之乱后，王阳明上奏朝廷，请割上犹、南康、大庾三县地成立新县，设上堡、铅厂、长龙等三个巡检司。县治设横水，并以崇义里里名为县名，隶属南安府。王阳明上书朝廷曰："以故为贼所据。今幸削平，必建立县治，以示控制。"

由于崇义地形的险要和复杂，王阳明两次上疏，奏请设县。王阳明《立崇义县治疏》，申明了设立崇义县的因由："上犹等县，横水、左溪、长流、桶冈、关田、鸡湖等处，贼巢共计八十余处，界乎三县之中，东西南北相去三百余里，号令不及，人迹罕到。""及查得横水议建县治处所，原系上犹县崇义里，因地名县，亦为相应。""如此，则三省残孽，有控制之所而不敢聚，三省奸民，无潜匿之所而不敢逃。"不久，王阳明又上《再议崇义县治疏》，云："伏望皇上悯念远土凋敝之余，小邑草创之始，乞敕该部俯采会议原由，再加审察，将县丞舒富量为升职，管理新县；或别行咨访谙晓夷情，熟知土俗，刚果有为者，前来开创整理。庶几疮痍之民可以渐起，而反覆之地得以永宁矣。"

对于开建县治这件事，王阳明是非常认真的。他亲行踏勘，再四筹度，固知事不可已。但举大事，须顺民情，兵革之后，尤宜存恤。王阳明非常注重民心所向，仰该道会同分守等官，再行拘集地方父老子弟，多方询访，必须各县人民踊跃鼓舞，争先趋事，然后兴工，庶几事举而人有子来之美，工成而民享偕乐之休。随后府县各有关官员来报，当地父老乡亲都认为设立县治是件好事，都交口欢欣，鼓舞趋事。王阳明很高兴，于是便会同巡抚江西等处地方都察院右副都御史孙燧、巡抚江西监察御史屠侨等商议，认为地方大贼既已平荡，后患所当预防。今议立县治并巡司等衙门，惩前虑后，杜渐防微，实皆地方至计。

县治所在地的横水，在崇义县有独特的地理位置。横水位于崇义县中部，地势东部高山耸立，西部低山绵亘，中部是南北走向的狭长盆地，易守难攻。明正德十二年（1517），横水周围山岭设有滚木礌石，县治选在这里，再合适不过了。

至于县名，王阳明认为，议建县治处所的横水这地方，原系上犹县崇义里，因地名县，亦为相应。王阳明上疏：乞敕该部俯顺民情，从长议处，早赐施行，并儒学巡司等衙门一体铨选官员，铸给印信。如此，则三省残孽，有控制之所而不敢聚，三省奸民，无潜匿之所而不敢逃。变盗贼强梁之区为礼义冠裳之地，久安长治，无出于此！

奏疏上后，武宗皇帝同意建立崇义县。王阳明立即进行委任官员、规划县城等实实在在的运作，制定具体的方案。

同时，王阳明又上报朝廷，把有关筹备情况进行了汇报，并根据户部、兵部的意见，会同巡抚江西等处地方都察院右副都御史孙燧、巡抚江西监察御史屠侨，议照该道所呈前项县治、学校、分司等衙门，盖造不日通完；而城池砌筑，亦已将备。惟稍新县草创之初，百务鼎新，必须熟知民情土俗之宜者以为县官。及会访县丞舒富才力堪任，乞要量升府州佐贰之职，令其署掌新县一节，实亦酌量时宜，保土安民之意。于是，崇义县即告创立。

这里补叙一笔：王阳明又回军上犹，在中稍点将台阅兵。令王阳明感到欣慰的是，虽经大战，兵将疲惫不堪，但伤亡并不太严重，各路带兵将领都带着得胜之师回来了。王阳明非常高兴，大宴将士，又在点将台检阅官兵后，对立功的将士给予表彰奖励，并留下一诗：甲马羊肠冒万险，拯民水火责在肩。身被刀枪终不悔，中稍山水纪千年。

中稍点将台

因中稍山清水秀，又有温泉，百姓称之为"中稍温汤"，王阳明令受伤的将士在此将息疗养，又令上犹等县及时补给粮草和日常生活用品。于是这里慢慢就成为一个远近闻名的交易场所——"温汤商业街。"前文提到，南康县丞舒富又组织村民工匠，在中稍古圩完善了"汤街"。"汤街"修好后，王阳明特于公务之余，常由赣州来到中稍，休息调养、读书沐足。因王阳明曾经泡过中稍温泉，百姓称温泉为"阳明温泉"。

王阳明又在中稍办书院、社学，亲自给官兵上课，教授上犹弟子。百姓为了纪念王阳明，还设立了阳明祠。

第七章
崇地犹属　大小挖补

　　明正德十四年（1519），崇义县正式建县时，全县只有3900多人。因此，王阳明在上犹、南康割了一块飞地，交崇义县管辖。这块地即尚德里，俗称大挖补、小挖补。

　　尚德里是块插花地，即俗称的大、小挖补地。由于遭受了一场大的兵灾，立县之后，崇义县境内的原居民死的死、逃的逃，人口所剩无几，官府征收的钱粮税赋不足以维持正常运转，于是朝廷将当时人丁较多，税赋较为充裕，不与崇义接壤的上犹、南康的两片区域划割新设立的崇义县管理。

　　大挖补包括上犹县的紫阳乡，社溪乡的江头、南门村，蓝田乡的大安、乌溪、龙口、石嘴头、六村、背岭脑、石含径、烂泥湖、新江、章天乌、木麻山、天井乌，寺下乡的杨梅、富足，新圩乡的井面自然村和珍珠、南坪、宋坑三个行政村，双溪乡卢阳行政村。

　　小挖补包括南康县的内潮（现称乌溪、楼下两村）。

　　尚德里历经400多年，至民国二十四年（1935），大、小挖补地被重新划归上犹、南康管辖。

一、紫阳乡

紫阳乡位于上犹县北部，以境内紫阳山得名。东与南康毗邻，南与安和乡、社溪镇相连，西与寺下、双溪为邻，北与遂川县接壤。总面积 125 平方千米。此地原属南康县，明正德年间，王阳明奏设崇义县时划给崇义县。1934 年归属上犹县。中华人民共和国成立初属第四区，为紫阳乡。1953 年，分紫阳、民主、共和、互助、合作五个乡。1958 年，合并为紫阳公社。1984 年，改紫阳乡。

据《江西省上犹县地名志》载，境西绵亘着海拔 1000 多米的山岭，地势由西北向东南倾斜，东南山岭海拔 500 ~ 1000 米。最高点在西边的花轿顶，海拔 1279 米；最低点为东南的月形下村，海拔 250 米。植被有灌杂林、松、杉、油茶林、竹林和茅草。紫阳河由西北向东南流入蓝田公社。产钨、铜、钼等矿及桔梗、柴胡、沙参等野生药材。经济以农业为主。西北山地多种单季水稻，东南丘陵间多种双季水稻。有广阔的山林，竹木资源丰富。为上犹县主要产茶油区之一。

紫阳公社行政区划为：

高基坪大队驻塘屋。以高基坪圩场得名。有三条较大山坑，小溪汇入紫阳河。种水稻为主，产茶油。所属自然村有：塘屋、龙形墩、井坑、马颈、寨排、松木坑、樟源、水口、黄竹塘、坳下、秀罗坑、坑尾、竹山下、坳里、庙背、水坑子、高湖坳、仁孜背、横塍、大坪、狮角前、虎尾、白石坑等。

店背大队位于紫阳公社北部几条山坑汇合处。种水稻为主，盛产茶油。所属自然村有：店背、上罗洞、赵屋洞、台板丘、响石、洞子下、荫水坑、上街、栏杆、下落发、暮坑、上落发、龙头、满坑、坳塘、石壁下等。

胜利大队位于紫阳公社西北部，驻黄屋。中为山间平地，东西各有几条山坑。种水稻为主，盛产茶油。所属自然村有：黄屋、长水坑、松树桥、坑尾、长塘庵、峥背、山坑塅、大沅坑、白石、洞上、上斜、下斜、五佰塅、谢屋、老虎头、井珠头、洋牙塘、梅林、大塘、屏风石、老庵里等。

源溪大队以驻地源溪得名。位于紫阳公社西北部，有三条山坑，小溪汇合于此。种水稻为主，兼产茶油。所属自然村有：源溪、洞头、寨子下、龙降湖、烂泥坑、长石、铜锣湾、大角上、旁文、圳石下、茶亭下、圳背、关背、横仚等。

秀罗大队位于紫阳公社东部，驻狮形。境中为山间平地，南北多山坑。以种水稻为主，兼产茶油。以秀罗片村得名。所属自然村有：狮形、丫姐姑、横岗背、高岭、牛角丘、塘泥口、老富仚、中寨、下寨、水口、下境、老秧田、麻园、长塘、洞下等。

上佐大队以驻地上佐得名。位于紫阳公社西南部，有三条山坑、三个坪场。种水稻为主，兼产茶油。所属自然村有：上佐、大坪坳、燕坪、塘屋、南坑、山子垇等。

下佐大队位于紫阳公社南部，驻寨下。中为山间谷地，东西两边有几条高山坑。种水稻为主，兼产茶油，产钨。以下佐村得名。所属自然村有：寨下、矿婆、象牙山、横塅、学堂前、大禾塘、河洞垴、下禾塘、牛岭、猪兜坑、中太洞、栎木丘、中山下、寨背、千秋塅、黄家塅、下坪子、高坪头、下佐、增加地、黄家洞、下仚子、西坑、猪婆圳、橱背、杉山子等。

长岭大队以驻地长岭得名。位于紫阳公社东南部。中为山间平地，南北有几条山坑。种水稻为主，兼产茶油，产钨。所属自然村有：长岭、樟坑面、猪坑子、河屋、黄背山、大窝子、坛垴、枫树下、洪沅、油槽下、横岗下、大河坝、笕上、石基塘、月形下、西坑、长窝子、梁屋面、源坑洞、猪婆坑、刘屋塅、落发、黄谢、秀罗等。

二、社溪镇

社溪镇位于上犹县东北部。1987年，更名为社溪镇。东接南康，南邻油石，西连安和，北界紫阳。总面积128平方千米。据《江西省上犹县地名志》载，社溪公社以驻地社溪圩得名。第二次国内革命战争时，属第四区。中华人民共和国成立前为社溪乡。中华人民共和国成立初分社溪、浙田、麻田、建助四个乡。合作化时浙田乡并入社溪乡，建助乡并入麻田乡。1958年社溪、安和、蓝田、麻田四个乡合并成立社溪公社。1961年8月按原四个乡分成社溪、安和、蓝田、麻田四个公社。1964年3月麻田公社并入社溪公社。1968年冬撤销安和公社，将其中七个大队并入社溪公社，1972年恢复安和公社。

低丘绵亘全境，地势由西北向东南倾斜。社溪、安和、蓝田三个公社的交界处为最高点，海拔589.2米；最低点为龙埠大队的沙角上，海拔150米。植被有松、杉幼林和油茶林。寺下河由西边安和公社流入，紫阳河由北边蓝田公社流入。这两条河在境东汇合后流入南康的龙华江，然后注入上犹江。境中沿河有宽阔的平地，土地肥沃，人烟稠密。气候温和湿润。境西蕴藏着铀矿。经济以农业为主，种双季水稻，兼种甘蔗、花生。农田主要靠寺下河、紫阳河灌溉。

社溪公社行政区划为：

社溪圩位于上犹县东部，犹营公路线上。有和平、胜利两条街道。始建于宋末，昔传开圩之日，有老鹰抓一蛇飞过，巧逢蛇掉于圩上，故称蛇圩。清道光年间，圩址被洪水冲毁。至光绪二年（1876），迁今处重建，新址旁靠溪水，设有几处社官庙，后改称社溪。

古陂大队位于社溪公社中部，寺下河西南河谷平地。种水稻、甘蔗。以驻地古陂墩得名。中华人民共和国成立前属社溪乡第五保，中华人民共和国成立初为社溪乡古陂村。1958年属社溪公社组成古陂大队。所属自然村有：古陂墩、桥头、黄土排、岭下等。

江头大队驻上村。位于社溪公社东北部，紫阳河东岸河谷地带。种水稻。因地处三条小河汇合于大河的源头得名。中华人民共和国成立前属严湖乡第五保，中华人民共和国成立初为江头乡江头村。1958年，属社溪公社，组成江头大队；1960年，改名河头大队，1963年，复名江头大队；1967年，并入南门大队；1968年，与南门大队分开，恢复江头大队。所属自然村有：上村、河头、岭下、小公堂、岩石下等。

南门大队位于社溪公社北部，境中是河谷平地，东西边缘是山坑，属丘陵。种水稻为主，兼种少量甘蔗。以驻地南门得名。中华人民共和国成立前属严湖乡第五保，中华人民共和国成立初为江头乡南门村。1958年，属社溪公社，为南门大队。所属自然村有：南门、老屋里、小溪坑、塘背岭、小寨、花姑埔、松山背、山塘尾等。

大安大队驻三板桥。位于社溪公社东北部，黄土低丘地带的沟谷里。属丘陵。种水稻。中华人民共和国成立前属严湖乡第五、六保，中华人民共和国成立初为江头乡大安村。1958年，属社溪公社，组成大安大队；1962年，分大安、大塘、丰源三个大队；1967年，并入创业大队；1968年，复名大安大队。所属自然村有：三板桥、高石溪、桃树湾、乌石埔、竹寮下、山塘坑、大塘、石子仑、老山坳、丰源、龙潭面、马头上、上鹅、下鹅、姑姐坳、大仑、水口、长排、老虎走、大安、桐梓坑、上洋源、下洋源、上坑、洋源等。

黄塘丘大队位于社溪公社西北部，犹营公路两旁的坪岗上。种水稻、甘蔗。以驻地黄塘丘得名。中华人民共和国成立前属社溪乡第九保，中华人民共和国成立初为社溪乡黄塘村。1954年，属麻田乡；1958年，属社溪公社，设黄塘大队；1961年，属麻田公社；1964年，复属社溪公社；1982年，更名黄塘丘大队。所属自然村有：黄塘丘、枫树坑、田寮下、新庵前、郭屋、杉窝里、牛婆岭下、山口、廖屋、吉屋、禾上排、田心等。

狮子大队位于社溪公社中部，犹营公路两旁，寺下河北岸河谷地带和大溪坑。种水稻为主，兼种少量甘蔗、花生。以驻地狮子脑得名。中华人民共和国成立前属社溪乡第六保，中华人民共和国成立初为社溪乡狮子村。1951年，划为浒田乡；1956年，浒田乡并入社溪乡；1958年，属社溪公社，为狮子大队。所属自然村有：狮子脑、老鸦塘、埂脚下、大溪坑、上油槽、下油槽、洞下、鹅形、庙背、浒田等。

老圩大队位于社溪公社东北部，紫阳河河谷地带。种水稻、甘蔗。以驻地老圩得名。中华人民共和国成立前属社溪乡第三、四保，中华人民共和国成立初属社溪乡老圩村。1958年，属社溪公社，为老圩大队；1967年，改名向阳大队；1969年，复名老圩大队。所属自然村有：老圩、大姑山、马古乾、小水坑、岭塕、小水坝、坰塕等。

石崇大队位于社溪公社西部，寺下河东北岸河谷平地。种水稻、甘蔗。以驻地石崇得名。中华人民共和国成立前属社溪乡第十保，中华人民共和国成立初为社溪乡石崇村。1958年，属社溪公社，为石崇大队；1961年，属麻田公社；1964年，复属社溪公社。所属自然村有：石崇圩、石崇、车上、晶坑、三坝、蓝屋、谢屋、梨子岗下、东山下等。

麻田大队位于社溪公社中部，寺下河南北两岸河谷地带。种水稻、甘蔗。以驻地麻田岗得名。中华人民共和国成立前属社溪乡第八保，中华人民共和国成立初属麻田乡。1958年，属社溪公社，为麻田大队；1961年，属麻田公社；1964年，复属社溪公社。所属自然村有：麻田岗、下排、渡溪、竹芫下、寒里、铜镜等。

龙埠大队位于社溪公社东南部河谷地带。种水稻为主，兼种甘蔗、黄麻。以驻地龙埠得名。中华人民共和国成立前属社溪乡第四保，中华人民共和国成立初属社溪乡老圩村。1958年，属社溪公社，为龙埠大队。所属自然村有：龙埠、河头、山圳背、沙角上等。

塘坑大队驻大树下。位于社溪公社西南部，境东为河谷平地，西为山坑谷地。种水稻。以所属塘坑得名。中华人民共和国成立前属社溪乡十三保，中华人民共和国成立初属社溪乡塘坑村。1958 年，属社溪公社，分淡竹、塘坑两个大队；1959 年，合并为塘坑大队；1961 年，属麻田公社；1964 年，复属社溪公社。所属自然村有：大树下、竹洞坑、肖屋、竹洞坑口、塘坑、上桃梧、下桃梧、岭排上、鸭子湾、马塅、白糯米、铁帽山、高岭、茶亭下、大坑里等。

水南塅大队驻康屋。位于社溪公社南部，东南为河谷地带，西南为山坑。种水稻。以所属水南坝得名。中华人民共和国成立前属社溪乡十五保，中华人民共和国成立初属沙塅乡水南村。1958 年，属社溪公社，为水南大队；1968 年，并入麻田大队；1979 年，复名水南大队。所属自然村有：康屋、新屋、柯树岗、水南坝、黄土湾、蔗山口、片山、石榴坑、大圳垴、油槽坑等。

沙塅大队位于社溪公社南部的低丘山谷。种水稻。以驻地沙塅得名。中华人民共和国成立前属社溪乡十五保，中华人民共和国成立初属沙塅乡。1958 年属社溪公社，成立沙塅大队。所属自然村有：沙塅、河明坑、大圳垴、温屋、坑尾、新屋、排上、新屋子、鸭婆坑、拱桥头、樟树排、石背坑、上坝子、埕塘、埕塘圳、淡竹等。

三、蓝田乡

2001 年，兰田乡（即蓝田乡）撤销，并入社溪镇。

据《江西省上犹县地名志》载，蓝田公社在上犹县东北部。东面和北面与南康县接壤，南接社溪，西连安和、紫阳。总面积 64 平方千米。以驻地蓝田圩得名。蓝田圩在境南紫阳河边。

辖区原属南康县。明代正德年间，王阳明奏设崇义县后，由南康县划给崇义县。1934 年，划属上犹县。但其中龙田、龙口、乌溪各有一部分属南康县，1950 年始划属上犹县。中华人民共和国成立前属严湖乡，中华人民共和国成立初设蓝田、龙口、民建三乡，后并为蓝田乡。1958 年，属社溪公社。

1961年8月，按原蓝田乡地域成立蓝田公社。

群山自西北向东南绵延，形成自西北向东南倾斜的地势。最高点为严湖高长坳，海拔600.9米；最低点为蓝田大队窑下，海拔150米。植被：靠近居民点的低山多为油茶林，间有松、杉幼林；边缘山岭多为松、杉幼林；间有油茶林。紫阳河自西北流入，在境南纳乌溪、蓝田等小溪流入社溪公社。沿河宽阔的山间平地，是主要产粮区。

境北马岭等地有钨、萤石等矿。清末民工开始开采，中华人民共和国成立初县成立矿业社。经济以农业为主，种双季水稻。辖境为县主要产油区之一。

蓝田圩在紫阳河边土岗上，为公社驻地。距东山镇28千米。原名旱塘丘。后因种蓝子（染料）得名蓝田。清代有路头小店，1912年起方氏扩建店房发展为圩场。中华人民共和国成立前属严湖乡，中华人民共和国成立初属第三区蓝田乡。

蓝田大队位于蓝田公社南部，以境内蓝田圩命名。驻地竹口。为一狭长山坑，有公路通过境内。种水稻为主。中华人民共和国成立前属严湖乡第三、四保；中华人民共和国成立初属蓝田乡，为竹口、蓝田村。1958年属社溪公社，为蓝田大队；1961年属蓝田公社。所属自然村有：竹口、下拱桥、蒙岗、老屋里、牛轭湖、马头下、洞下、下屋、下竹口、东狗坂、窑下、松仚里、塘坑里等。

新江大队位于蓝田公社西北部，驻坑里。东北与南康坪市接壤。境内全部为高山峡谷。种水稻为主。新江林场驻此。原名腊岭下（地片），1954年整治河道后更名新江，大队以此命名。中华人民共和国成立前属严湖乡第一保，中华人民共和国成立初属民建乡。1958年属社溪公社，为新江大队；1961年属蓝田公社。所属自然村有：坑里、吉周山、油槽塅、樟帮、桥子头、坝尾、大水埠、木溪里、蕉头窝、麻仚、上高坪、下高坪等。

严湖大队位于蓝田公社西北部，驻塅里。西北与南康接壤。四周山岗环绕，境中为一小盆地。种水稻为主，兼产茶油、钨。以所属严湖片村命名。中华人民共和国成立前属严湖乡第一保，中华人民共和国成立初为民建乡严湖村。1958 年属社溪公社，为严湖大队；1961 年属蓝田公社。所属自然村有：塅里、竹园山、牛栏坑、洋坪岗、寨园里、下溪面、仙塘、村里、背岭垴、上坑、石人坳、岭子下、芋田垴、坳背、桐木坑、脉介里、河口、上石含、灯笼下、下油槽、牛旁蛇等。

龙口大队位于蓝田公社东北部，驻下园子。东北与南康接壤，西南为丘陵和平地。种水稻为主。以所属龙口片村命名。中华人民共和国成立前属南康县横市乡第十、十一保与上犹县严湖乡第七保，中华人民共和国成立初属上犹县龙口乡龙口村。1958 年属社溪公社，为龙口大队；1961 年属蓝田公社。所属自然村有：下园子、石圾里、石嘴头、下山棚、上碧坑子、横坑口、石阶前、龙架、上谢、软里、黄鳅介、长岭垴、奇岭面、下屋、牛脚湾等。

六村大队位于蓝田公社中部，驻虎形下。北与南康接壤，境南为一小盆地。种水稻为主。以所属六村片村命名。中华人民共和国成立前大码、下排、马岭、湖头、虎形下属南康县横市乡第十一保，石含径属上犹县严湖乡第一保，彭公下、暗石下、新屋、塘泥坑等属严湖乡第四保。中华人民共和国成立初全属上犹县蓝田乡。1958 年属社溪公社，为六村大队；1961 年属蓝田公社。所属自然村有：虎形下、石含径、下马岭、湖头、大码、下排、石壁坑、新屋、彭公下、窑排上、暗石下、塘泥坑等。

乌溪大队位于蓝田公社东北部，驻尖角里。北是三条山坑，南为山间平地，全境矮山环抱。种水稻为主。以所属乌溪命名。中华人民共和国成立前塅上、上坪山、石坪里、龙子垴及乌溪的邓、明两姓居民属南康县横市乡第九保，余属上犹县严湖乡第七保。中华人民共和国成立初为上犹县龙口乡乌溪村。1958 年属社溪公社，为乌溪大队；1961 年属蓝田公社。所属自然村有：尖角里、上坪山、龙子上、槽坑里、黄田上、大圆坑、樟村、槽坑口、岭子垴、双林坑、石坪里、墩上、直坑里、乌溪、中窝里、河排上等。

龙田大队位于蓝田公社西北部，驻蛇形。有阳龙、黄田二条山坑。种水稻为主，兼产茶油。中华人民共和国成立前黄田属南康县横市乡第十保，其他村属上犹县严湖乡第三保。中华人民共和国成立初属民建乡，合作化时以阳龙、黄田两村各取一字命名。1958年属社溪公社，为龙田大队；1961年属蓝田公社。所属自然村有：蛇形、龙潭里、水头源、畔田里、新屋里、杉木岭、高源、金龙坑、黄田、樟田、竹子仚、虎头坑等。

社陈大队位于蓝田公社东南部，驻社背。北是丘陵多山坑，南为山间平地。种水稻为主。中华人民共和国成立前属严湖乡第四保，中华人民共和国成立初属蓝田乡社背村、陈屋村。合作化时以社背、陈屋两村的首字命名。1958年属社溪公社，为社陈大队；1961年属蓝田公社。所属自然村有：社背、黄泥塘、茶盆丘、陈屋、大埠、庙下排、较溪、排子上、土头、严湖、六村、龙口等。

四、寺下镇

寺下镇位于上犹县北部。据《江西省上犹县地名志》载，寺下公社东邻安和，南接油石、梅水，西连龙门、双溪，北界紫阳。境北一带原为崇义县的挖补地，1934年始划归上犹县。中华人民共和国成立前属寺下乡和陶朱乡。中华人民共和国成立初属第四区，有寺下、生产、泥坑（原三合乡一部分）、珍珠四个乡，后合为寺下乡。1958年寺下、陶朱两乡合并成立寺下公社。1961年8月划出原陶朱乡属地，成立陶朱公社；1964年3月陶朱公社又并入寺下公社。1968年冬撤销安和公社，将黎明、联合、新建三个大队并入寺下公社；1972年9月恢复安和公社，这三个大队又划归安和公社。

全境山峦连绵起伏。四周界山的海拔在500～800米间，最高点为境北的花轿顶，海拔 1279 米；中部山峰海拔在 300 ~ 500 米间。山呈馒头形，多松、杉幼林及油茶林，间有竹林和茅草。山谷纵横交错，村舍农田都分布在山谷里。地势南、西、北三面高，中部及东面低，最低点是新华大队的桥头村，海拔 200 米。

双溪河由西边流入，与境北南流的小溪在寺下圩北侧汇合，汇合后叫寺下河。它蜿蜒曲折，向东流入安和，经社溪注入南康龙华江。沿河的带状平地，土地肥沃，人烟稠密。经济以农业生产为主，多种双季水稻。农田主要靠溪水灌溉，水源充足。山林广阔，竹木资源丰富。

寺下圩在东山镇背面 47 千米，犹营公路线上。为公社驻地。据载，寺下圩建于明代，因原圩址位于白云寺下得名。后遭洪水冲毁。清初，王、罗、刘姓迁新址建圩。

寺下大队在寺下公社中部，河谷地带。驻地网形。犹营公路横贯境中。主种水稻。以境内寺下圩命名。所属自然村有：网形、岗上、山下坝、水南墈、洞头坑、周屋、上南扒岭等。

南坪大队在寺下公社西北部，境内全是 600 米以上的山地。村舍散布在山腰和山岗上。驻地黄竹坑。主种水稻，产茶油。以所属南坪命名。所属自然村有：黄竹坑、坑尾、牛栏场、坑口、白子印、敲筒窝、桐子埂、南坪、花蕉坑、竹窝子、牛角坑、上棚、马岭、龙沟湾、竹子印、方坪子、金盆形、中洞、曲圳等。

宋坑大队在寺下公社西北部。境内全是深山峡谷，村舍农田都在山坡上和山窝里。主种水稻，产竹、木、茶油。以驻地宋坑命名。所属自然村有：宋坑、猪婆塍、蛇形、磨刀塍、鸡冠石、塘子边、山叉垴、埂下、岭背、田岗子等。

珍珠大队在寺下公社北部，境北为高山峡谷，南为溪谷地带。以驻地珍珠墈命名。主种水稻，产竹、木、茶油。所属自然村有：珍珠墈、潘干霞、上牛岭、下牛岭、下洞子、高其坑、百横、竹岭下、圳背、下翠子山、高陂、腊树排、青山下等。

富足大队在寺下公社东北部，多深山峡谷，山坑纵横交错。驻地寨下。主种水稻，产竹、木、茶油。所属自然村有：寨下、上岭背、上洞、蕉坑、白石坑、中洞、下岭背、下洞、人长坑、上鹅形、背屋坑、长坑子、下鹅形、长坑尾、茶坪等。

新圩大队在寺下公社中部，北高南低的河谷地带。珍珠小溪贯穿境内。主种水稻。以所属新圩命名。所属自然村有：井面、上翠子山、蕉头窝、虾蟆坑、高岭窝、神仙圳、朱屋、阳屋场、高坪寨、石公垴、箬子坑、深林坑、横岗垴、徐屋、铜锣湾、新圩等。

杨梅大队在寺下公社东部，以驻地杨梅村命名。境内南北为山坑沟谷，中部为河谷平地。犹营公路横贯境中。主种水稻，产茶油、竹、木。所属自然村有：杨梅村、官陂仚、蕉头垴、杨梅坑、暗桥头、村背、新屋、坑子口、杨陂头、庙背、公坑口、枫树湾、鸡婆坑、下南扒岭、公坑尾、横坑尾等。

龙潭大队在寺下公社南部的河谷地带。犹营公路穿过境内。主种水稻。以所属龙潭命名。驻地罗坪。所属自然村有：罗坪、竹头下、洞垴、杨坡塅、早禾塍、苦竹湾、岗上、寨下、高排、岭子垴、龙潭、楼背、燕子窝、角坑子、高陂、罗坑尾等。

新华大队在寺下公社东南部。境西南为高山峡谷，东北属河谷地带。寺下河、犹营公路纵贯境内。主种水稻。驻油槽背。所属自然村有：油槽背、横旦、黄鳅塅、上潭背、教发背、茶坛岗、桥头、茶坛、桥坑塅、桐木坑、罗金石、狗屎圳、四担任、洞垴尾、下桥坑、上桥坑、桃子坑等。

青山大队在寺下公社西南部，为西南高、东北低的山间谷地。主种水稻，产茶油、竹、木。驻竹坑子。以所属青山地片命名。所属自然村有：竹坑子、花麦坳、青山、坳背等。

泥坑大队在寺下公社南部。东北与西南皆为高山，中有一狭长山坑。主种水稻。驻庙下。以所属泥坑头地片命名。所属自然村有：庙下、田背坑、横石、潭背、无粮坑、张屋、蕉子坑、黄泥洞、黄屋、窑湾、栏杆丘、坳下、庵子前、高埂子等。

坛前大队在寺下公社南部，境内南北均属高山沟谷，中为山间平地。主种水稻，产茶油。以所属坛前片村命名。驻坛前坝。所属自然村有：坛前坝、上半径、径口、人形湾、坳下、横岗、新屋子、岗背、下山、高屋、罗屋村、坛前等。

五、双溪乡

据《江西省上犹县地名志》记载，双溪公社位于上犹县北部。其东邻寺下、紫阳公社，南与龙门、金盆公社相连，西与五指峰公社及遂川县毗邻，北界遂川县。总面积124平方千米。

公社驻地双溪圩在上犹至营前的公路线上，距东山镇58千米。原卢阳、高洞大队等地之前为崇义县挖补地，1934年始划属上犹县。20世纪30年代末，设双溪乡，以境内双溪村得名。中华人民共和国成立前为双溪乡。中华人民共和国成立初属第四区，分双溪、卢阳、水头三个乡。1958年，上述三个乡及建设乡合并成立双溪公社。

全境山峦重叠。在与遂川县交界的20余千米中，海拔1000米至1300米的山峰13座，其中筑峰顶海拔1333.4米，为全境最高点。地势由西北向东南倾斜，东南出水口的水坑村为最低点，海拔240米。植被：北部多松、杉林，间有竹林及灌木林；南部多油茶林，间有松、杉林。农田、村舍分布在大大小小的山坑里。有两条较大的溪水，由北向南流的叫右溪，由西北向东南流的叫左溪，两溪于南部的双溪村汇合后流入寺下河。

经济以农业为主。西北山地多种单季水稻，东部及中部丘陵间种双季水稻。广阔的山地竹木资源丰富。

有钨，产土纸、松脂，还产苡米、茯苓、石皮等二十多种药材。

据县志载，唐末虔州节度使卢光稠曾在卢阳练兵。

双溪公社行政区划为：

双溪圩在东山镇西北58千米处的两条小溪汇合处，犹营公路穿越圩内。中华人民共和国成立前设有几间路头小店，于1968年扩建店房，辟为圩场。以驻地双溪得名。

左溪大队在双溪公社西南部。驻坳子下。以左溪河命名。南为山坑，中为溪谷地带，犹营公路穿越境内。主种水稻，产竹、木、茶油。所属自然村有：坳子下、缠岗、礼木桥、堆背、茨茅芬、双溪、殷屋、下珠坑、高坑子等。

高洞大队在双溪公社北部。西和北与遂川县属相邻，西南为深山峡谷，北有较高的山间平地。主种水稻，产竹、木。以辖区高洞片村命名。驻矮岗里。所属自然村有：矮岗里、嶂上、坑尾顶、石坳、风景山、小片子、冷水坑、干田、花园里、鹅形、下村、竹山下、庙前、大窝里、彭屋、拐石、樟树下、万上、坝子里、石下岗、石头背、茨茅仚、坳下、谢屋、浊水、山猪寮、岭背、桥子头、黄屋、何屋、桐子垇、山塘口等。

卢阳大队在双溪公社北部。境内全为高山峡谷。主种水稻，产竹、木、茶油。以驻地卢阳命名。所属自然村有：卢阳、窑坪、倒洞子、下牛塘、小塘山、坑尾、寨垴、石含、老虎坳、上燕坪、水口、长圳里、洋绸、燕坪、石角、大仚里、岭下、石埂里、嶂上、陈家嘏、牛岭嘴、徐洞、庙下、漆山里、龙潭下、藤背岭、观音嶂、庵子、海螺潭、石面、寒婆山、茨茅坪、苎头窝、下山子、子竹窝、坳背、蝉坡头、野猪湖、牛埂、芒头窝、黄坑、伯公坳、浪石、仙鹅塘、上山、庵子尾、秧田坑、横石洞等。

水头大队在双溪公社西部。西北多高山，东南为山间平地。驻旗杆下。以所属水头片村命名。主种水稻，产竹、木、茶油。所属自然村有：旗杆下、砂子印、元坑尾、何屋、松树排、牛轭洞、冯屋、刘屋、白水寨、石屋、横石、石垴、庵背、下元坳、龙潭口、石桥头、塅心、石兰头、龙潭下、塘坑、黄屋场、龙潭垴、元坑口、背坑、仙庙、塘湾、大坝、坛官背、牛轭洞尾、灯盏托、鹅颈里、石人背、倒洞、马子颈、大窝口等。

右溪大队在双溪公社中部。西北为高山峡谷，与遂川县相连；东南是溪谷平地。主种水稻，产木、竹、茶油。以所属右溪片村命名。驻地耘田。所属自然村有：耘田、鸡爪山、高圳下、上牛塘、下牛塘、船洞、桂花坑、梅子坑、窑前、白马山、上洋坑、布子塅、洋牯塅、坪塅、下洋坑、洋坑口、茶坳、深坑子、下窝、半径等。

珠坑大队在公社西南部。驻地黄屋。西北为高山峡谷，东南为地势稍平的小山坑。主种水稻，产茶油、竹、木。以辖区珠坑片村命名。所属自然村有：黄屋、橘坑子、柴山尾、麻子窝、冻垴、关山、社背窝、赵屋、山塘坳、中坳、牛埂山等。

大布大队在双溪公社东南部。东北及西北多峡谷，南为河谷小平地。犹营公路纵贯境中。以驻地大布命名。主种水稻。所属自然村有：大布、鹅窠子、长宁坑、马尧坑、路下、五更楼、黄坛子、神仙坑、庄下坝、塘肚里、蕉林坑、桃田、樟木坑、李坡塅、洞垴、李坑、坝上面、狮形岭下等。

大石门大队在双溪公社东南部。北是山地沟谷，南为田间小平地。犹营公路、寺下河贯穿境中。主种水稻。以驻地大石门命名。所属自然村有：大石门、石磨坑、老屋里、蛇子印、蕉头坑、花心印、尾塅子、下岭印、水坑、寺背坑、马石坪、大坑、大石边、大坑尾、杨屋、横窝子等。

小石门大队在双溪公社南部。西北有三条狭长山坑，东南是一小块山间平地。驻李屋。主种水稻，产茶油。以所属小石门得名。所属自然村有：李屋、高岭背、杨梅坑、下坑、竹窝、兰湖里、兰湖尾、徐屋、小石门、店坳、桃子坑、高洞、石下村、浊水坑、管含洞、牛塘里、元坑、莲塘、龙潭下、水头、洋坑、右溪、上珠坑、塘坑子、元坑子、珠坑等。

第八章
典籍方志　纪述详备

一、《明史》

兵部尚书王琼素奇守仁才。十一年八月擢右佥都御史，巡抚南、赣。当是时，南中盗贼蜂起。谢志山据横水、左溪、桶冈，池仲容据浰头，皆称王，与大庾陈曰能、乐昌高快马、郴州龚福全等攻剽府县。而福建大帽山贼詹师富等又起。前巡抚文森托疾避去。志山合乐昌贼掠大庾，攻南康、赣州，赣县主簿吴玭战死。守仁至，知左右多贼耳目，乃呼老黠隶诘之。隶战栗不敢隐，因贳其罪，令诇贼，贼动静无勿知。于是檄福建、广东会兵，先讨大帽山贼。

明年正月，督副使杨璋等破贼长富村，逼之象湖山，指挥覃桓、县丞纪镛战死。守仁亲率锐卒屯上杭。佯退师，出不意捣之，连破四十余寨，俘斩七千有奇，指挥王铠等擒师富。疏言权轻，无以令将士，请给旗牌，提督军务，得便宜从事。尚书王琼奏从其请。乃更兵制：二十五人为伍，伍有小甲；二伍为队，队有总甲；四队为哨，哨有长，协哨二佐之；二哨为营，营有官，参谋二佐之；三营为阵，阵有偏将；二阵为军，军有副将。皆临事委，不命于朝；副将以下，得递相罚治。

二、《明武宗实录》

正德十二年八月

庚申，江西大庾县贼陈曰能等与上犹、浰头诸贼盘据山峒，屡出剽掠，攻南康，势愈猖獗。都御史王守仁督兵备副使杨璋等潜师以入，乘夜纵火，破贼巢十九处，擒曰能，斩获五百六十余人。

正德十三年七月

江西畲贼、广东浰头诸贼悉平。先是，江西、广东、湖广之交溪峒阻深，江西上犹等县畲贼谢志山等据横水、桶冈诸巢，广东龙川县贼池仲容等据三浰头诸巢，与猺贼龚福全等联络，亘千百里，时出攻剽，势甚猖獗，将连兵乘虚入广。都御史王守仁既受命提督军务，遂督兵备副使杨璋、知府季敩等先攻大庾贼巢，潜兵入险，乘夜纵火，我师大捷。志山攻南安府城，敩等败之于小梅关，前后斩获贼九百六十级，时十二年九月也。

既而朝议请令三道会兵夹攻江西，以巡抚都御史孙燧主兵食，巡按御史屠侨纪功，调官军民兵万二千人总于守仁，分为十哨，知府邢珣、唐淳、季敩，都指挥许清、郏文等领之，以冬十月分道进攻横水。守仁自率亲兵进屯近地，坚壁不战，潜遣精兵卷旗篝火出贼背，登山绝顶。比交刃，火光四起，呼声动天地。贼惶骇不测，遂大溃败。移师桶冈，伪招之，贼持议未决，而我兵已冒雨度险关，乘胜奋击，破巢穴八十余，斩获二千八百有奇。会湖广兵逐福全残党千余人突至，复邀之，擒斩且尽。

始守仁虑仲容助横水贼，因抚谕以离之。至是，大享将士，声言罢兵，仲容部稍稍来降。春正月以计诱执仲容，复督兵急攻其巢，先于要害设伏。及贼败溃四出，遇伏兵皆就擒。逾月班师。是役也，又破贼巢三十八，斩获二千有奇，三道积年逋寇于是悉平。

初，大庾捷闻，诏赏守仁银二十两，彩币二表里，升璋俸一级；继论小梅关等功，赏守仁金织绮衣三袭，璋彩币二段。敦等遇缺举用。横水、桶冈捷闻，复敕奖守仁，升右副都御史，及镇守江西太监许满各荫子侄一人为锦衣卫世袭百户；太监毕真及燧各赏银三十两，彩币二表里，侨加俸一级。又敕奖兵部尚书王琼及侍郎陈玉、王宪各赏银三千两，职方郎中以下有差。浰头捷闻，仍敕奖守仁赏银四十，赏彩币二表里，荫子如前。璋、侨再加俸一级。前后获功及阵亡吏士升赏者凡八千一百八十人。守仁所赍奏锦衣千户毕镗升指挥佥事，毕大经荫世袭百户。镗即真侄，大经又镗子也。守仁之改提督，实结琼得之，故凡奏捷章疏专归功于琼，极其谀佞。琼亦甚加称奖，奏请无壅，赏赉稠叠。权谲相附，识者鄙之。然守仁驱不教之民，剪滋蔓之寇，不及数月遂成大功，其智略亦不可少云。

三、《明世宗实录》

戊辰，吏部奏：故新建伯王守仁因病笃离任，道死南安。方困剧时，不暇奏请，情固可原。愿从宽宥。上意未解，曰："守仁擅离重任，其非大臣事君之道。况其学术事功多有可议。卿等仍会官详定是非，及封拜宜否以闻，不得回护姑息。"给事中周延上疏言："守仁竖直节于逆瑾构乱之时，纠义旅于先帝南巡之日。且倡道东南，四方慕义；建牙闽广，八寨底平。今陛下以一眚欲尽弃平生，非所以存国体而昭公论也。"得旨："守仁功罪朝廷自有定议。延朋党妄言，本当论治，但念方求言之际，姑对品调外任。"于是吏部奏谪延太仓州判官。

四、《明史纪事本末》

平南赣盗

冬十月，王守仁讨汀州左溪贼蓝天凤等，平之。天凤等与赣南下新、稔下等洞贼雷文聪、高文晖等盘据千里，守仁集从事议曰："诸巢为患虽同，事势各异。以湖广言之，则桶冈诸巢为贼之咽喉，而横水、左溪诸巢为之腹心；以江西言之，则横水左溪诸巢为贼之腹心，而桶冈诸巢为之羽翼。今不先去腹心之患，而欲与湖广夹攻桶冈，进兵两寇之间，腹背受敌，非吾利也。况贼但闻吾檄湖广夹攻桶冈，横水、左溪必观望未备。出其不意，可以得志。横水、左溪既破，移兵桶冈，势如破竹矣。"乃遣都指挥许清率兵自南康新溪入，知府邢珣率兵自上犹县石人坑入，知县王天与率兵自上犹县白面峪入，皆会横水。指挥郏文率兵自大庾县义安入，知府唐淳率兵自大庾县聂都入，知府季敩率兵自大庾县稳下入，县丞舒富率兵自上犹县金坑入，皆会左溪。知府伍文定、知县张戬各率兵从上犹、南康分入，以遏奔轶。守仁亲率兵千余，自南康进捣横水，与诸军会。分布既定，乃以初七日分道并进。守仁至横水，谢志山等仓卒据险拒之。守仁未至贼巢三十里驻兵，夜募乡兵善登山者四百人，各执一旗，赍铳炮，由间道攀崖上险，分布近贼巢左右极高山顶，伏觇贼。度我兵至险，举炮火应。又预遣人夜率壮士缘崖上险，夺发其滚木礌石。十二日，守仁率兵进至十八面隘。贼方凭险迎敌，忽闻近巢诸山顶炮声如雷，烟焰涨天。守仁麾兵进逼之，贼大惊失措，谓官兵已尽得其巢穴，遂弃险走。官兵乘胜骤进，指挥谢杲、马廷瑞兵由间道先入，焚贼巢。贼退无所归，大奔溃，遂破横水大巢。邢珣、王天与等各破数巢，皆会于横水。郏文、唐淳等各破数寨，皆会于左溪。会天雾雨，休兵。已谍知诸溃贼收集余众，据险立栅，然仓卒无资粮。守仁乃下令各营皆分兵为奇正二哨，一前攻，一后继，用土人为乡导。自是诸营各分道破余巢，伍文定、张戬亦连破数巢，入会左溪，贼悉平。

十一月，王守仁会兵攻桶冈。初，守仁乘横水、左溪之胜，遣人谕以祸福。于是桶冈贼钟景纳款降。守仁使夜入贼巢谕之，期以初一日使人于锁匙笼出降。贼方恐，见使至，皆喜。而横水、左溪贼持不可，迟疑未决，守仁遣使于锁匙笼促降。而别遣邢珣率兵入茶坑，伍文定率兵入西山界，唐淳帅兵入十八磊，张戢帅兵入葫芦洞，俱冒雨入。蓝天凤方于锁匙笼聚议，忽闻诸兵已入险，皆震愕，急奔入内隘，阻水为阵。邢珣麾兵渡水前击，张戢冲其右，伍文定又自张戢右悬崖绕出贼旁，贼败走。舒富、王天与亦由锁匙笼入。贼悉众奔十八磊，唐淳严阵迎击之，贼又败。会日暮，扼险相持。明日，诸军合势并击，邢珣先破桶冈大巢，诸军奋勇并进，俘斩甚众。湖广兵亦至，贼余众遁入山谷。守仁遣诸将分道捕之，于是横水、左溪、桶冈之贼略尽，贼首蓝天凤、萧贵模等皆斩获无遗。守仁出师凡两月，平贼巢八十四处。遂议于横水等处建城，设安远县治，控御三省。捷闻，擢守仁右副都御史。

十三年春正月，王守仁讨浰头贼，平之。先是，守仁征横水、桶冈等贼，虑浰头贼乘虚出扰，乃使人赏以银布，谕降之。惟贼首池大鬓不从。守仁计兵力未暇羁縻之，勿深问。有金巢等率众降，守仁厚抚之，令从征。及横水破，大鬓惧，遣其弟池仲安率老弱二百，诣守仁乞降，即愿从征立功，实觇虚实为内应也。守仁知之，令从别哨，远其归路。阴使人分召近浰头诸县被贼害者询之，得其情，各授方略，遣之归，令密集兵众，候平桶冈后报师期。及桶冈平，大鬓益惧。守仁遣使至浰头，赐诸贼牛酒，见贼严为备，诡语使者曰："龙川新民郑志高、卢珂欲雠杀掩袭，故备，非虞官兵也。"守仁佯信其言，怒卢、郑，移檄龙川，廉二人擅兵状，且令大鬓除道，候还兵讨之。大鬓假使来谢，无劳官兵，当自防御之。卢珂、郑志高、陈英者，龙川已招新民也，仍领旧部二千余众。时诸县民皆为大鬓所胁，三人者独抗贼，贼雠之。守仁还兵，三人来告变，言大鬓反状。时池仲安方领兵在守仁所，守仁乃佯怒三人，收缚，将斩之，曰："大鬓方遣弟领兵报效，安得有此？"仲安遂叩首辨列三人罪恶，守仁佯信之，械系珂等，置之狱。守仁密使人至狱中谕以意，令三人无恐，且遣使归，集众以候。十二月二十日，守仁还至赣，张乐大飨将士，下令横水、桶冈既平，浰头归顺，境内无虞矣。民久劳苦，宜休兵为乐。遂散兵使归农，乃遣仲安归报其兄，以卢珂被系故，遣使令大鬓勿撤备，以防珂党掩袭，大鬓意乃大安。守仁别购仲安所亲，说仲安令自来投诉，云："官意良厚，何可不亲一往谢？况使卢珂等言无所入。"大鬓信之，谓其下曰："欲伸先屈，赣州伎俩，须自往观之。"遂帅其徒四十余人自诣赣。守仁先已檄诸郡县及龙川等，勒兵候报，至是探知大鬓就道，亟遣使发诸路兵候洴头。然道经贼巢始达，则使别赍一檄为捕卢珂党与者，佯示贼。贼果问，见檄遂不为意。大鬓至赣，谒守仁，见军门无用兵形，又觇知珂等系狱，意益安，遣人归报其党，谓事无他。守仁乃夜释珂等，使间道归发兵，而令诸官属以次设牛酒，日宴犒大鬓等，缓其归。久之，度珂已至家，诸郡县兵当大集，守仁乃设犒于庭，先伏甲士，引大鬓等入，悉擒之。出珂状讯之，皆服，遂悉置狱，而趣诸路兵同抵贼巢。守仁率亲兵由龙南县冷水径直捣下洴大巢，诸路兵皆令入三洴。贼弛备既久，骤闻官兵四集，惊惧，乃分投出御，而悉其精锐千余，据险设伏于龙子岭。官军为三冲，犄角进，指挥余恩首击贼，战良久，贼败。王受等追之，伏发被扼。适推官危寿兵至，鼓噪前冲之。千户孟俊率兵绕其后，贼大溃，遂克三洴大巢。余贼精锐尚八百人，聚九连山。山四面险绝，惟一面得上。贼设礌石滚木拒之，官兵不敢近。守仁乃令官兵衣贼衣，抵暮，诈为贼败奔者上山。贼见之，果相招呼，官兵乃得渡险，遂扼其路。贼觉，急御，则大众已阑入矣。贼不支，乃退走溃出，官兵先四路设伏待之，擒斩略尽。余徒二百人恸哭请降，守仁纳之。相视诸险隘，以和平地方控扼三省，奏设县治。下部议，从之。遂班师。捷闻，赐玺书褒赏，余功赏赍有差。南赣自此无警矣。

五、《国榷》

（丙子正德十一年八月）戊辰，南京鸿胪寺卿王守仁为左佥都御史，巡抚南赣汀漳。

（丙子正德十一年九月）辛丑，上犹盗起，掠大庾，攻南康，杀赣县主簿

114

吴玭。

（丁丑正德十二年八月）庚申，大庚、上犹盗合攻南康，左佥都御史王守仁击贼巢，破之。

（丁丑正德十二年十一月）辛丑，提督南赣汀漳左佥都御史王守仁平左溪盗。

（戊寅正德十三年二月）己亥，猺贼龚福全等平。福全貌狞恶，据江西上犹、广东乐昌等县，湖广郴桂间害尤甚，伪称"延溪大王"，巡抚湖广秦金等会两广兵，擒斩二千余人。

高岱曰：郴、桂寇与横水、桶冈事略同，当时亦声势相倚，此非有深志远图，特以封疆之臣因循姑息，故称据险猖獗，滋地方之蠹耳。所幸金与王守仁同时举事，故诸贼不得相为应援，而表里受兵，又无所逃遁薮匿，故得以草薙而禽狝之，不然，即韩卢之搏狡兔，恐不能穷三窟之诛也。

江西横水、桶冈盗谢志（珊）等，浰头池仲容等俱平。两贼势甚盛，左佥都御史王守仁受命总督，率江西、湖广兵夹攻，虑仲容助横水贼，先抚谕以离之，自去冬十月进攻横水，破巢八十余，斩获二千八百有奇，至是大享将士，声言罢兵，阴诱执仲容，破巢三十八，斩获二千有奇。诏进守仁右副都御史，镇守江西太监许满俱世锦衣百户，赉奏锦衣千户毕镗进指挥佥事，毕大经荫百户，镗即真从子，大经又镗子也。

谈迁曰：国史云，守仁奏捷，专归功王琼，极其谀佞，琼亦甚加称奖，奏请无壅，赏赍稠叠，权谪相附，识者鄙之，此必桂萼时私人怼笔，何不察之甚也。外阃之颂本兵，亦恒例耳，平两剧盗，仅荫百户，视当时之峻擢厚锡者尤不侔也，驰不教之民，剪滋蔓之寇，不及数月，遂成大功，谓其事难疵，遂以奥援讥之，妒贤嫉能，亦何所而不至耶？

高岱曰：守仁此役，其有所惩而然哉。往陈金平江西贼，率多招抚，故不旋踵而群盗并起，守仁灼知其弊，专意征剿，不事姑息，而分合先后之算无遗策，其幕府偏裨，又皆一时之选，此所以兵费寡而成功速也。南赣自此数十年无潢池之警，岂非明征乎？守仁自列之疏亦云：天下之事，成于责任之专一而败于职守之分挠，既重专征之责，又抑守臣干预之请，此所以得胜算而成功也。斯言其不诬哉！

六、其他方志、典籍辑录

1.《重修虔台志》

遣兵破南安诸寇，焚其积聚

上犹大贼首谢志珊号征南王，纠率桶冈等巢贼首钟明贵等，约会乐昌县大贼首高快马等，大修战兵，并造吕公车，欲打破南康县。闻广东官兵尽调征府江，就欲乘虚入广。报至督府，乃一面密行雄韶等府分兵防遏，一面部勒诸军酌量贼巢强弱，派定哨道。选委能勇属官若南安府知府季斅、南康县丞舒等统兵前去。密诏知因之人乡导引领，昼伏夜行，刻期六月二十日子时入各贼巢，同时举火并力奋击，捣过贼巢一十九处，生禽大贼首三名，首从贼徒五十四名，斩获贼级六十八颗，射死贼徒二百余名，烧死贼徒二百余名，烧毁房屋禾仓八百九十余间，俘获贼属男女二十九名口。虽斩获之数不多，而巢穴已焚，积聚已空。就使屯聚横水、桶冈，而人多食少，大举夹攻为力易矣。

2.《虔台续志》

南安府四县述略

南安为赣上流，南扼交广，西距湖湘，所辖四县仅六十里，吏廉事简，民是用和。其山峦环丽，溪水清澈，文献攸萃，旧称"民无珥笔之风，士多弦诵之习，人知礼法，俗尚朴淳，文物之盛与闽蜀等"。自周濂溪传道二程于兹，而文学益彬彬然盛矣。今大庾附郭，风声似昔，勤于生业，多尚礼守法。南康民颇好讼，士能兴学。上犹简僻，民多务本。崇义则前时茶寮、桶冈群盗渊薮也，阳明王公旬日间攻破之，立为县治，新民至今向化，何其扫除之易感乎之神也。大都郡当岭广之冲，县小而役重，驿使络绎，水陆俱烦，莅兹土者，以如伤之心而施怀保之政，则斯民其永有赖乎。

各县关隘道路

上犹县之东路通崇义，有淡竹、南北村二隘。西通崇义，有赖塘、三门、麻阳三隘。南通信丰，有石龙一隘。北通龙泉、桂东，有峒口、匹袍、平富、卢王、大雷五隘。隘长民兵把守。上堡及铅厂、长龙巡检司三所，弓兵各如制。

——畲贼谢志山等正德十二年本县横水、茶寮、桶冈、长流坑合党为盗，劫杀民财。都御史王公奏请讨平，其横水等巢今割入崇义县。

——岑贼李文彪，嘉靖三十一年流札本县义安、铅厂等处，劫杀人财，都御史张公委本县主簿林桂同官军拒战得捷，遂退。

3. 同治《南安府志》

重修王文成公祠记

范泰恒

崇义，江西之僻壤也。高山环绕，旧属大庾、上犹、南康三县境。明正德年间，为畲贼谢志珊、蓝天凤所窃据，竖寨八十四，据地千里，骚扰三省，为害数年，未有能平乱者。朝廷命王守仁开军府于赣南，令湖广、广东、福建诸省之近贼者，皆归节制，事权既一，扑灭可期。而湖广巡抚秦金奏请三省会剿，朝议复许之。当是时，属无健军，军无现粮，又限以两月会期。公自惟必待会剿，是谕贼以远遁也。于是调练机快，挪移缩费，刻期预剿，十道并进，不烦他省一兵，而贼首灭、诸寨破矣。大功克成，乃刊茶寮之石而去。又为之立县分乡，建城郭，置守兵，申明乡约，崇人德之，爰立祠以祀。

长龙司移驻江头记

范泰恒

王文成公平畲寇，割大庾、上犹、南康地为崇义县，设立三巡检佐其事。改过埠司驻上保，移铅厂司迁聂都，长龙司则移尚德里之江头，量地远近，控扼险要，制甚善也。其后江头水坏司署，仍移署长龙，去县六十里而近，又无山溪之隔；而江头逾越上犹，去崇义一百六十里，北界吉安之龙泉，东西南界南康、上犹，孤悬一隅，无官以治。平日既无以资弹压，因循息忽，一仍其旧，吏自贻戚耳，岂设官之初意哉？乾隆十八年（1753）冬，余莅崇逾年；六月，谒大中丞胡公，面陈长龙宜复旧治状。公曰可，乃具公牒，自下上，上达内部定议，乃移之。其长龙旧署，则为巡检巡察休息地，官不盈而事就理，宜今非泥古也。上保司因上犹奸民作，移金坑，复往来过埠，以稽贸迁者，仍旧为便。而长龙司则非伦矣。且夫迁就补苴，特纤悉之谋，非地方长久计也。南安控江西上游，崇义尤称天险。明正德间，四海非有土崩之势，而谢志珊、蓝天凤长此窃据，扰及三省，岂独其人无良哉，抑形势使然也。且地无大小，犬牙相错诚有之，遥制则未闻。当日者，平寇设县，凑泊相成，致详或未之及……

4. 同治《赣州府志》

《南征奏凯录》序

费宏

比岁岭南北盗起，甚为民患。巡抚大中丞阳明王公伯安奉上命，合江西、湖广、广东之兵以讨之。而宪副孝感杨公廷宜分司南赣，实饬兵以备盗，于时出入行间，效力尤勤。丁丑夏六月，率南安守季侯敩等莅上犹，破禾沙等巢。秋八月，率指挥冯翔等莅南安，解围城之困。冬十一月，率赣州守邢侯珣等复莅上犹及南康、大庾，攻横水、桶冈等寨。历半载，境内始平。明年春正月，广东浰头等贼延蔓未绝，又率邢侯莅龙川剿之，阅月乃班师以捷闻。时宪副公所部捕斩几六千人，俘获称是。上录其功，加俸一等，而褒擢之恩尚有待焉。凡郡邑游居之良、南北往来之彦，嘉武事之就绪也，民生之底宁也，畏途之兑于相戒也，往往撰述歌诗，以为宪副公贺，于是有南征奏凯之录。宁都令王君天与复专使请序其端……

学记

王銮记曰："南安地连闽、文、湖、崇邃峒，绝壁重峒，群盗肆侮为寇，递相隐伏。上命大臣节制四藩，协谋扑灭。弘治以来，势益猖獗。峒野外，公然夺民田庐耕种，攻劫房掠，侵犯犹、庚，几陷南康城，官民能奠枕哉？正德戊寅岁（1518），阳明王公来抚，公日与四方之士，讲学修文。报至，公曰：'渺渺蜂腰，敢当斋斧！'乃请兵，天子假公生杀赏罚之权，自昔抚臣所未有者。"

5. 嘉靖《崇义县志》

县城

正德丁丑（1517），都御史王守仁平瑶，委南康县丞舒富、上犹典史李禄筑。周围一百四十有一丈，厚一丈三，高倍之。雉堞一千九百有二。为门四，上皆有楼，岁久圮坏。嘉靖丁亥（1527），知县王廷耀重修，扁其南曰"南薰"，北曰"迎恩"，东曰"太平"，西曰"西成"，皆整饬壮丽云。

王公行状

公讳守仁，字伯安，号阳明，余姚人，由进士历官南京鸿胪寺卿，升都察院右佥都御史。奉玺书加提督军务自守仁始。申严纪律，兵威大振，提兵亲剿汀贼。既而横水畲贼谢志珊称乱，调集官兵，亲抵巢穴，擒斩俘获无算，地方宁谧。奏立崇义县治，开设各属衙门，创筑城池，移上犹提备官兵守之。以平寇功升右副都御史。讲学教士，翕然从之。逆濠变起，举兵勤王，有奇功。升南京兵部尚书兼右都御史，封奉天翊运推诚宣力，守正文臣，特进光禄大夫、柱国、新建伯。后改总督两广及江西、湖广军务，平思田之变，奏请养病，卒于大庾小溪驿。

创建

崇义本大庾、南康、上犹地。初以接壤楚闽粤东，不逼逃渊薮。又因明弘治巡检南赣郴桂等处都御史金泽安插广东流来畲贼，始犹砍山耕活，久则蕃衍，大为民害，蔓延至正德年间，畲贼首谢志珊、蓝天凤等盘据横水、桶冈巢穴，肆行劫略，有司束手无策。正德十二年（1517），王都御史守仁开府赣州，十月初七日，发兵进攻。

赣州府知府邢珣自上犹石坑进上稍、石溪，入磨刀坑，过白封龙，一面分兵搜茶潭、鸾井、杞州，正兵经过朱坑、旱坑，入杨梅坑，攻白蓝、横水。

汀州府知府唐淳自南安府百步桥、浮江、合江等处，屯聂都，袭上关，破下关，分兵为三哨：中一大哨逾相见岭，扑密溪，径攻左溪；右一小哨从下关分道搜丝茅坝，复从中大哨于密溪，进攻左溪；左一小哨自密溪搜羊牯脑山，自密溪从中大哨进攻左溪。三哨复合为一，会于横水。

南安知府季敩自南安府石人背进，破义安，分兵搜朱雀坑，入西峰，分兵从狐狸坑进铅厂，分兵从李家坑屯稳下，分兵从李坑，遂逾狗脚岭，从阴木坑，攻左溪，会于横水。

江西都司都指挥佥事许清自南康进，破溪湖，扑新地，袭杨梅坑，攻白蓝村，会于横水。

赣州守备指挥使郏文自南安府石人坑，度荡平岭，破义安，上西峰，过铅厂，破苦竹坑，剿长河洞，从狐狸坑，攻左溪，会于横水。

赣州卫指挥余恩自上犹官隘逾独孤岭，至营前，进金坑，屯过埠，破长流坑，分兵入梅伏坑，破牛角窟，扑川坳、阴木潭，与正兵合攻左溪，会于横水。

宁都县知县王天与同典史梁仪自上犹官隘、员坑，过琴江口，由白面寨至长潭，经杰坝，屯石玉，分兵从樟木坑，正兵自黄泥坑，过大湾，入员分，会于横水。

南康县丞舒富自上犹营前、金坑进屯过埠，破长流坑，径攻左溪，会于横水。

吉安知府伍文定屯扎稳下，会同守备郏文，从稽芜等处贼巢进屯横水。

广东潮州府程乡县知县张戬搜剿稽芜、黄雀坳、新地等处贼巢，进屯横水，各引兵千余，九路并进。

亲率中军自南康进屯至坪，攻十八面隘。十月十二日，平横水。十一月初二日，平桶冈。贼寇悉已扫荡。守仁以巢穴分居三县，不设县治终为腹心之患，以横水即上犹之崇义里当三县之中，土地平坦，设立县治，益以上犹之崇义、上保、雁湖，南康之至坪、尚德，大庾之义安，仍以里名县。又设上保、铅厂、长龙三巡检司，以遏要害。

正德十二年（1517）丁丑闰十二月初五日，题奏报可。十三年（1518）戊寅四月初六日兴工。凡城池衙署诸务经营区置，皆南康县丞舒富力。十月十一日再疏请选官员铸印信。县隶南安府。

6. 光绪《崇义县志》

崇义县（节选）

崇义县在南安府治北，由县至府陆路一百二十里，至江西省城一千二百六十里。先本大庾、南康、上犹三县之地，以接壤楚、粤为逋逃渊薮。明正德十二年（1517），王都御史守仁统兵扫荡贼寇，以贼巢分踞三县，不设县治终为腹心之患，以上犹之崇义里当三县之中，遂立县治，仍以里名名县，隶南安郡。又设上堡、铅厂、长龙三巡检司，以遏要害。县治分为七里，曰太平，曰雁湖，曰崇仁，曰尚德，曰隆平，曰永安，曰忠义……

创建

崇义本大庾、南康、上犹地，初以接壤楚、闽、粤为逋逃渊薮。又因明弘治间巡检南、赣、郴、桂等处都御史金泽安插广东流寇来。畲贼始犹砍山耕活，久则蕃衍，大为民害，蔓延至正德年间，贼首谢志珊、蓝天凤等盘据横水、桶冈穴，肆行劫略，有司束手无策。正德十二年（1517），都御史王守仁开府赣州，十月初七日发兵进攻……十月十二日平横水，十一月初二日，平桶冈，贼寇悉已扫荡。守仁以巢穴分居三县，不设县治终为腹心之患，以横水即上犹之崇义里当三县之中，土地平坦，设立县治。益以上犹之崇义、上堡、雁湖，南康之至坪、尚德，大庾之义安，仍以里名名县。又设上堡、铅厂、长龙三巡检司，以遏要害。正德十二年（1517）丁丑闰十二月初五日题奏报可，十三年（1518）戊寅四月初六日兴工，凡城池衙署诸务经营区置，皆南康县丞舒富力。十月一日，再疏请选官员铸给印信。县隶南安府。

风俗

崇义俗尚简朴，犹有先民遗风，其弊之所在，则渐染于畲人非必其天性然也。昔王文成作南赣训俗谕谓此，亦岂独尔小民之罪，有司者教导之不明与有责焉！每览斯言，益神往移风易俗之吏云。崇邑地本割建，俗杂五方，风气各异。永安、忠义二里事简俗朴；尚德、隆平二里颇多健讼；崇仁、雁湖、太平三里，多力本业。疾病不求医药，专事祈祷。畲人附居，多射猎为事，傲很无常。尚谲诈，喜争斗，常为邑虑。

7. 康熙《上犹县志》

武宗正德十二年

武宗正德十二年（1517），割大庾、南康、上犹三县地立崇义县。时王文成公平畲贼，于上犹崇义里、横水地方，设立县治，因里名县，割三县地成之。上犹割雁湖、上堡、崇义三里。皇清定鼎因之。

武宗正德十二年（1517），上犹横水贼首谢志珊等纠合广东贼高快马统众数千，四出焚掠，官兵义勇讨之，贼败，奔桶冈老巢，据险固守。十一月进兵攻桶冈，破其巢，贼首谢志珊等俱就擒，畲贼平。

武宗正德十二年（1517），时淫雨不止，洪水泛溢城外，居民运舟直达，县学前崩圮城隍四十丈，漂流庐舍，溺死者甚众。

岭北道

岭北道（今改赣南道）行署在县治东，明洪武二十八年（1395），知县李鉴建。成化戊子（1468），金事叶稠重修。前为大门，中为堂，堂后为川堂，又后为廨。东西为厢房，为吏书房。地基南北二十六丈一尺，东西十五丈一尺，东至古井巷，南至街，西北俱至县署。堂西竖黄仲昭砖城碑记。大门外有吴醴泉义田碑记。后堂厅壁有王文成公题壁诗（今壁圮，字迹无存，诗载《艺文》）。

王阳明题

巡抚王守仁岭北道行署题壁诗："处处山田尽入畬，可怜黎庶半无家。兴师正为民痍甚，陟险宁辞鸟道斜。胜世真如瓴水建，先声不碍岭云遮。穷巢容有遭驱胁，尚恐兵锋或滥加。"

8. 光绪《上犹县志》

今上之三十有五年，岁在丙子，命师讨罪，武功赫濯于边陲；广额求贤，文教筵敷于海宇。凡属臣民摩不赓拜飏喜起之风，成击壤歌衢之化，猗欤盛哉！江右为理学名区，志乘所载，历朝文献，班班可考。近复蒙大中丞马公，振兴而鳌剔之一时，藩宪卢公，臬宪佟公，暨巡宪吴公，左右赞勷，薄赋轻徭，俾得刑清讼简，可不谓隆焉。南郡壤界楚粤，僻处万山，地则鸟道羊肠，俗亦巫觋椎髻，此横水、桶冈王新建所称梗化难治也……康熙三十六年（1697）春月严陵章振萼撰。

风俗

上犹士民多务本力田，士果而朴，民直而刚，风尚节俭，勤于生产。惟地接郴、桂，山峻水激，土瘠民贫，一切举动多过于简率，到城市、乡村华朴略殊，则又他处皆然，不独此地也。完婚丧祭之礼，古俗参用明正德间王文成公命辑四礼节要于冠礼，则命乡塾每月朔教童子肄习。于是大庾、南康多行之，大庾行于士大夫之家，南康则稍裕之家皆行，上犹、崇义亦间行之。

王阳明奉诏讨贼

正德十二年（1517），都御史王守仁奉诏率三省会剿桶冈洞畲贼，事平，立崇义县。先是上犹有遁逃流民，窜伏桶冈、横水、左溪诸峒，号曰畲贼。贼首谢志珊等纠合诸贼高快马等统众数千，遥与惠州三浰贼池大鬓等相声援，四出焚掠，官民被害，至是御史王守仁疏请三省合剿。十月，会师上犹，分道进讨，破横水、左溪二巢，贼窘退保桶冈老巢，据险固守。十一月复合兵进攻破之，捣其巢穴，畲贼平。旋引兵进剿池大鬓等，三浰贼悉平。遂割大庾之义安里，南康之至坪、尚德二里，上犹之崇义、上保、雁湖三里，立崇义县。

平上犹新地记事（节选）

候补州同　刘裕熙　安福

上犹居豫章西陲，四境皆山，西北地接龙泉、崇义暨楚之郴桂诸州邑，山深菁密，尤易藏奸。距县城百里曰村头里，唐人卢光稠仕至节度使，建营于此，宋赠太傅，名太傅营。明正德，贡生蔡元宝等筑城自卫，为营前城，近城数十里有上、下信地，即新地也。明正德十一年（1516），横水诸贼猖獗，贼首蓝文昭、雷鸣聪等盘踞上、下新地，王文成公巡抚南赣，亲视督中军，会吉、南、赣三府之兵，分为十哨，使赣守邢珣、指挥使郏文等会剿，经三战而大破贼巢，擒斩贼首，上、下新地始平。丰功伟烈，详著横水方略。嘉靖三十年（1551），流贼李文彪等劫营前；顺治二年（1645），阎王总叶枝春等据营前城，蹂躏更惨。虔院万招戍赣，明年仍奔据上犹。六年（1649），合桂东流寇张和尚等复据营前城，虔院刘降之。康熙十三年（1674），何余等贼援敌众数万，围营前城，分围县城，屠杀甚惨。十五年（1676），自上犹袭据南安城。十六年（1677），舒、莽二将军攻复南安贼，还据营前。十七年（1678），虔镇率师至犹，招抚而安插之。自是七十余年，户庆弦歌矣。乾隆十七年壬申（1752），邑侯高名显宗以秋八月二十二日莅犹，甫下车，披邑乘与图，愀然驰念，知西北之山高地险也，谕捕巡严稽之。未几，九月十九日，浮龙巡司张名仕驰禀，黄沙坑农民何亚四将为不法事，是禀，愕然曰：圣明在上，岂容小丑播虐！亟殄之，毋使兹蔓。遂习禀各宪，密谕张巡司控实迅报。一面会县汛谢名又荣带兵役逡往，途次复据移避之民口禀，何亚四纪崇义各县不识姓名之人，散札付备兵及能习剑遥杀人，以红布裹头为号，扬旗于上、下新地，将于二十四日举事，势急矣，将避之。

侯星遄以二十日早抵营前城，父老绅衿咸以贼势猖獗，负隅据险，锋不可犯，勿轻往。侯毅然曰：文成公不言乎？架栈梯壑之处，贼苟令数人于崖顶，坐发礌石，可无执兵而御我师。又曰：乘其犹豫而击之，乃可以逞。今何亚四甫自崇义归，犹攻其无备，即文成公方略一机也，俟其蠢动而剿擒之，所伤实多。今日之事，有进无退。遂投袂而起。是时，侯及张巡司、谢千戎所率壮役兵卒仅三十余人耳，由庄坑登笔篙岭，攀援绝壁，直捣其巢。贼众扬旗鸣锣，往来呼噪，公然迎敌，侯令鸟枪在前，继以刀棍，兵有怯者，侯亲督之，枪械刘发，呼声震天。贼惊溃，窜入深山，遗旗、锣、刀、剑、马匹等物，会日暮，山多兵微力竭，穷追不可，侯先搜其伪记、伪札，焚其巢穴，令兵役分守山口，星募乡勇悬赏搜擒。侯于灯下亲札，飞移崇义、南康、龙泉、大庾及楚省之郴、桂诸州邑，令务协缉，出朱示以安抚商民，召徙避者归业。次早，擒获伪将军李万斛、李万先等十三名，械赴县禁。一昼夜而贼巢尽破，巨恶先擒，百室安堵，如无其事。新地距营前三十里，侯出山时，百姓执香跪谢者，前迎后拥，不可胜数计。

侯愀然恨首犯之未擒也，驻营前城，日夜筹划。时南安大郡伯宝，南赣大参宪□方，俱先后至营前，于新地、金坑险僻之处，亲历稽查，督缉严密。侯八承谋略，出运经费，邻选山谷，靡不搜查，远至楚南岳州、平江县逆叔所居之处，益阳、永顺等县逆史贸易之乡，粤东长乐、兴宁等处逆族祖籍之地，俱遴选干役，顾募认识之人，厚给赏单，文檄四发。续据乡勇兵役，捡获逆堂赖廷佐、钟鼎向等一十七名，邓鲁占等三十余名；崇义获解李文才、何文宗、李茂先、伪丞相李德先；大庾获解伪将军董奇兰；桂东获解李朝选等，共六十余名。通计一百三十余名。侯日讯数十囚，恐陷无辜，不加刑而研鞫明敏，真情俱现，分首次上报。添置监所，视罪之轻重械禁候勘。时大中丞鄂闻禀入，奏亲抵上犹，以十月十一日入城，侯自营前回署。南安大郡伯宝，南赣大参宪之俱由营前抵犹。大总宪丁由龙泉督缉，以十月十八日至犹。吉安大郡伯沈由龙泉督缉，奉调至犹。赣州大郡伯叶、南康邑侯葛、石城邑侯杨、赣县邑侯沈、清江邑侯方，俱奉大中丞鄂檄调，先后至犹。南赣镇任各参戎俱屯兵缉防。犹无驿站，羽檄驰奏画夜限行四百里，六百里既设腰站。郡伯又檄调大庾县并小溪驿差、马夫役驻犹。犹本邑环城三里，文武并集无殊。省会绅衿家俱为官廨，民房庙宇悉留马夫。而绅庶感侯之德，咸观欣之交际之冗。

侯部署周至，不以事繁而替，且各郡伯、邑侯之协办也，仍以审勘遍属侯院司之□提鞫也，惟侯是询耳。受身驰口询手录，凡所审鞫，日数十折，未尝稍懈，羽檄交驰，刻即照复，纤细靡遗。自营前区画以来，数十昼夜不假寐，上下观者，无不羡侯之精神才智匪易数，而又异侯之拮据繁剧，为宦途未有之艰也……

9.《上犹县志》(新编)

正德三年（1508）崇义里横水、桶冈等地畲族农民起义，声势浩大，震动全国。南赣巡抚王守仁会三省官兵进行镇压，义军失败，首领谢志珊、蓝天凤等六千义军惨遭杀戮。

正德十二年（1517）冬，王守仁奏析大余、南康、上犹三县地置崇义县，上犹割雁湖、上堡、崇义三里。

正德十二年（1517）淫雨不止，洪水泛滥，崩圮城墙数十丈，城中舟行四达，庐舍崩塌，溺死者甚众。

10. 施邦曜《阳明先生集要》

评点《浰头捷音疏》

先生南赣奏捷，其并力攻上犹，则遣人阳抚乐昌。及进兵横水，则遣人阳抚浰头，前后俱归殄灭。兵法云：圣人将动，必有愚色者，此之谓也。

下编
世代流传

2

第九章
阳明后学　俊彩星驰

一、上犹籍阳明后学

1. 吴凤曹

吴凤曹，上犹人，彦诚孙。正德间，王文成公征夆，辟智勇，署凤为前部长，事平，授千总。

2. 胡述

胡述，字敬夫，上犹县义官，好计议。原为邑增广生，足智多谋。王阳明征讨山贼时，召见智谋之士。胡述至王阳明军门，出奇制胜。王阳明非常器重他。贼平，授冠带。及宸濠之变，复召至军前，有赞画功。格于例，不得授职，述亦不肯委曲求之，归家杜门课子，以书史自娱。年七十卒。

3. 赵志标

赵志标，字世美，上犹县义民。王阳明征讨山贼时，知道赵志标智勇双全，于是召至幕下，任命为乾字营哨长。年十九，以例授冠带。时猺贼横甚，王阳明知其才勇，檄至幕下，署为乾字营长。贼平，以功荐于朝，不报。宸濠之变，与胡述同赴军门，立战功，亦格于例不得授职。

129

4. 陈九颧

陈九颧，上犹村头里（今营前镇）人。王阳明征讨山贼时，旌为义勇指挥使者。

5. 尹志爵

尹志爵，上犹县义官。王阳明平定宸濠之乱后，拟定了论功行赏名册报兵部，其中同时列有有功"随哨官四十六员"，"南安府上犹县义官尹志爵"名列其中。

6. 刘大奇

刘大奇，字非异，上犹人。好学，工文辞，由明经任南昌府学训导。

7. 刘大斌

刘大斌，字士亨，上犹人。庠生。清康熙丙辰（1676）犹城被寇，大斌不避艰险，脱父于难。泰和梁庶常机为作《孝子传》。

8. 刘斌

刘斌，字湛之，上犹人。廪生。乡饮介宾。与兄祥、翰相友爱，变食不忍离。翰铨兴安训，年已七十，不欲往，斌劝之乃往。居无何，谓其子曰："吾与汝叔俱老，旦暮不可知也，奈何寒毡绹系，致骨肉分离乎？"即辞归。比至家，兄弟相见，欢如再生。年近八十，相继殁。一门和蔼，乡里称之。

9. 蔡祺

蔡祺，字寿介，上犹人。增生。兄弟皆早丧，祺独养父母。妻萧氏妆奁颇厚，典质以供翁姑。侄少孤者数人，祺夫妇视同己子，抚养婚配。家贫，见穷乏者，常推解衣食。犹邑屡遭饥岁，祺倡劝殷实发米，全活者数千人。修县学府学，皆实力督工。郡守给有"共成义举"匾额。以子家开贵，封中宪大夫。

10. 蔡俊杰

蔡俊杰，字辛元，上犹人。贡生。居乡以德望著，里中偶有争竞，必委曲劝化解之。好为义举，尝捐腴田五十石，资邑中乡、会试费，其他施舍赍予之事甚多。

11. 蔡祥源

蔡祥源，字清伯，上犹人。文学宏赡，登康熙癸卯（1663）贤书，中举之后，即绝意仕途，杜门读书、著述。宗理学。

12. 蔡世勋

蔡世勋，上犹人。邑廪生。十岁的时候，跟随祖昌识之任奉天，在路即喜吟咏，自是博览群书，所游历往往见之诗，著有《随宦草》一帙。及昌识再赴福建任职，间岁省视，著有《闽游草》。

13. 蔡希舜

蔡希舜，字仲韶，上犹人。博极群书，隐居授徒。南昌黎元宽赠诗，有"名传二陆，才老三苏"句赞之。年八十卒。著有《云溪集》。长子志奇，任永新训导、永宁知县，遭乱，永宁人士多为贼所害，志奇力为保全。岁饥，复捐俸赈济。次子志廉，清顺治丁酉（1657）举乡荐。

14. 蔡志抡

蔡志抡，字捷三，上犹人。附贡。与弟志扶相友爱，同居数十年，内外无闲言。析产之日，兄弟相对泣，凡田之膏腴，器之华美，彼此互相逊让，有古风焉。

15. 蔡锡

蔡锡，有《用王文成公和邢太守韵》："政绩当年旧有名，今逢曲水观风行。卒徒亲督方临穴，匪孽闻声已震惊。固仗天威神剿缉，实劳花院力经营。欹衢自是民安堵，春雨春暄共耕读。"

16. 秦明焜

秦明焜，字嘉生，上犹人。岁贡。任永新训导。嗜学淹贯，留意诗及古文，著有《秋蛩集》。引年归，寿八十八。

17. 朱语

朱语，字圣宣，上犹人。雍正八年（1730）进士，任建昌、瑞州二府教授，孝友忳诚，学养纯粹，著有《我我堂集》。

18. 朱大纮

朱大纮，字允升，上犹人。廪生。世居石溪。九岁失怙，避寇于楚，与母林氏相依。比长，以孝闻。当流寇营前，时朱氏住石溪者，几无孑遗。间有一二出亡奔窜者，纮悉踪迹得之，力为保全，使之成立，后皆得延宗祀，人咸称其孝义。生平笃志好学，别置旋龙书舍，日率其子侄，亲提命之，至老不倦。子十人，七列胶庠，悉出庭训云。

19. 朱熙敬

朱熙敬，字西又，上犹人。康熙辛酉（1681）举人。文章孝友，模楷一时。官吉水教谕，严而有方。年七十六致仕，诸生为制《教思序》以志不忘。著《周易口复》《四书口复》各数十卷。先是丙辰（1676）寇变，熙敬负母觅舟以逃，中流遇贼，矢石交加，以身蔽母，突大雨得免，佥谓孝感云。

20. 朱颐

朱颐，字说侣，上犹人。廪生。天性真挚。母刘常患剧疾，目几失视。颐百端调治不效，号泣吁天请代，封股和药以进。越三日，霍然起，两目复明。安成吴仿翁先生作《人伦篇》纪其事。颐性旷逸，工云林墨法，自号渔庄。每于林岚最胜处，徜徉其中，赋诗作画，萧然高寄。际二亲忌辰，辄呜咽竟日，其依依孺慕如此。

21. 朱诰

朱诰，字谛宣，上犹人。拔贡。工诗文，骈体尤冠一时。性孝，母张得痼疾，诰甫六七岁，即日侍膝前奉汤药。既婚，仍卧母所，顷刻不离母左右。稍闻母愁苦声，则终日夜抚摩，甚或隐泣榻前，目尽肿。待两兄尤殷殷挚爱，至老不衰。

22. 朱名洋

朱名洋，字仑起，上犹人。拔贡。好学深思，读书有得。与纪慎斋先生同年校书四库馆，昕夕往来，旧学商量，益加邃密。其序《观易外编》云："余同年纪慎斋《观易》一编，穷天地之摩荡，而探之于其极，得其极而通之，日月之所以运行，寒暑之所以进退，人物之所以生死，先天后天之所以往来顺逆，穷变通久之所以化，而神皆有以抉坤乾之蕴。慎斋与余交十余年，余见其遭遇得丧之际，悉澹然无所介于中。或曰，是其有见于大者耶？今考其所以观易者尤信云。"旋以议叙，分发山东州同。

23. 李启儒

李启儒，字锦莲，侨居大庚，原籍上犹。清乾隆元年（1736）举人，皓首力学，博通经史，工诗、古文、词，效阳明开门授徒，游其门者多成名宿。精书法篆、隶、真、草，人得片纸，争宝贵之。任广东高明县知县，宦绩载其邑乘。卒年七十有八。

24. 李纬

李纬，上犹生员。有《用唐代方雄飞狂寇后上刘尚书韵》，颂王阳明："戡乱挥戈召仆夫，剿平匪孽在斯湏。琴堂月映初行令，玉帐风轻荡座隅。功拟文成千载庆，牧称黄霸一时无。努力早为酬勋业，草野争刊破贼图。"

25. 胡祥文

胡祥文，上犹人。尝捐田膳学，拓地建忠义祠。南安知府林介、上犹县令吴镐，感嘉其义，给冠带，举乡饮，以旌之。

26. 胡文学

胡文学，字慎士，上犹人。廪生。潜心力学，偶有弗通，则废寝忘食，穷日夜之力索之。尝语人曰："昔圣门曾子学，以鲁得之。吾质鲁而无所得，然求得之志，不肯自息也。"其苦心孤诣如此。

27. 胡玉谦

胡玉谦，上犹人。为人英迈刚方，笃学工诗，不愿仕进，自称散道人。好善乐施，邑之做得梁、寺观，均捐资修葺。有《流芳集》。

28. 胡运升

胡运升，字上卿，上犹人。为人慷慨好义。康熙甲寅（1674），贼攻上犹，镇将许统兵来援，需盐菜甚急，猝无以应，运升倡借帑银给之。于是将士奋勇，击退贼，城赖以全。后捐己资补帑额。后由明经授崇仁训导。子会恩，廪生。以父年老，屡请乞归，崇仁令张愫，高其学行，固留之。年七十七卒于任。

29. 黄九思

黄九思，上犹人。性质直，乐于捐赈行好事。清乾隆十五年（1750），捐造中渡滩船，割田膳之，岁计租三十石。子文林，亦捐育婴堂田，岁租二十石，及建社仓，又捐谷二百石。

30. 钟莪

钟莪，字景姚，上犹人，太学生。慷慨好义，父高贤、季父高赏，赈荒平籴，俱有惠及人。设义渡，割田以资永计。钟峨遵高贤志，创永清书院，捐田资膏火。凡所修公所及桥梁津渡，赈恤孤贫，父子解囊逾万金。南安知府游绍安颜其堂曰"最乐"，并为记，又作《二钟论》，叙其世美甚详。游绍安《二钟论》，予钟莪以高度评价，云："管子曰：天下不患无财，患无人以分之。又曰：以家为乡，乡不可为也；以乡为国，国不可为也；以国为天下，天下不可为也。惟分财有道，握要以图，使挹彼注兹无不均不继之虞，而利自溥，吾订上犹县志于钟氏有取焉。钟籍赣厥祖官民元末徙犹邑横冈，传世至义，所生子三，长高闿，早卒；次高贤，三高赏。是二人者，善居室，蓄积渐丰，不乐私所有也，不肯以壶羹小惠德色于族戚乡闾也，存则自励其志，殁，犹戒子孙踵行之。其大端之见于诸公传记者累累矣。夫钟氏非有计然之术，陶朱猗顿之富，特犹邑儒家挟策吟诵治地食租而已，乃不铢积以遗子孙，其子孙亦不坐拥成业，惟肯构肯堂是荷，天下什百倍于钟者岂少哉？如钟者何弗见？然吾尤喜其分财有道非家予而人给也，举大事享其利者，自溥推而广之，可以家，可以乡，并可以国，可以天下，爱不禁味。管子所言著于篇。"

31. 刘祥槐

刘祥槐，字庭三，上犹人，以岁荐授永新训导，不就。族父有子流徙他乡，系几绝，招之归，为娶妇，割田界之。清乾隆八年（1743），岁饥，出谷减价以粜，又建三阁犹江之口，豫章书院山长梁机为记，南安知府游绍安作跋。以子开焘贵，赠朝议大夫。子开勋，字远功，由廪贡授南城训导，却诸生贽物，以父老陈情归养。父殁终丧，不易苦块。捐升刑部广西司主事，以疾告归卒。梁机《三阁记》云："犹城，环堵皆山，南北相望里许，高低颇相垺，惟巽方一带蜿蜒直下，望之稍平夷弗克为障，无以壮一方形胜之观。昔之登临者，每太息焉。前明万历初，邑宰王公嘉择地于犹口东南流挂榜石之下建关帝阁，时奎、凤二阁无有也。既而邑宰钟公正立倡建奎阁之议，府司马摄邑篆徐公元旸、卢公洪夏，邑宰鲍公际明相继成之，而凤阁之建，则成于天启甲子，邑宰龙公文光及邑人司马方公铨也。于是奎、凤二阁一峙水之南，一峙水之北，关帝庙则巍然中立若砥柱允矣，为犹城保障矣。阅岁既久，三阁先后倾圮。迄我朝乾隆四年（1739），有乡先生刘君祥槐者，顾而愕曰：是非我辈责耶，爱毅然独任，不惜数千金重葺之，而构栌节棁之华，涂茨丹堊之施，有过于昔三阁，于是巍然改观矣。呜呼！休哉。以犹江右徽邑，山川景物原非必拟于名胜，顾润色而补苴之，抑亦赖有人事。今者，登斯阁也，上瞰重霄，下临江水，环顾四山，则青翠杳蔼，点染眉睫间，且犹水自西而来，至此势若建瓴，三阁力为关锁，不见直泻，其与障川，回澜亦大有功，则公之葺三阁也，非独为犹壮一邑之观，其所为培地脉，振人文，意亦良厚矣哉！国不禁景仰先生于弗置云。"

南安知府游绍安有《书三阁后记》云:"上犹刘君祥槐,积学敦行,尝任永新学训。余来守南郡,得公于采访之余,为心契者久之。乾隆甲子(1744),巡界至犹,比入城,公来谒,见布衣青鞋,皤皤眉发,状貌则伟然丈夫。问其年,曰七十四;问其嗣,曰三:开勋、开焘、开煦;问何弗服官,则曰以老归休也。窃讶翁由岁荐,官司训正,读书人常秩,乃辞而不就,岂考槃十亩,愿效隐士高踪,岂马少游之下泽欤!段有所感而然抑岂以乡里善人自足,不欲发名成业于时。吾于晋接问翁,必有真乐,若将终身者,复以询翁,翁曰:其欲于升斗禄养荣亲也,而风木交悲矣。某无才,幸席遗荫,有田庐,得诗书,谋乎子孙,守先人邱陇足矣。且开勋亦司教南城,辞疾归养,沐太平之庥,得一堂聚,优游卒岁……"

32. 张之任

张之任,上犹人,以童试冠军入泮。清雍正十年(1732)上犹发大水,捐资赈贷。次年米价大昂,捐米分赈逾百石。清乾隆八年(1743),岁祲籴贵,借领常平仓谷,碾米减价以粜。比修学宫,子永鈜捐西畔地基二丈六尺,阔一丈三尺,以拓其基。

33. 周纯铉

周纯铉,南康人,天性孝爱,先意承志,务得亲欢心。父志遐多病,昼夜侍汤药。父不食寝,己亦不食寝。及卒,葬于赣之攸镇,依墓结庐。其母怜铉年近五十,强之归,哀毁骨立。母后以年八十有五卒,一恸几绝。乃复设庐于墓侧为久居计,日食饘粥三年,衣履敝不更新。长子邑庠周玉书念父在墓所,妻死不续,旋以忧卒。家人恐再伤其父,不以告。纯铉并不知音,专一真挚如此。且体先人志,祠宇祖茔,皆捐资倡修,未尝吝惜。上犹县令何溥具由,详请旌奖,其质行自足风云。

34. 吴孟传

吴孟传,上犹人。母亲去世,孟传请命于父亲,留弟弟吴伦于家侍养,与弟弟吴储庐墓三年。父亲亡故后，与弟伦、储庐墓三年。明隆庆年间，御史、督学咸旌礼之。

35. 吴从倬

吴从倬，字彼云，上犹人。庠生。少沉浸典籍，及长，喜游学，心胸日拓。所为诗，沉雄峭拔，直登李、杜之堂，人争诵之。

36. 吴行简

吴行简，字以敬，上犹人。性孝，母病笃，割股啖母，旋愈。生平恬淡无求，好读书，少饩于庠，工诗古文词。膺清康熙四十七年（1708）岁贡，隐居不仕，授徒以老，人称梅池先生。

37. 吴起灏

吴起灏，清上犹生员。有《平新地诗》，颂王阳明："黎庶天垂爱，山城得使君。扇挥惊鼠獭，戈握静妖氛。喜气消岩雪，欢声落浦云。文成今再觏，钟鼎协奇勋。"

38. 曾子依

曾子依，字惟俦，上犹人。附监生。工文好古，博学多才。泰和梁庶常机见之，有才子之目。善草书，落笔如画沙印泥，极挥洒之乐。

39. 尹汤弼

尹汤弼，字能谐，上犹人。廪生。幼敏慧，六七岁即日诵数百言。长，博通经史，尤精于《易》，孟子知言、养气之学。尝摘录持志、集义数节悬座右，静对微吟，竟日不已。年二十余以攻苦得血疾卒。

二、过化上犹的阳明后学

1. 何天衢

何天衢（？—1527），字道亨，湖广道州人。明弘治九年（1496）进士。授嘉兴知县，擢监察御史。刘瑾专擅朝政，朝臣谄附成风，天衢耻之，遂被中伤，禁锢家居。瑾败，嘉靖初年为都御史，巡抚河南。剪除不法藩王之羽翼，镇压矿徒王堂起事。累官至工部侍郎。有《韵补五卷》等。 钟阳明学。在上犹宝乘寺讲学，有《会诸生于宝乘寺讲艺》诗，其云："浪迹过犹川，僧房欲借眠。心闲鸥鸟外，身系简书前。大地云生榻，中天月上弦。斯文青眼在，不觉更流连。"

2. 刘节

刘节（生卒年不详），字介夫，南安府大庾县（今江西省大余县）人。殿试以百首梅花诗入仕，世称梅国先生。弘治十八年（1505）进士，授武选公。因忤逆权臣刘瑾，谪宿松知县。历官广德知州，四川提学佥事，广西提学副使，河南、福建参政，浙江左、右布政使，刑部右侍郎。晚年回乡，创办"梅国书院"。工书，书仿颜真卿。著有《梅国集》等。刘节曾拜王阳明为师，与王阳明亦师亦友，过从甚密。刘节作有系列咏上犹诗。其《腾龙结瑞》云："天矫山蟠结，飞腾势若龙。夜光贪月射，朝气爱云从。文运祯祥兆，英贤灵秀钟。清风祠李相，亭字倚龙从。"其《飞凤览辉》云："为爱山如凤，翱翔千仞巅。彩云扶翼起，朝日振毛鲜。百鸟随丹岫，孤桐拂紫烟。德辉如可览，千载照犹川。"其《南山耸翠》云："江北山多秀，江南秀更奇。群峰侵汉拔，孤塔锁烟危。笔耸词锋锐，屏开锦帐垂。我惭韩吏部，一扫万言诗。"其《犹石通川》云："谁以犹名石？鸿庞直到今。泉流悬密窍，云出度轻阴。川溜漪漪下，春波泯泯深。朝宗东万里，天激远臣心。"

3. 蔡世新

蔡世新，号少壑，赣县人。画家，王阳明弟子。蔡世新善画人像。王阳明任南赣巡抚期间，曾经有几十人为他画像，他都不满意。因为王阳明骨法棱峭，画像的人都给他画正面像，颧鼻之间最难肖似。蔡世新跟随王阳明多年，曾对其师的形貌气质做过仔细观察，他给王阳明画了一个侧面相，把王阳明的精气神都画出来了。王阳明看了后非常喜欢，聘他做了幕僚。因为王阳明的赞许，蔡世新声名远播，南昌等地都聘他去作画。蔡世新也善于画竹，尤其是大幅的竹，画得更好。也善画美人。

明正德十五年（1520）八月，蔡世新又来问学，与王阳明同游通天岩，为王阳明写真。

关于蔡世新为阳明画像之事，王阳明弟子邹守益在《重宿通天岩写侍游先师像谢少墅山人》中曾有所述及：

通天岩头披云游，矗矗英俊同冥搜。

阳明仙翁提心印，挥霍八极与神谋。

笑呼蔡子写生绡，元精淋漓烟雾浮。

二十八年建瓴水，鹤驭高驼不可留。

尚余丹方惫真境，金鼎石室风飕飕。

恍然真我仙翁侧，老笔不减顾虎头。

古来千圣皆过影，聚散生死溟海沤。

灵光一脉亘宇宙，陟降上帝君不信？

写真何如识真真，脱屣辎尘娱丹邱。

邹守益此诗，乃是二十八年后再来通天岩，回忆当年侍游阳明，蔡世新生绡写真之况。

邹守益《王阳明先生图谱》："通天岩，濂溪公所游。至是夏良胜、邹守益、陈九川宿岩中，肆所闻。刘寅亦至。先生乘霁入，尽历忘归、忘言各岩，和诗立就，题玉虚宫壁。命蔡世新绘为图。"

王阳明另一弟子薛侃在《祝寿图序》中，也把蔡世新"传神以塑像"的过程描述得有声有色："天下传吾夫子之神者，有传其有形者，有传其无形者。传其有形者，南康蔡世新是也。传其无形者，凡在门墙皆是也。……而世新乃能无俟观审而直出诸其手者何哉？岂有形者易而无形者难耶？曰：非然也。……故其立生祠也……是敬信尊崇南赣之民至矣。故世新传神以塑像，裹粮于章贡之街，望而绘者，旬日得其容而弗真。侃时寓谢圃亭，从假一室，窥而绘者，旬日得其真而弗妙。侃为白其诚，命见之，自是从于豫章、于越城、于苍梧，则恳切精专亦可谓至矣。是故传夫子之神，无俟审视而出诸其手矣，不用而丹青独妙矣。"

王阳明建射圃亭于明正德十三年（1518）九月。所谓"立生祠"乃指建报功祠。薛侃正德十三年来赣州受学，次年归广东潮州。所以在赣观蔡世新绘画当在正德十三年九十月间。若然，则蔡世新在正德十三年已来赣见王阳明。其后，蔡世新从阳明于南昌、绍兴、梧州，问学不断，盖蔡世新非惟阳明幕下士，实际上就是王阳明的及门弟子。今上海博物馆藏有蔡世新画《阳明先生小像》，画阳明作科头燕服，右手持卷，盘膝端坐于席，侧面描绘，颧骨高耸，即是蔡世新在赣州所绘王阳明侧面像。

《王阳明年谱》附录一："（嘉靖）十六年丁酉（1537）十月，门人周汝员建新建伯祠于越。是年汝员以御史按浙。先是师在越，四方同门来游日众，能仁、光相、至大、天妃各寺院，居不能容。同门王艮、何秦等乃谋建楼居斋舍于至大寺左，以居来学。师没后，同门相继来居，依依不忍去。是年，汝员与知府汤绍恩拓地建祠于楼前。取南康蔡世新肖师像，每年春秋二仲月，郡守率有司主行时祀。"

董燧《王心斋先生年谱》载：明嘉靖三年（1524）王阳明"命蔡世新绘吕仙图"。可见蔡世新为王阳明作画不少。

《明画录》卷一："蔡世新，号少壑，赣县人。工写照，时王文成公镇虔，召众史多不当意，盖两颧稜峭，正面难肖。世新幼随师进，独从旁作一侧相，得其神似，名大起，亦善钩勒竹，大幅者佳，兼画美人。"

林大春《井丹林先生文集》卷十七《题阳明像》："右图载阳明先生遗事

与其遗像若干纸，盖出先生门人蔡世新亲笔也。始先生倡道东南，一时从游之士多所辨析，世新独从容静处，每侍坐于虔台、庾岭之间，竟日凝睇而不能去，其精专如此。及先生没，乃退而心，惟其貌而札记之，以故其中多写出有道者之象。至于或瞿、或腴，或坐、或偻，举无一不酷似先生者，盖恶而至此可谓能得其神而非徒形之似者矣。"

吴庆坻《蕉廊脞录》卷七："王文成燕居授书小像，幕客蔡少壑画，文成弟子张子茞（元忭）藏，王龙溪为之赞，亦文成弟子也。"

陈焯《湘管斋寓赏编》卷二《王阳明先生手翰三》："右白鹿纸行书札，二十四行，名右用红文'伯安'二字长方印。余莅姚江，首谒先生龙山祠堂，逢人即求观先生遗墨，不可遽得。张太学罗山，嗜古士也，家多所藏，久之，乃出是卷。引首有先生捉尘尾小像，方巾褒衣，形貌清古，罗山自识云：'《画史》载王文成公镇虔日，以写貌进者阅数十人，咸不称意。公骨法稜峭，画者皆正面写之，颧鼻之间最难肖似。蔡世新少壑随其师进，从旁作一侧相，立得其真。公大喜，延之幕府。顷得见公谪龙场时诗卷，前附像一幅，有蔡氏世新小印，虽未得其所以合并之由，当即所作也。此卷既不可得，而绢损亦多不全，遂倩工摹之，装于与胡时振先生小札之首，亦足传其仿佛已。'"

4. 虞钺

虞钺，字刚夫。浙江义乌岁贡，任上犹教谕。性真诚不欺。时谢志珊等畲贼负险，士多废学，虞钺善《易》，亲授生徒，讲习不倦。横水、桶冈等寇靖乞休，郡邑强留至再，乃径恳中丞阳明王公。阳明公嘉其恬退，允所请。诸生追送至虔，犹不忍别。既去，肖像祀之。虞钺子文诩，字廷会，由举人守南安，爱民若子而重士，有父风，犹人德之，立碑以颂。

5. 白启明

白启明，辽阳人，字见宸，清康熙十六年（1677）由举人守南安，招徕流民，使垦辟荒芜。时南安境崇义、上犹、南康、大庾多盗贼，白启明效王阳明行保甲法以弭之，又捐俸创东山魁星阁、文成祠及亭。

6. 王溥霖

王溥霖，南康人。正德间王阳明征横水、桶冈畲贼，溥霖杖策谒见，纠合族里愿从军者，奋击贼，斩获二十余级，恃胜不虞。次日遇伏，陷没，文成公书匾旌之。

7. 沈倬

沈倬，浙江仁和举人。明正德十二年（1517）知上犹。时王文成征畲贼，倬镇静自持。军兴，粮饷措置有方，事或不便于民者，辄白免之，邑赖以安。卒于官。犹人无老稚，咸祖祭于江浒，泣涕沾襟焉。

8. 邢珣

邢珣，字子用，南直当涂人。明弘治六年（1493）进士，历户部郎中，坐忤逆瑾罢。瑾败，起南京工部。知赣州，重新府、县二学，修古乡社，约率诸生行冠礼。剧盗满总等肆掠邑间，珣直抵其峒穴，推诚抚之。满率众降，授以庐舍，给牛种使耕，竞乐为用。明正德十二年（1517），南安、龙川盗据横水、桶冈、左溪诸峒，都御史王守仁约湖广会征，议先桶冈。珣进曰："桶冈为贼咽喉，而横水、左溪实据心腹，今湖广兵期尚远，我兵未集，贼不为备，出其不意，进兵速击，先破横水、左溪，移兵临桶冈，蔑不济矣。"守仁从之。邢为前锋，大兵继其后，贼急据险御敌，伏兵合围剿之，乘胜遂进兵桶冈。珣又曰："桶冈险峻，不可猝拔，不若屯兵近地，俟其懈，击之。"先使人说贼使降，贼犹豫。会大雨，冒雨进兵，贼溃，捣其巢穴，猇寇悉平。以功增二秩。正德十四年（1519），宸濠遣使赍重资诱满总助逆。满执使戮之，将其资币诣府。珣曰："吾正练兵集粮以待。尔辈云何？"皆顿首愿自效。时，守仁起义吉安，珣即日部兵往会。凡驰破南昌、援伍文定及焚敌舟，皆珣策也。逆濠平，诸权奸削其功状，仅迁江西右参政。世宗录其功，增秩二级。致仕归。在郡著有《章贡杂稿》。

9. 黄弘纲

黄弘纲（1492—1561），字正之，号洛村，江西雩都（今江西于都县）人。明正德十一年（1516），黄弘纲应乡试中举人。是年九月，王阳明巡抚南赣。第二年，王阳明先征服了汀州、漳州等地山贼，回师赣州。休整待战的间隙，王阳明在赣州开府讲学，黄弘纲听说后，立即从于都赶到赣州听讲，并拜王阳明为师。黄弘纲听讲三天后，就领悟到了王阳明"心理合一"的深刻道理，深受王阳明的赞赏。从此以后，他一直跟随王阳明学习，从其为学，学其为人。王阳明死后，他千里迢迢护送其灵柩至余姚，为其守灵，为其料理家务，为其申冤，传播其学说。可以说，黄弘纲既是王阳明的一个好学生，也是一个孝子；既是一个从学者，也是一个卫道者。在王阳明的众多弟子中，像黄弘纲这样的弟子，其数不为多。黄弘纲与邑人何廷仁齐名，学术思想师承王阳明，认为"天然良知，无体用、先后、内外、深浅、精粗、上下"之分，强调求道必"反求诸己"，"深造自得"。

明嘉靖二十三年（1544），黄弘纲出任福建汀州推官，依法令办事，不徇私情。不久调任刑部主事，因刚正不阿，为宰相所不容，乃弃官归乡，一心一意致力于讲学。每年乘舟到吉安青原书院与王阳明的另外几个弟子邹守益、聂豹、罗洪先等人，研究和讲解王阳明的理学。又与罗洪先等人常在他的家乡罗田岩讲学。史志称王阳明的诸弟子中，"江有何黄，浙有钱王"，深究王阳明学说者"首推黄弘纲，与何廷仁齐名"，"新建之传乃独归弘纲矣"。

10. 何廷仁

何廷仁（1483—1551），初名秦，字性之，号善山，江西雩都（今于都县）人。王阳明的"四大弟子"之一，与王阳明的另一弟子黄弘纲是同乡。《明史》把何廷仁、黄弘纲列在一块"合传"，并给予二人极高的评价，称："守仁之门，从游者恒数百，浙东、江西尤众，善推演师说者称弘纲、廷仁及钱德洪、王畿。时人语曰:'江有何、黄,浙有钱、王。'然守仁之学,传山阴、泰州者,流弊靡所底极(指以王艮为代表的泰州学派及其传人颜钧、何心隐),惟江西多实践……"《赣州府志》载,何廷仁出身于仕宦之家,其长兄何泰于明武宗正德二年(1507)中举,曾任武平(今福建武平)知县,颇有政绩与廉名;二兄何春为明孝宗弘治十七年(1504)举人,曾任霍山(今安徽霍山)知县。他们都对王阳明的理学有较深的研究。何廷仁自幼读书,家学渊源深厚,接受的亦为这方面的熏陶。何廷仁身躯魁梧,长须高鼻,待人谦虚温和。初慕陈献章(明代理学家,广东新会人,人称"白沙先生")"主静之学",信奉陈氏"学劳攘则无由见道,故观书博识,不如静坐"之论。

《明史》载,何廷仁于都听到了王阳明赣州讲学的消息,欣喜地说:"吾恨不及白沙之门,阳明子今之白沙也。"遂于正德十二年(1517)打点行装,自带干粮,与二兄何春一道,来到赣州投师王阳明。此时,王阳明奉命前往南安府桶冈(今属崇义县)剿灭以谢志珊、蓝天凤为首的山贼。何廷仁求教心切,不忍在赣州坐等,于是,尾追而去,终于在南康县境内追上,并于军营中拜见王阳明。此时,何廷仁已是县学诸生,需全力准备乡试,且他又正为刚去世的母亲服孝,本不该离开家乡去投师;但他学理学心切,不为旧习所拘,并放弃参加科考、求取功名的机会,毅然投师求学。王阳明与何廷仁交谈,知道何廷仁这么心切,不禁大为感动,说:"是可谓不学以言,而学以躬也。"当即让他随营而行,悉心指导。从此以后,何廷仁就一直跟着王阳明,师事王阳明,并做了王阳明理学的薪传人,成为一名杰出的理学家和教育家。

11. 何春

何春,字元之,江西雩都(今于都县)人。何廷仁的二兄。明弘治十七年(1504)举人。从小意气高亢,不肯效法今人。他说:"世无周、程诸君子,吾不当在弟子之列。"正德六年(1511),王阳明为会试同考试官,受学弟子众多，何春于是年进京考试，何廷仁、黄弘纲皆来京城参加会试，得识王阳明。第二年，王阳明升任吏部考功清吏司郎中。王阳明在虔南讲学时，何春对他的弟弟廷仁说："王阳明先生是孔、孟的嫡派，吾辈应当北面师事之。"正德十二年（1517）十月，王阳明出师攻横水、左溪，亲率官兵进屯南康、至坪，何春和何廷仁、管登一起追至南康来受学，拜王阳明为师，服侍王阳明左右，经由上犹等地。从此后，何春苦心钻研理学，达到废寝忘食的程度。不久，就体会到王阳明学说的至要，认为："心体自静，须冥默存养。静无不动，就随动处省察。几善与即顺，顺充养将去，若过为拘检，反成动气。几恶与即发，奋克治，若因循放过，便为丧志，丧志是忘动气，是正助诚，时时刻刻念念为善去恶，即孟子有事集义勿正、勿忘、勿助长也，更有甚间情挂牵着外事。"王阳明听了何春的这一番见解后，非常高兴，对他的弟子们说："何元之工夫，真所谓近里着己也。"

何春中举后，开始是在福建漳州诏安任县令，后改任直隶含山县令，没多久以忧归，服阕，改任霍山。他在所任职的地方，按照王阳明先生所教诲的理学理念去实践，"专务德教"，治下民众心悦诚服。他非常热心于教化，每在一地任职，就在那个地方兴办社学，教育百姓。公务之余，集诸生于"明伦堂"，并到各社学传授理学，讲明人心道心之旨，三纲八目之微，"听者咸有醒发"。所以史志说他做官做到哪里，哪里就听得到读书的声音，看得到彬彬有礼的被教化了的百姓。因之，百姓非常拥护和爱戴他。他就任霍山令不久，就卒于宦邸。霍山的百姓非常悲伤，为他披麻戴孝，史称霍人"哀之如失父师焉"。

12. 袁庆麟

袁庆麟，字德彰，号雩峰。江西雩都（今于都县）人。初为诸生，孜孜攻举子业，废寝忘食，不知疲倦。久之，忽有所悟，尽弃旧习，锐志圣贤之学，后涣然有省曰："吾性自足，何事外求耶？"既膺乡贡，以亲老遂不仕。

督学邵宝聘主白鹿洞书院，赣州知府吴珏聘设教郡学，为各邑诸生师，俱辞不就。明正德十三年（1518），携著《刍荛余论》拜谒王阳明，王阳明与之交谈，并读了他的文集后，称赞说："是从静悟中得来者也。"檄有司聘督本府社学。

13. 管登

管登（1487—1548），字宏升，号义泉，江西雩都（今于都县）人。管登幼年时端庄谨慎，言行老成。弱冠时即读《中庸》尊德性章，有所体会，并提出自己的见解："人性本高明，一为物欲所汩，其卑暗也谁咎？"于是，以致知为学问关键，认真探索，不知疲倦。王阳明来赣州，在赣州开府讲学，管登听到这个消息后非常高兴，对何廷仁和黄弘纲说："昔伊洛渊源实肇此地，今日圣道绝续之关，其在斯乎！"于是同黄弘纲、何廷仁和何廷仁的哥哥何春一起，到赣州拜王阳明为师，在王阳明门下受业。王阳明见到管登，与他进行了一番交谈后，马上对他的其他弟子说："宏升，盛德君子也。"王阳明与他谈论格物致知的精要，他恍然有悟，"如久歧迷途而始还故乡也"。从此以后，管登省察体验，终食不违。向王阳明学了一段时间后，他深有体会地说："人于此道，如捕风捉影未尝真知实究，往往半上落下，若知之真，则行在其中矣。"王阳明称赞他说："宏升可谓信道极笃，入道极勇者也。"管登于嘉靖年间中乡试，初授承事郎，任广东肇庆府通判，调广州府，升任岳州府同知，授奉议大夫，任漳南道。

14. 王廷耀

王廷耀，号竹泉，长阳选贡。明嘉靖二十年（1541）知崇义县，改建文成公祠及两学署，创修县志，版毁于兵，今仅存抄本，亦残缺。

15. 林际春

林际春，字宇稚，泉州举人。明万历三十八年（1610）知崇义县，作兴学校，修举废坠，建尊经阁，置朱子祀田，重建文成公祠，纂县志。工文章，尤精书法。在任六年，升知德庆州。

16. 张为焕

张为焕，字允文，太仓州进士。清康熙三十二年（1693）知崇义，性慈操洁。时兵难初平，峒穴犹未尽歼，举王文成横水方略仿行之。凡廨宇楼堞悉新之。后乞休去。

17. 刘凝

刘凝，字二至，南丰岁贡。康熙间任崇义训导，有才藻，喜著述，好表章前贤，纂刻王文成《横水方略》。又纂《崇义志稿》若干卷。

18. 范泰恒

范泰恒，河南河内翰林。清乾隆十八年（1753）任崇义县事，清慎敏干，百废俱兴，如文庙、文成公祠、旗阳行馆、魁星阁、文昌阁、章源启秀坊，皆其重修。

19. 杨幼伦

杨幼伦，王阳明谋士。胆略过人，颇懂军旅之事。王阳明开府赣州，听说了他的名字，把他请进军营，与他商议出征谢志珊等军事大事，杨幼伦对答如流，并献上了许多好计谋，为王阳明所赏识。后来，赣县县令亲自到他家里拜访他，并亲自书写了"坦翁"两个字赠送给他。

20. 李绂

李绂（1673或1675—1750），字巨来，号穆堂，江西抚州人。清代著名政治家、理学家、诗文家。康熙四十八年（1709）进士，为庶吉士，授翰林院编修，迁内阁学士、左副都御史。雍正帝继位，历任吏、兵二部侍郎，广西巡抚，直隶总督。后受到弹劾，下狱免官。乾隆帝继位后，授户部侍郎，补太子詹事，历任光禄寺卿、内阁学士兼礼部侍郎。治"陆王"（陆九渊、王阳明）心学，被梁启超誉为"陆王派之最后一人"。著有《穆堂类稿》《陆子学谱》《朱子晚年全论》《阳明学录》。李绂有《寄赵昌宸二绝，时司训上犹》诗，其一云："习鸿远远向南飞，庾岭梅花岁更新。乡梦近来纷似雪，故人犹寄一枝春。"其二云："却忆前期叙别杯，章江风雨故相催。只今遥想犹川水，一曲潺湲一溯洄。"

三、上犹平乱的王阳明部将

1. 伍文定

伍文定，字时泰，松滋人。父琇，贵州参议。文定登明弘治十二年（1499）进士。有膂力，便弓马，议论慷慨。授常州推官，精敏善决狱，称强吏。魏国公徐俌与民争田，文定勘归之民。刘瑾入俌重贿，兴大狱，巡抚艾朴以下十四人悉被逮。文定已迁成都同知，亦下诏狱，斥为民。瑾败，起补嘉兴。

擢河南知府，计擒剧贼张勇、李文简。以才任治剧，调吉安。计平永丰及大茅山贼。已，佐巡抚王守仁平桶冈、横水。

宸濠反，吉安士民争亡匿。文定斩亡者一人，众乃定。乃迎守仁入城。知府邢珣、徐琏、戴德孺等先后至，共讨贼。文定当大帅。丙辰之战，身犯矢石，火燎须不动。贼平，功最，擢江西按察使。张忠、许泰至南昌，欲冒其功，而守仁已俘宸濠赴浙江。忠等失望，大恨。文定出谒，遂缚之。文定骂曰："吾不恤九族为国家平大贼，何罪？汝天子腹心，屈辱忠义，为逆贼报仇，法当斩。"忠益怒，椎文定仆地。文定求解任，不报。

寻迁广东右布政使。未赴，而世宗嗣位。上忠等罪状，且曰："曩忠、泰与刘晖至江西，忠自称天子弟，晖称天子儿，泰称威武副将军，与天子同僚。折辱命吏，诬害良民，需求万端，渔猎盈百万，致饿殍遍野，盗贼纵横。虽寸斩三人，不足谢江西百姓。今大憝江彬、钱宁皆已伏法，三人实其党与。乞速正天诛，用章国典。"又请发宸濠资财，还之江西，以资经费；矜释忠、泰所陷无辜及宁府宗人不预谋者，以清冤狱。帝并嘉纳之。

论功，进右副都御史，提督操江。明嘉靖三年（1524）讨获海贼董效等二百余人，赐敕奖劳。寻谢病归。

文定忠义自许，遇事敢为，不与时俯仰。嘉靖九年（1530）七月卒于家。天启初，追谥忠襄。

2. 舒富

舒富，夷陵人。正德间授南康县丞。王文成征桶冈、横水诸贼，为第五哨统兵官，详文成《献捷疏》。又随文成攻浰头，为九哨统兵官，从信丰乌迳入，连破旗岭、顿冈诸巢。时崇义初立县，文成疏荐署掌新县，称以委巡视三县，招安新民，帖然安堵。督修县治衙门、城池，半年俱各就绪。存心刚正，行事公平，虽未出身学校，经义亦能通晓，文成深倚赖焉。俄为新民所讼，去。

3. 季敩

季敩，字彦文，瑞安进士。由南吏部郎中出守南安。始诣学，即毅然修葺，湛若水为之记。及随王文成征桶冈、横水，为第三哨统兵官，尤著劳绩。又征浰头为四哨统兵官，攻破右坑、新田、铅厂等巢，详具文成《献捷疏》。升广西左参政，道出南昌，值宸濠叛，胁赍伪檄至吉安，为逻者所得，文成为请于朝，得释还籍。

4. 綦绅

綦绅，衡阳举人。明正德十二年（1517）知南康，征畲贼。宸濠叛，随王文成勤王，皆著劳绩。

5. 余恩

余恩，赣州卫指挥佥事。素有谋勇，为督府阳明王公所任用。公平横水、桶冈、三浰等巢，恩常冠军冒险冲锋，屡列功状，升指挥同知。宸濠反，王公誓师讨贼，恩领黄乡保叶芳兵会于樟树，分布逦进。使伍公文定兵当其前，恩兵继其后，邢公珣兵绕出贼背，徐公琏、戴公德孺张两翼，以分其势。贼逼黄家渡，势锐甚，文定佯北以致之。贼趋利，前后不相顾。珣从后横击，直贯其中，贼败走。恩督兵乘之，袁、临兵合势夹攻，贼溃走十余里。明日，我兵复战，风不便。文定躬亲铳炮，火爇其鬓。兵少却。恩率叶芳兵突驰策应，各兵并进，擒斩二千余级，溺死者无算。贼退保八字脑。又明日，用火攻，四面俱集，濠就擒。以功升江西都指挥同知，荐改广西，终参将。

6. 王天与

王天与，字性之，兴宁人。明正德九年（1514）进士，知宁都。廉洁，有政绩。正德十二年（1517），从督府王公征横水、浰头、桶冈、龙川诸寨，有功，升俸二级。己卯（1519），从讨逆濠，暑疾作，卒于军中。督府哭之哀，解衣为殓。明年，录平逆功，优恤其家。邑人肖像祠祀焉。

7. 黄宏

黄宏，字德裕，鄞人。明弘治十五年（1502）进士。初知万安县，历江西左参议，按湖西、岭北二道。王守仁平横水、桶冈贼，以主饷有功加一俸一等。贼闵念四既降，复恃宸濠势，剽九江上下。宏发兵捕之，走匿宸濠祖墓中，因搜获其辎重。宸濠逆节益露，士大夫以为忧，宏正色曰："国家不幸有此，我辈守土，死而已。"有持大义不从宸濠党者，宏每阴左右之。及被执，宏愤怒以手梏向柱击项，是夕卒。世宗立，赠太常少卿，祀旌忠祠。

8. 唐淳

唐淳，王阳明进剿谢志珊时，任第二路军领军、福建汀州府知府。后唐淳因病乞休，王阳明在他的批示中，对唐淳给予了很高评价，并嘱咐他好好养病。王阳明说："看得知府唐淳，沉勇多智，精敏有为，兼之持守能谨，制事以勤。近因本院调委领兵征剿南安诸贼，效劳备至，斩获居多，虽克捷之奏已举，而赏功之典未颁。况汀州所属，多系新民，投招未久，反侧无常，正赖本官威怀缉抚，以为保障；纵有微疾，不便起居，即其才能，岂妨卧治。仰该府即行本官，不妨养病照旧管事，安心职务，善求药饵，务竭委身之忠，勿动乞休之念。"

9. 许清

许清，王阳明进剿谢志珊时，任第四路军领军、江西都司都指挥佥事。

10. 郏文

郏文，王阳明进剿谢志珊时，任第五路军领军，南安、赣州二府地方都指挥体统行事指挥使。

11. 张戬

张戬，王阳明进剿谢志珊时，任第九路军领军、广东潮州府程乡县知县。张戬在程乡县为老百姓做了许多事，如修复古河等，受到老百姓的拥戴。

12. 姚玺

姚玺，世代为赣州卫指挥使。王阳明巡抚南赣汀漳，他跟随王阳明冲锋陷阵，受到王阳明的嘉奖。王阳明攻三浰，姚玺率领招安新民梅南春等为第六路军，从龙川乌龙镇进入，攻打淡方、石门山、上下陵、岑冈等地。

13. 危寿

危寿，推官。助王阳明进剿谢志珊成功后，又随王阳明征三浰，为第七路军，从龙南县南平进入，直扑三浰，后扫平镇里寨等。

14. 孟升

赣县人。祖父孟德，原籍山东邹平县（今邹平市），充济南卫，立有战功，升为武德将军。调江西都司赣州卫千户所。孟升承袭了其祖父的职务，为赣州正千户所。明正德十二年（1517），在王阳明帐下听令，作战勇敢，生擒谢志珊部下蓝老叶子、朱廖富。后又从王阳明歼宸濠，又生擒叛将朱銮白。因为有功，升为指挥佥事。后战死疆场，儿子孟应登继承了他的职务。

15. 谢昶

指挥。

16. 朱宪

南安府同知。

17. 徐文英

南安府推官。

18. 梁仪

宁都县典史。

19. 陈允谐

知县。

20. 黄文鸷

知县。

21. 宋璿

知县。

22. 陆璈

知县。

23. 区澄

兴国县典史。

24. 陈秉

福建上杭县县丞。

25. 唐廷华

安远县义官司。

26. 冯廷瑞

指挥。

27. 明德

指挥。

28. 来春

指挥。

29. 冯翔

指挥。

30. 林节

千户。

31. 陈伟

千户。

32. 高睿

千户。

第十章
阳明祠堂　世代传心

一、王文成公祠

王文成公祠，明嘉靖三十二年（1553）建，在儒学后，原名报恩祠，勒石有像。清雍正十年（1732），知县李鸿翔迁建城隍庙后，庠生曾查、曾御盛捐土凑建，上犹邑人钟高贤赡租田十九石。乾隆二十年（1755），知县林英麟劝邑绅捐资重修，后年久坍塌。乾隆五十四年（1789），邑令黄宗祝复劝邑绅捐修，后又因洪水冲塌。道光二十一年（1841），训导胡定俊捐俸，移建学宫后左侧。

阳明祠旁，建有义学。旧志载：义学东门外数十步文新街南。清康熙五十八年（1719），知县李濂建，置公租十五石，为掌教膏火，详载《公田》。雍正十年（1732）圮于水，其基地东、南、西俱民土，北为官街。南北长五丈二尺五寸，东西广二丈五尺。旧址犹存，其租田系掌教亲收。乾隆二十年（1755），迁城隍庙后阳明祠右，邑民田孔灿捐土一块，广二丈五尺，长七丈七尺，东至城隍庙后祠，墙及阳明祠墙，南至观音堂墙，北至城脚官路，西至曾宅土。邑令林英麟建。乾隆二十九年（1764）圮于水，邑令左梅重建，各绅更增捐租田。道光四年（1824）洪水冲塌，未修复。

清上犹儒学训导胡定俊有《移建王文成公祠记》，此记记述了移建之情况：

考邑乘，载王文成公祠旧在儒学后，名报恩祠，雍正十年（1732）迁建东门城隍庙后栋。道光十四年（1834）夏，河水陡涨，通城桥梁、墙屋皆倾圮，惟公遗像石碑衔在墙间，屹立如故，谓非公之灵爽式凭不及此。余辛丑（1841）秋秉铎来犹，有同乡叶君兆鳌访废址，余目击遗像感伤风雨，为太息者久之，且各府、县俱立祠，无像，惟犹邑有之，宜更为珍重。先是叶公有意合修而阻于力，余迎养家君在署，即以禀述，亟令余捐俸以成斯举。爰商之邑侯许昆圃先生及邑绅士刘御臣先生等，佥以为然，即订刘、叶二君共董其事。度其地得崇圣祠左畔隙土，择吉兴工，越月告成。维时教谕张凤台先生暨绅士等相与恭移遗像、两碑及衔墙间，中立牌位，虽弗克复昔日巨观，然春秋展礼，风雨无虞，亦聊以安神祀。余卸篆在即，待养将归，似不可无一言，以纪其巅末，至公之丰功伟烈，详载邑乘，无俟余赘也。道光二十一年（1841），岁次辛丑嘉平月吉旦。

二、王文成公祠田

王文成公祠田：清咸丰七年（1857），上犹知县汪世梅移学社溪沙壩等处，充公田六十六坵，载正则银一两玖分贰厘，每年实收租谷四十六石。又店房一间，每年收租钱七千文，皆儒学官收，为文成公祠捡盖及香烛之费。

阳明祠田：康熙间，上犹邑人钟高贤捐田二十四石，实收谷十三石三斗，载粮二斗七升二合，土名广田，张屋壩等处，城隍庙僧管收。

清举人朱玺有《上犹阳明公祠田记》，此记记述了阳明公祠田的情况：

南郡四邑，皆有阳明公祠。祠而有田，弗闻也。古之世，乡先生殁，祭于社，固无所事祠与田，况阳明非生于兹乡，祠与田何来乎？

夫公倡道东南，庑祠遍寰瀛矣。然开府南赣，平定横水，功德于此土独厚，此土亦宜厚以报公也。好古之士，以古法推之，亦曰犹之乎，祭于社耳。虽然公有祠，则公之神灵必于祠乎？依其或丰草满阶，风雨不蔽，是欲崇报而实衺越矣。是唯有祠无田，年迁月久，势必至此。犹邑祠，旧亦无田，邑君子钟高贤割私田租二十石充公祠，岁时修葺资。此其崇德报功，诚有加于笾豆灌献外者，二氏之在天下也，岂真有功德于斯民，其祠宇永久勿废，非彼道之能兴而不衰，徒以多有美田故也。

阳明先生救人心以学，济万民以功，岂屑与二氏之徒争隆替？然钟君割田以奉，其意良厚，犹川人士耳而目之，皆欣然有景行前哲之思，亦庶几不徒于俎豆尸祝间，颂功德于不替已而耳！可勿勉乎哉！

钟君之峨能承遗训，建书院，凡有义举，必先焉，以阳明祠田属余记，余先世固籍犹，愿与犹人士共勉焉，爰濡笔而为之记。

三、咏王文成公祠诗文

王文成纪功碑

金德瑛

宁藩乱气方峥嵘，不知上流有文成。
逆书达朝朝士扰，中枢端坐唯王琼。
虎出捕鹿罴据穴，一月遂破南昌城。
苇中渔舟不可渡，妇言弗听涕纵横。
濠也猖獗果何济，天为孙许留忠名。
大贤指挥坐武帐，春风谈笑携诸生。

自言勋业本余事，试手却令貔貅惊。

纵之复擒非所难，敢导天子为佳兵。

公族行诛当惨怛，臣子守职扫欃枪。

兹捷岂足拟中兴，崖间顷刻《浯溪铭》。

得毋矜伐诮元恺，山灵无罪颜为黰。

当知明室势外重，干戈往往起宗盟。

前有汉王继安化，爪牙护卫皆鲵鲸。

流传庶足示炯戒，一寒逆胆消奸萌。

到今银钩铁画在，光耀斗牛潜魍猩。

有人如次真豪英，抚掌竖子真蚩氓。

胡不安乐效乃祖，囊云闲看庐山青。

[作者简介]

金德瑛（1701—1762），字汝白，号桧门。浙江杭州人。清乾隆元年（1736）状元。授翰林院修撰，历任右庶子、太常寺卿，任江西、山东及顺天学政。乾隆二十一年（1756），路过徐州，发现黄河决口，运河溢涨，及时上奏。官至左都御史。金德瑛工书法，喜欢戏曲，常至梨园听戏。金德瑛论诗宗黄庭坚，谓当辞必己出，不主故常。载初与订交，晚登第，乃为门下门生；诗亦宗庭坚，险入横出，崭然成一家。同县王又曾、万光泰辈相与唱酬，号秀水派。

谒阳明先生生祠

张懋贤

节钺天威重，山坳草寇侵。

一时成绩伟，百姓感恩深。

以义祠先起，抬头貌若临。

寄声明府道，公论惬人心。

[作者简介]

张懋贤，字号、生卒年不详。鄞县人。进士。

赣州谒王文成公祠

王士禛

新建当年此誓师，森然松柏见灵祠。

军声不藉条侯壁，筹策惟应汉相知。

万古许孙同庙食，一时张桂太倾危。

后来论定烦青史，岘首犹存堕泪碑。

[作者简介]

王士禛（1634—1711），原名士禛，字子真，一字贻上，号阮亭，又号渔洋山人。山东新城（今山东桓台）人。清初诗人、文学家、诗词理论家。清顺治十五年（1658）进士。官至刑部尚书，颇有政声。卒谥文简。王士禛在实践"神韵说"，取得卓著诗文成果的同时，还能突破正统文坛和文人偏见，重视和高度评价小说、戏曲、民歌等通俗文学。他在诗文创作与理论方面，以及小说、戏曲、民歌、书画、藏书、史论等领域都取得了不凡成就。

王文成祠

顾嗣立

文成誓师日，一苇溯长空。

谈笑取吴濞，安危仗郭公。

双江沈杀气，八境纪神功。

日暮苍松下，风云护闷宫。

[作者简介]

顾嗣立（1665—1722），字侠君，号闾丘，江苏苏州人。诗人，学者。

清康熙五十一年（1712）中进士，改翰林院庶吉士，散馆仍留教习。康熙五十三年（1714），荐入武英殿，纂辑《鸟兽虫鱼广义》。顾嗣立论诗不满明代前、后七子"唐以后无诗"的观点，认为诗本天籁，人借诗以达性情，诗道历千百年而光景常新，故锐意搜集元人诗集，编成《元诗选》，凡三集，一百一十一卷，有元一代之诗，以此为巨观。

王文成公祠

王衍梅

巡边万骑走如云，露布先驰间道闻。

杀贼大儒原小吏，擒王天子是将军。

梦中孤鬼犹陈状，石上奇书早勒勋。

寂寞九华山顶坐，桂花寒雨太纷纷。

[作者简介]

王衍梅，浙江会稽（今绍兴）人。清朝广西武宣知县。

王文成祠

黄宪清

电扫欃枪定豫章，书生伟烈照旗常。

大江东去风云气，吾道南行日月光。

一代功名高李郭，百年心学启何黄。

读书有用非禅寂，濂洛源流合混茫。

[作者简介]

黄燮清（1805—1864），原名黄宪清，字韵甫，海盐武原人，晚清戏曲家、诗人、词人，也是被誉为我国十大园林之一的绮园的主人冯缵斋的岳父。黄燮清少负奇才，博通书史，精通音律，擅长诗词、绘画，一生著有

《倚晴楼七种曲》、《倚晴楼诗集》十二卷、《倚晴楼诗续集》四卷、《倚晴楼诗馀》四卷、《国朝词综续编》二十四卷，另有《绛绡记》《玉台秋》两剧。

王文成祠

燕澄源

宸游处处乐流连，独障南荒万里边。

群小共知怀赵日，有苗才识戴尧天。

功堪济世方为用，道在明心不是禅。

寄语蜉蝣莫轻撼，武乡侯后几人传。

[作者简介]

燕澄源，清朝江西九江人。

王文成祠

李本仁

剑气纵横妙指麾，胸藏韬略出神奇。

立功身包危疑日，讲学军书倥偬时。

一代儒生肩道统，百蛮父老拜灵旗。

才人师表空千古，龙马风云自不羁。

[作者简介]

李本仁，字蔼如，钱塘人。清道光十六年（1836）进士，官至安徽布政使。著有《见山楼诗草》。

谒阳明王先生祠

曾迪

先生赫灵异，川岳实降神。

周旋宗孔孟，实理体诸身。

所得非象罔，渊源会其真。

良知合一训，后学不迷津。

勋业昭宇宙，题亦非寡伦。

虔南亦世寇，盘据恒相因。

运筹甫削平，安辑一方人。

逆贼图不轨，戈矛充斥陈。

义兵勃尔兴，变擒慰林枫。

汗竹春秋荐，繁苹秉彝通。

万古谁不起，瞻拜像高清。

山斗徒延伫，何由步后尘！

[作者简介]

曾迪，广东博罗人。明嘉靖三十二年（1553）任南康知县。

王文成公祠

杨豫成

虎穴擒王日，龙溪讲学风。

勋阶三等贵，俎豆四时同。

大道兼兵法，良知亦圣功。

蚍蜉谁撼树，疾绝应声虫。

[作者简介]

杨豫成，字立之，号绎堂，陵川人，著有《享帚集》。清道光元年（1821）举人，历仕道光、咸丰、同治三朝，辗转于江西安义、龙南、赣县、宁都、赣州、南安等州县，由知县而历官赣州、南安知府。诰授中宪大夫，晋封通奉大夫、赣南兵备道，赏戴花翎。

谒阳明先生生祠

刘鹏云

石磴层磅起峻驼，堂堂祠宇倚云开。

江山丽彩祥烟霭，星斗摇辉泰运回。

剪叛平徭功万载，封侯进爵位三台。

甘霖既降荒尘净，处处东风长绿苔。

[**作者简介**]

刘鹏云，南安府人。

第十一章
书院社学　士风民俗

一、书院

书院为儒童、生员进修场所。掌教人称"山长"。书院有官办和私立之分，官办书院由地方官礼聘山长，私办书院自聘山长，须呈报官署备案。生员名额无定。书院以自由研习为主，集众讲授为辅，山长或名师讲经、讲文、讲诗无定期。后因改革教育制度，书院或停废，或改为学堂。书院是中国古代教育机构，最早出现在唐玄宗时期。正式的教育制度则是由朱熹创立，发展于宋代。当时，由富商、学者自行筹款，于山林僻静之处建学舍，或置学田收租，以充经费。宋代有"四大书院"：河南商丘的应天书院、湖南长沙的岳麓书院、江西庐山的白鹿洞书院、河南登封太室山的嵩阳书院。上犹有太傅书院、兴文书院、永清书院、东山书院。

1. 太傅书院

太傅书院在营前，去县八十里，为纪念卢光稠命名。宋淳祐十二年（1252），南安知军陆镇行县，历览太傅山水环聚，请于朝廷建书院，赐额"太傅书院"。设山长。令拨南康妙圣寺田五百亩有奇为赡。宋末，书院停办，田归于寺庙。元大德年间，上犹县主簿刘彝顺重修。时上犹籍进士蔡璧文行超卓，刘彝顺延之典教，文风复振。延祐初，达鲁花赤伯颜察儿复拨赡田一百多亩，仍起璧典教，邑人衷资构材，大加修葺。

卢光稠（840—911），讳定国，字茂唏，一字茂熙，江西上犹人。汉代涿州著名大儒、北中郎将卢植的裔孙。唐朝末年赣南农民起义的领袖，世称卢王。他在唐僖宗光启元年（885）拥兵起义，并很快占据虔州，自任刺史，治理虔州及其他地区26年，政绩卓著，济贫恤孤，轻赋薄敛，在战火纷飞的年代，使领地人民得以安居乐业；还维修并扩建了虔州州城。卢光稠是赣州历史上统治时间最长的一个首领。同时也是历史上治理开发赣南成绩卓著的功臣。

2. 兴文书院

兴文书院，明弘治年间，上犹县令章爵建于县治东一里观音阁旧址左街。万历初，上犹县令邝怀德重修。

上犹人、武昌通判李文澜有《兴文书院记》云：

> 邑侯桂沧邝公，粤之乳阳名杰也，奉命宰吾邑二期，多善政，尤笃志文章，每于政事之暇，集邑诸士子校艺于庭，阅其所为文之优者，谕之曰：固皆资性俊敏第实际未克深诣耳，倘加切劘精进，奚患文无当于世用耶。诸庠士因经书院之建为请，谓市尘嚣杂，需此为专业会课地，公不难其请，遂疏之，当事既允行，乃相地一区，南向文明之位，鸠材集工，而属庠士吴国礼、张宗府等董厥事焉。肇工于万历癸巳阳月，自门廊东西书舍至讲台，计若干所。不三月，而栋宇轩楹翼然就绪，约用材料工费不下百十金，公独捐俸三十金，以为倡余则资之义助者。事竣，颜曰："兴文书院"，诸庠士感公德意造山居索不佞一言以记，时日余以不文辞不获，乃择吉。是举也，戋邝侯其真能兴起斯文为任者乎？惟冀从事于斯者朝而考德夕而稽业其养心也。渊以静其律身也，重以严俾兹书院与蠡阳之白鹿、铅

山之鹅湖相媲美，而邝侯右文作人之盛中，心亦庶几垂之久违而未艾也，万历甲午仲秋月书。

3. 永清书院

永清书院，在上犹县治东资寿山下。清乾隆九年（1744），上犹人钟峨捐资创建。中为讲堂，为理学祠，为会文堂，前为门，当甬道。右亭二，左右为掌教斋舍，诸生肄业之舍四十五间。又建光霁、敬业二亭。又捐田以膳学者，为租六百余石。道光十九年（1839），知县王同治筹立章程，自行督课，随课升降给赏。道光二十九年（1849），书院讲堂漏塌，上犹知县岑连乙捐资修理。

清南安府知府游绍安有《上犹县永清书院记》云：

犹嶂之阳，石台朔向，左挂巽榜，右抱琴龙，善地一区，县治东郊资寿山下，敞爽宽平，邑有隐君钟高贤者，顾而喜曰：此飞凤之来脉，腾龙所归宿也，殆吾邑文坛荟萃乎嗟？吾老矣，不及襄同侪构精舍数椽，延此邦贤士，相师友其间，吾子孙亦得观摩焉。儿峨汝其继父志，余承乏郡长，每巡环兹土，眺履名山，如四面屏嶂，足健神怡，或驾一叶溯洄曲水潺湲，唫嗒飒飒若丝桐，苏子所谓"百湾少一湾"者是耶。夫犹自秦汉隶版，舆仍百越奥窔之区也。至南唐，始易场立县，宋太平兴国，属南康军。然畲峒广袤，跳梁负嵎，蹂躏为害，代不绝纪。今则禾麻遍野，妇织田耕，横经比户，习射观德，称誉髦焉。果长民者，皆能以身率耶。盖天下太平久矣，遐陬僻壤沐圣祖神宗，休养生息，百余年不见干戈之效也。

今天子统御富庶，加意学校，隆书院，颁资脯，海内彬彬，犹人士方佥谋，上应作人教化，而钟生峨斯绍乃考，竭家赀，即其地而肯构肯堂也。固宜考其制，自门堂入室五栋岿然，上舍四十五间，会文、讲业、藏经、掌教，各有专所。庖湢几榻，器用悉备。且置书千百卷，捐田六百石以膳以读，祀周程四夫子于内，建亭光霁。余既以飞凤腾龙表其坊，邑绅士遂请题"永清书院"。"永清"，固县旧名，亦取是院永托我朝于亿万斯年也。呜呼！盛矣。余何幸，适际其会，爰晋诸生而诏之曰"书院"之萃处讲习也，岂专冀生辈攻帖括弋科名乎？溯濂溪理学，开先南安，乃传道之乡学者，能真认吾道源委不惑于曲说旁门，将匡居之理学文章，即科甲功名资献也。他日采风观俗者，方且敷奏大迁，岂仅如太守所见所闻也哉！钟生待铨县佐其子馥芳馥芬，余前后郡试冠军士，亦足征其庭训，生不乐仕，然余已叙生善举，上诸台省，行将入告矣。是为记。

方求义有《永清书院记》云：

　　出城东郭门数武，接资寿山其左右，曲以环其水，折以绕其形胜，蜿蜒突兀起伏，卢公南山，双塔峙其前，腾龙飞凤，诸山翼其后，犹人士相与往复，登临流连，慨慕之不置者非一日矣。岁甲子，邑明经钟君景姚承父遗命，于其址建永清书院，每岁延师讲学，邑之俊秀者就陶成焉。夫人材之兴也，不兴于兴之日，盖必有所由。始我国家振兴文治，圣以继圣，百有余年，下至角屋陬帘断山止水，靡不家诵读而户弦歌，犹复雅意，作人于所在书院、义学。今有司葺为多士肄业地，良以民风端乎士习而人才不易，自古其然，则体此意，以鼓舞于一隅，亦司牧者不得辞乃责耳。余以春仲承乏兹土，甫莅任，即闻有所谓钟君某者，及亲履书院，见其规模廓大，栋宇辉焕，适当灵秀之会，为一邑壮观，益叹君此举之甚盛美也。夫肯构肯堂继厥父志，家事固易易耳，钟生乃竭人所难，不吝所有以邛酬邑人士，昔之所望于其父者，钟生尤孝矣哉。余虽簿书鞅掌而职司采风，他日以退食之暇，得与诸生讲习问业，从容揖让乎，其间不烦丝力，坐获全功，余亦何幸，而适际此也。诸生勉乎哉，前此一临眺之而已，足今则众歌咏之而有余。异日黼黻皇猷赓□廊庙，一时文人学士犹称盛焉，相与传为美谈，不忘所始，钟生亦荣矣。纵钟生纯谨自爱，不邀功名，而郡伯游公已上其事于当道，行将达天听矣。余固乐君之创此盛举也，余犹愿诸生共期，无负君之有此盛举也。至若建立之制，为门，为堂，为亭，为室，为会文讲业，为藏经，为掌教、偃息之所，共计如千间，以及庖湢几榻之悉备。夫捐产制书暨命名之为实义，游公已为详记，概不复赘。钟君名峨，景姚其子，馥芳、馥芬俱有文名，并勒诸石，以志不朽云。

4. 东山书院

东山寺位于东山镇东的东山上。明正德年间，曾辟东山书院于此，清乾隆年间、道光二十年（1840）两次修复，咸丰年间遭兵焚被毁，后由乡绅捐资兴建，改名东山寺。东山寺位于上犹县城东山半腰上，依山傍水。古为上犹"八景"之首，始建于宋代，原名慈恩寺。

王銮有《东山书院记》云：

犹川人才，自宋、元洎我国朝，彬彬科甲，陟崇登要，为乡邦光，景泰迄今几百年，领乡荐者则无矣。夫今之与古一也：其明经治义，即古之士之学也；其饬躬励行，即古之士之志也；英敏特达，即古之士之才也。在昔接踵观光，而今独不然。盖气化盛衰，斯文否泰，因之，而山川形胜，以光晦通塞人物，君子不可无谓也。后港谷公来令兹土，首先学政，进诸生角艺文、事品第，既乃喟然叹"江西文献之邦，人才之盛，不徒耳闻而目击"。夫诸生可璋可珪，

可特可达，而典宾兴题弗录，岂为多贤之厄哉！比观郡志，旧有谶
云："巽山光彩，邑人登科。"乃立书院于其上，傍建一庵，宋鲍升
之为令，名其庵曰"慈思"，后久而废。元复修建。入国朝，寻复废
弛。兹其址，稽之册籍，邑旌义民张克颢于永乐已承佃输税矣，第
今科第无闻，或者谶亦可信，乃进颢之曾孙生员张朝阳、朝臣、思
佑、思诏、思诚、思诏曰："若曷割兹地，以成一邑之美，可乎？"
阳等对曰："敢不奉命！"遂缘旧址辟地，捐费市材鸠工，复建书
院，置诸生，讲习于其中。经始于嘉靖丁酉七月，落成于戊戌三月。
是举也，造就多士，人文聿兴，鼓诸生之志而作其气，宁无出类之
才，以鸣邦家之盛哉！予闻元张公思立为令尹，作浍滨书院以兴起
一方，今谷公令犹，亦克如之。公当与张公并名，而当代贤令，则
公其选也。矧公清苦爱民，民爱如父，古之卓鲁亦不过此。近者，
督府中丞王公，亦既以公之贤荐于朝，是教思无穷，容保无疆，将

阳明书院

不徒于犹见之矣。功成勒石，美成，则合邑士夫曾凤阳、胡文广，乡民张爵、赵志标、曾仕卿，皆兴起而倡义者，乃为记。嘉靖己亥秋月。

　　右东山一带，前后左右，洲坝义冢，皆吾曾祖勒旌义民克颙公所置地也，粮税俱载本户，邑侯公劝就山之上割地六十丈，增创东山书院，至是，告成，将勒石以乘久远，余以先人薄产，得附名其后，荣孰甚焉。嘉靖己亥孟秋月，邑廪生张朝阳谨跋。

二、书舍、社学、义学、乡学等

1. 旋龙书舍

旋龙书舍：清邑廪生朱大纶创办。

2. 煦春书屋

书屋，指让人们在里面藏书、读书用的屋子，并且可以在里面作诗、写字。朋友来了，可以一起在里面谈论诗文。上犹有煦春书屋，清乾隆三十七年（1772）进士、邑人蔡章湖所办。上犹教谕、江西南城人元章有《煦春书屋记》，详细记述了煦春书屋的情况："蔡公章湖乞养归里，因堂之东偏治书屋数间，而名之曰'煦春'，省晨昏，承颜色，于是乎在余知公之作见公之志。公自乾隆三十七年成进士，官工部。越十余年，迁都水司郎中，又膺保荐御史，晋封太翁，惺园先生如其官。先生年逾八旬，手不释卷。常豪情于酒，其志壮哉！而公不恋名位，急请就养，此曾南丰以远宦忧亲不得不上执政书至于泣涕陈情者也。公既归，与翁不离左右，熙熙然，融融然，太和之象，萃于一室嘻，斯煦春之所由名与，何其盛也！何其盛也！或曰公之仁孝，自幼已然，固不击今日书屋之有无。余曰：不然。凡至性至情之隐具于其中者，必有所托以自见，如司马温公之独乐园，是已公故托是，以将其豫顺者，岂求人知与？但使后之人能体其志师其德，而知公之至性至情如此，此公之所以不可及也。余故乐为道之。时乾隆五十四年八月也。"

3. 西昌乡学

西昌乡学：上五隘绅民捐资倡建。在营前太傅圩坪子街。清光绪元年（1875）所建。其为民亦乡学，由绅民捐资公建（乡学，指招收郊区六乡国人子弟入学的地方学校）。根据《周礼》六乡六遂的建制，周代王城和诸侯国都的近郊为乡，设家、比、闾、族、党、州等六乡；远郊为野，设家、邻、里、酂、县等六遂。居住在六乡的平民，叫作国人，他们多为士或庶人，他们的子弟有进入乡学受教育的权利。居住在六遂的都是奴隶，也叫作野人。六遂不设学校，因此，奴隶的子弟是被剥夺了受教育权的。

4. 社学

社学：元、明、清时期官府设立的学校。创立于元代。元制 50 家为一社，每社设学校一所，择通晓经书者为教师，施引教化，农闲时令子弟入学，读《孝经》《大学》《论语》《孟子》，并以教劝农桑为主要任务。明承元制，各府、州、县皆立社学，以教化为主要任务，教育 15 岁以下之幼童；教育内容包括御制大诰，本朝律令，冠、婚、丧、祭等礼节，以及经、史、历、算之类。清初，令各直省的府、州、县置社学，每乡置社学一所，社师择"文义通晓，行宜谨厚"者充补。凡近乡子弟，年 12 以上、20 以下，有志学文者，皆可入学肄业，入学者得免差役。社学是当时农村启蒙教育的一种形式，明清两代，社学成为乡村公众办学的形式，带有义学性质，多设于当地文庙。上犹社学，方志载始于明代。明天顺七年（1463），提学佥事李龄奉诏要求各县立社学，以彰教化。上犹县令周敬建社学于县治前，明正德七年（1512），上犹县令陈伟改建于西南隅右五道庙废址。

义学：义学也称"义塾"，是指中国旧时靠官款、地方公款或地租设立的蒙学。义学的招生对象多为贫寒子弟，免费上学。上犹义学在东门外文新街南。清康熙五十八年（1719），知县李濂建置公租十五石为掌教膏火。雍正十年（1732）圮于水。乾隆二十年（1755），知县林英麟迁城隍庙后阳明祠右，邑民田孔灿捐土一块。乾隆重二十九年（1764）圮于水，知县左梅重建，各绅增捐租田。道光十四年（1834）洪水冲塌，至今未修。其租田归县收管。

5. 私塾

私塾：历代私塾分蒙馆、经馆两种，大都无校名，亦无固定学制。蒙馆招6岁以上儿童，教读《三字经》《百家姓》《千字文》《四言杂字》《增广贤文》《幼学琼林》等启蒙读物。经馆招收15岁以上学童，教授"四书""五经"和《古文观止》，并学作八股文。教学开式为教师设馆，校址多在祠堂、庙宇或塾师家。教学方法，蒙馆皆为个别点读、熟读、背读、临帖习字；经馆则由教师讲解"四书""五经"。

三、儒学

上犹县儒学，于清乾隆二十二年（1757），知县钟光豫劝邑绅钟峨、钟鼎盛、蔡志伦、蔡志扶、黄文林等捐资重加修葺。嗣以棂糯星门前之玲珑墙右偏，逼于民居，乾隆三十四年（1769），钟鼎盛又捐买民房，以拓墙基，并建礼门义路。乾隆五十六年（1791），合邑捐资重修，改造龙门上层为魁星阁。道光三年（1823），知县欧阳辑瑞倡捐兴修。道光十二年（1832），邑人张圣恩捐建土地祠于明伦堂左。同治七年（1868），知县邱文光奉府檄劝捐重修大成殿、明伦堂、龙门各处。崇圣祠，于道光十二年，知县谢家杰劝捐重修，后复朽败，祠前仪亭倾圮。同治九年（1870），知县晏温筹款修葺。

旧县学即儒学署，历代儒学署均为教育行政管理机构。宋时，设教谕1人，称儒学正堂。元代一度称直学，教谕亦称教导。至明初，添设儒学训导1人，分居前、后儒学宫（署），前学为教谕，后学为训导，亦即儒学正、副堂，总管学政及春秋祭礼。清宣统三年（1911），儒学署改为劝学所。民国元年（1912），县公署成立教育公所，废除清朝教育管理机构。民国二年（1913），裁撤学务、实业两科，以第一科兼管学务。民国四年（1915），设视学所，民国六年（1917），又恢复劝学所；至民国十四年（1925），改劝学所为教育局。民国二十三年（1934），教育局改为县政府教育科，次年改教育科为第三科，兼管教育和建设，同时设督学 1 人，督导全县教育。各区设教育指导员，乡（镇）公所设文化干事。至民国二十七年（1938），复改第三科为教育科。

儒学取进原额文，武各八名，拨府无定额。经抚宪奏准加额，永远取进统计文、武各十六名。

明，何初有《上犹学记》云：

乙巳之夏六月，刘侯来宰兹邑，谒先圣庙，周旋瞻顾廊门斋舍皆废，圣庙倾圮。叹曰：圣人之道在，是宜先修举。然民罹兵革，疮痍未苏，必辑之而后可使。乃竭心图治，锄强梗，植良善，招浦亡，核田粮。凡利当兴、害当除者，悉力行之。越明年丙午政成，夏四月乃捐俸倡率士之好义者，修大成殿，明伦堂，易其栋梁之蠹挠，更其覆瓦之疏漏。又明年丁未，创棂星门，砌泮池，修左右庑。戊申夏，建左右斋舍，聊接两庑，左曰学文，右曰修行；绘两庑从祀，饰中外墙壁祭器，咸具以法。仲秋告成，行释奠礼，栋宇仑奂，笾豆有秩，牢礼克洁，祀事孔明。缙绅莫不咨嗟而交庆焉。侯莅政二载间，孜孜以学术为务，由县以及里巷皆设学，经诵之声相接。朔望集师儒于堂，躬振激之，士民莫不慕向。诚犹邑风化一变之机也。今圣主肇造区宇，诏郡县皆设学校，又天下风化不变之机也。圣人之道不可一日不明于天下，世道治乱系焉。侯于是可谓知本矣！侯，四川人，字仁卿，天锡其名也。洪武二年记。

明，夏寅有《重修上犹县学记》云：

予承命督学校于江西。至郡邑，进诸生课试之。又立程督之法，令有司学官时举行之，以考列其勤惰，庶几环千里之区士之业于学者，异气同风，其德成，其材达，以无负上命。然而未能，焉教者之不善，抑学者之不力欤！教不善也，愧古君子多矣，至诸生，一身成败利钝，何乃不力也？敏则速，鲁则迟，孤远荒陋则寡昧，是固有诿焉者，然以区区科目衔鬻趋竞之技，不早自振厉，而顾限画以延岁月，动以质鲁地远虚辞拥护其短，何哉？南赣二府每大比，类不及吉饶临信得士之众，以为下邑荒陋，则未免察昧，而谓资禀学力有律于风气者乎？其为教不善，学不力也。上犹属南安而处赣上游，诸生方鼓舞于学，奈何礼殿学宫日就沦圮，不足以严庙貌而耸士心。于是郡长二姚、旭施奎、县令陈文、学官黄遂、郭宣，先后一德，倡邑人之仗义者鼎新之。落成之日，生员吴晋具事之颠末请记，将刻石示后。如是而谓上犹之人不知道乎？犹可谓之荒陋寡昧乎？学校沦圮，圣人之道不尊，一倡而从者骈集，知有学校而不知有其家，知圣人之道而不知货利之重。今而后知上犹之人可与共学，且可与适道也，奚止科目得士哉！凡学之建大成殿出于陈宗，大成门成于张克颥、胡彦玑，东西庑成于李清、曾仁中、何源庆、赵永泰、朱玉春、朱钰，明伦堂成于李应忠，东西斋成于蔡仲芳、李尚颢，其圣贤象塑则诸生陈启、李厚辈共成之。又学官居宅成于蔡仲清、李仲奇。其馔堂左右舍亦将就绪，需其成镌其名于碑阴。子既重邑人之义，所望于诸生者不衰，故取平日诏告之意重申之，而并录诸义士姓名，使观者得有感焉。则不腆之言不为徒发也哉！

夏寅，字正夫，一字时正，号止庵，松江人。明正统十三年（1448）进士。曾任南京吏部主事进郎中，督江西学政。弘治初年，致仕归。著有《禹贡详节》《夏文明公集》《记行集》《备遗录》等。

邑人、拔贡蔡世炳有《重修文庙记》云：

我犹文庙创于宋庆历间，历元至明，屡迁无常。万历三十三年，邑令毛公志淡始复建于今所。国朝康熙、雍正年间，曾经重修，大皆去旧增新，略为□□隆，丁丑岁宛平钟公光豫来宰，犹下单祇调。先圣见庙庑卑隘黝恶，黯淡无色，瞿然曰：圣人之灵所依，安可因陋就简若此乎？乃集邑人谋新葺之。于是钟公峨、钟公鼎、盛黄公文林与家叔祖志抡、志扶等首倡各绅，同力捐输，共得金三千余，撤栋易垣，规址定向。中为大成殿，前为舞台，为墀。东西为两庑。又前为大成门，门左右为各祠。又前为泮池，为桥，为棂星门，为垣。泮池左偏为明伦堂，堂之前为龙门。最后为崇圣祠。右为两学署，经始于丁丑八月，阅两年而工成，一切料物向之小者改用大，向之粗者改用细，有木而易以石者，有土而易以砖者，而气象规制，较前焕然改观矣。夫我国家承平，百数十年，文教覃敷，至治翔洽。犹僻处山陬，声名文物，虽不敢拟于大邑通都。然沐浴于化泽者至深，亦既家尚弦诵人敦礼让矣。则所以仰答圣天子，培养斯人之深心，与大圣人乘教万世之至意，宜何如鼓舞也哉！今此之举，犹人士所为竭力趋事恐后也。谨濡笔为记，以为后之君子劝焉。

谭一召有《迁上犹学记》云：

上犹，南安属邑也。高皇帝御极二年，有诏立学建孔子庙，于时，岭以南尽交州皆郡县弦诵比中国，而南安为岭内首郡，率属承事极为谨愿。犹邑庙学，在治之西，其后屡徙，昔在陈岭上，近者又在飞凤山，风教弗敦，庙舍寝敝。万历三十有三年，邑士夫耆老吴国扬、方钦谏等，谋于邑令叶公继曰：吾邑置自有唐学创于宋之中叶，所以化民成俗也。明兴，首诏立学，而设重臣，若古之大督府者，玺书开镇，以控制岭内外，因称南赣。犹邑固南安属，交以南海外，波涛浩瀚之区，要荒之野，逾岭献琛观化者，则吾郡先焉。而庙学未葺，无以扬高皇帝急先务之旨，及今上崇道右文至意。邑令乃牍上郡司，达于督府中丞桂亭李公汝华，即日报可，捐廪赐之，余百金为官民倡分藩。前右辖禹门，丁公继嗣，今参知修默龚公道立，钦宇薛公士彦，郡守任宇，商公文昭，邑令毛公志淡，各捐廪俸营复于邑治之右，爽亢阔邃。邑士子诹吉卜筮允协，首建先师庙、两庑，次明伦堂、戟门、庖湢、师生斋舍、诸祠。士民输资工役效力，经始于乙巳春正历，两邑令三摄篆未竟，岁丁巳郡丞禹南卢公洪夏署邑事，乃大为捐助，鸠工庀材，日夜督率，明年三月竣工，择日释奠，官士髦士，登陟有楚礼器大备。于是耆老来观者，叹曰：吾邑以乙巳归圣化，己酉作学，今岁戊申二百四十年间，周四甲子，而学复故址，斯其会乎，闻之曰：运以久复，治以渐成，工巨者历时事重者，集思成之不易，如此诸士子学圣人之道，岂容以一蹴至哉？适新令钟侯正立抵邑，乃与教谕江君国，选学训邓君汝俊，周君之冕，议令庠士曾三衢尹守位至庚，谒予以纪厥事。时万历三十门年戊申孟秋之吉也。

谭一召，字敏卿，江西大余人。历御史、南京刑部郎中。因论高攀龙、杨应宿事，被斥为民。

1. 明伦堂

明伦堂多设于古文庙、书院、太学、学宫的正殿，是读书、讲学、弘

175

道、研究之所。作为传承了千年的文化教育品牌，明伦堂过去是具有一定社会地位的社会精英讲学论道的地方，同时也承担着传播文化与学术研究的功能。上犹县明伦堂，开建于宋庆历年间，后屡圮屡建。清上犹令章振萼《重建明伦堂记》记述了明伦堂的历史和意义，其云："犹学，建自宋庆历间，在县治右。其后迁徙无定所。明神宗时，余里人毛公志淡者为犹令，始复其故址，而人文渐盛。我朝定鼎以来，邑屡经兵燹，庙学俱烬。岁壬申，余历兹邑，始至谒庙，见殿庑虽修复，而明伦堂尚鞠为茂草也。乃与诸师生谋所以创建之者，广文孙、陈二君捐俸首倡，绅士耆老咸欣然乐从。遂鸠工庀材，经始于癸酉之八月，讫甲戌十月工竣。落成之日，余揖诸生而进之曰：大江之右，固理学渊薮也。鹿洞、鹅湖尚矣。上犹僻近庾岭，而濂溪佐郡时，二程夫子游其门。夫孔子殁，微言绝，濂溪接不传之绪，至二程而光大之。是圣道之昭于万世，南野其权舆也。犹隶南野为下邑，王文成公平奋贼，道犹邑白水、茶潭间，其经理所及。文成倡明圣学，功业文章，非诸生所习闻乎？地虽僻，然远稽近考，不可谓无兴起之藉矣。诸生生此地也，际此时也，可不景仰前哲，仔肩圣道，发为功业文章，以光盛治乎？昔毛公之令犹也，清修亮节，诸父老至今能道之。其迁学也，为诸生弦诵地也，余故修而复之。今诸生藏修游息有地矣，其尚诗书、羽签于斯，以继前贤，明圣学而黼黻乎太平哉！广文先生以记请，遂书之，以志于丽牲之碑。"

2. 泮桥

泮桥，是建在古代学宫里的桥梁，是礼制的一种形式体现。旧时，学子入学称为"入泮"。有将泮桥称作跨鳌桥的，意为跨过此桥，科举应试之时就能独占鳌头。也有称泮桥为状元桥的，如果是采用三座桥并列的形式，就把中间的一座称状元桥，两边的分别叫探花桥、榜眼桥，意思都一样。在科举取士的年代里，跨过泮桥，象征着登仕的第一步，泮桥承载了学子心中一生的期望。

上犹旧时儒学亦有泮桥。上犹籍进士朱语有《建邑学泮桥记》云："泮皆桥也，泮无桥者，犹学泮无桥，以今上御极之二年八月，始成如制，捐成之者，邑人钟公高贤也。初，雍正七年己酉，安溪李公鸿来为犹，祗谒文庙，即以桥阙非制也，言之诸生欲修治，于是乾隆元年，犹绅士谋兴举，谓非精强廉，办者莫肩兹役。学博邹即以诸生张之明、朱诰等应皆报曰可，而桥于泮，自是隆隆然如虹霓跨空矣。又以先师龛宇卑隘，座位默默无辉，无以妥灵爽，两楹间檐梁朽欲圮也，兼闵新之。敛金于绅士暨邑之贤者，竞乐佽助所得以为龛宇诸费殆尽，且未给也。言于钟公，公复出白金足之，计公两次所费，共捐金百数十有奇，无吝色，无德色，县侯李顾之色喜，谓固吾志也，集弟子员释奠落成，而属余言垂之后。余惟庙学之设以作人也，春夏礼乐，秋冬诗书，其为教归于使人敦尚实行为国家有用士，盖圣化于是乎在王化，于是乎在焉。圜桥门而观听此史于汉有溢美也。圣天子文教覃敷广厉超轶前代。我犹又得县大夫李久道摩，学博邹复劝课其间，多士腾达，观光上国者，今倍于昔圣化王化于斯称盛焉，运会之遭乎，匪直其制备也。夫世之为老氏元阙仁王龙宫者，不乏矣，类沾沾为阶福谋，有能挥霍百镒于文庙泮桥如公者，其心之公私邪正，自有辨之者，不独其轻财也。然则公其真贤矣哉！余故乐为观厥成而文之丽牲之碑以风焉。"

3. 礼门义路

指"义"好比是大路，"礼"好比是门，谓君子循行的礼仪之道。只有君子才能从这条大路行走，由这扇门出入。语本《孟子·万章下》："夫义，路也；礼，门也。惟君子能由是路，出入是门也。"明，杨柔胜《玉环记·富童潜非》云："你与他夫妇之情，当劝他由行义路，出入礼门，莫作无益，休为嬉戏。"《后汉书·李固传》云："夫义路闭则利门开，利门开则义路闭也。"唐，黄滔《与韦舍人启》云："伏惟舍人义路无疆，词源绝岸，设铸颜之炉冶，恢荐祢之牍函。"

上犹县学有礼门、义路，上犹县令何瓖有《捐建县学礼门义路记》云："事取其可传而于能继莫为之，前虽美弗彰，莫为之，后虽盛，弗传旷。览古今讵无善行美举，而子孙弗克负荷致先泽之易竭者，可胜叹哉！余承简命宰兹土于都中接见横浦诸缙绅，皆称犹川钟氏多好善之士，有建书院者，有施义渡、茶亭、造桥梁者，有捐田为乡会费、路费者，有捐金修理学宫者，指不胜屈。余已心仪，其人抵任后，有州司马钟鼎盛先生呈茸。学宫红墙外原有左右两门，缘张某居宅，逼塞右门，参差不齐，以致左门亦废而不修。今已购买张氏宅，送为学宫地，并愿捐修左右门墙，扩而宏之。予允其请，先生爰择吉兴修，凡夫甃石工匠必精必良。阅月而玲珑墙外整整肃肃，礼门、义路体制森然，计买宅并建墙，共用金五百有奇，则信乎。钟氏之多善人也，于今亲见之矣。夫天下之患，莫大于自利自私，惟仁义以为质，然后其识其力，足以见人之所未及见，而能人之所难能，故虽无所取，则将振起居则为之，又况其祖若父，善善相承，濡□既深者哉！孝先生大父士先公好善乐施，载在郡邑志其父一峰公，建家塾于横冈先生，遵行之三十余年前，已捐金三百倡修文庙，又捐田若干石，为本族士岁科试资斧。他若遇荒欠，则碾米平粜，遇孤贫，则按月给廪，以及一切济人利物之事，无不身任。而红墙一事，尤卓卓可记者，可不谓善绳祖武者哉。吾故乐道其事，而为之记。"

四、上犹儒学崇祀

王阳明从祀。

汉高祖过鲁地，以太牢祀孔子。平帝追谥孔子褒成宣尼公。光武始建大学。明帝始幸辟雍。章帝东巡作六代之乐。和帝更谥为褒尊侯。灵帝绘孔子及七十二弟子像，两汉致祭皆于阙里。曹魏正始间，始命太常于辟雍行释奠礼。东晋成帝始亲释奠。刘宋元嘉中，牲牢祭器悉用上公礼，乐设轩县，舞用六佾。元魏改谥孔子为文圣尼父，始诏立宣尼庙，敕有司享荐。北齐文帝制春、秋二仲及每月朔行礼。后周封孔子邹国公。隋文帝赠孔子先师尼父；

诏州县学以春、秋二仲上丁日释奠，此称先师行丁祭之始。唐太宗升孔子为先圣，诏州县皆立庙。元宗追封孔子文宣王，设塑像南向坐。宋太祖诏祀文宣王，立十六戟于庙门。真宗增谥元圣，复改至圣。徽宗增立二十四戟如王者制，御书"大成殿"名于辟雍。高宗诏祭孔子称大祀，释奠止辇大成门外，入庙步行。元世祖诏春、秋二丁执事者穿公服，自此丁祭皆用朝服。成宗大德十一年（1307），制加孔子曰大成，遂定庙号。明大祖四年（1371），更定祭器品物：犊一，羊一，豕一，鹿首一，笾豆各十，登一、铏一、簠簋各二，酒樽三爵，三用登歌，堂上堂下之乐舞用六佾。十五年（1382）大学成，去塑像，设木主。十七年（1384），敕郡县每月朔、望诣学行香。二十六年（1393），颁大成乐器于天下，各如式制造。嘉靖九年（1530），用张璁议，改大成至圣文宣王为至圣先师孔子，始诏天下尽去塑像，设木主。

国朝清顺治二年乙酉（1645），加谥大成至圣文宣先师孔子；十四年丁酉（1657），仍改谥至圣先师孔子。康熙二十六年丁卯（1687），直省各学，舞用六佾，乐、舞，生各八十六人。雍正二年甲辰（1724），颁乐器祭器图式。三年乙巳（1725），为避圣讳加阝作邱；五年丁未（1727），至圣诞辰八月二十七日，直省各官致斋一日。乾隆二年丁巳（1737），国子监、圣庙改用黄瓦，颁乐器，又颁祭器，悉仿古制，一体更正。五年更申（1740），增直省乐、舞生共一百二十八人，丁祭俱用蓝衫雀顶。八年癸亥（1743），颁乐章祭文于直省。

汉明帝东巡至鲁，祀孔子及七十二弟子。曹魏文帝祀孔子，以颜回配。晋、宋、梁、陈及隋皆以孔子为先圣，颜回为先师。唐太宗复以颜回配，左邱明以下二十二人并令配享。高宗始以曾参与颜回并配。元宗为塑像，诏颜回、曾参像宜坐。宋神宗始以孟子配食，文庙又增荀况、扬雄、韩愈三人从祀。理宗淳祐元年（1241），诏加周敦颐、张载、程颢、程颐封爵，与朱熹并从祀孔子庙庭。理宗景定二年（1261），加张栻、吕祖谦二人并从祀。度宗咸淳三年（1267），以颜回、曾参、孔伋、孟轲并配，孔庙四配遂定。又升颛孙师于十哲，以邵雍、司马光从祀。元仁宗以许衡从祀孔子庙。文宗加封颜回为兖国复圣公，曾参郕国宗圣公，孔伋沂国述圣公，孟轲邹国亚圣公。是年冬，进祀董仲舒。明洪武二十九年（1396），黜扬雄；英宗正统二年（1437），以胡安国、蔡沈、真德秀、吴澄从祀。孝宗弘治八年（1495），始以杨时从祀。世宗嘉靖九年（1530）考正祀典，定四配为：复圣颜子，宗圣曾子，述圣子思子，亚圣孟子；东哲：闵子损，冉子雍，端木子赐，仲子由，卜子商、有子若；西哲：冉子耕，宰子予，冉子求，言子偃，颛孙子师，朱子熹。

第十二章
名人题咏　颂德赞功

一、邢珣

平寨诗（四首）

其一

群山满面不知名，石磴扳缘侧步行。

绝巘过来神尚悸，虚巢睡去梦无惊。

峯童群识汾阳面，横水新屯细柳营。

三十年前荆棘地，明春好种我农耕。

其二

率师突入桶冈深，土怪山妖尽震惊。

麾下风云都作阵，眼前草木亦为兵。

虎狼穴破通人迹，荆棘丛堕立将营。

献馘献囚终所奉，更饶险阻失其名。

其三

我师翼翼集河濆，敌寇仓皇若鼠奔。

久据地形为得利，一加天讨出无门。

功垂边徼推元将，捷奏彤庭慰至尊。

瘴雾蛮烟挥霍尽，南荒再造一乾坤。

其四

山溪无数不知名，得算先从险处行。

剑气冲霄星斗烂，兵威破竹鬼神惊。

才高早应非熊兆，令肃何殊细柳营。

捷奏功成烽火息，居民依旧乐春耕。

[作者简介]

邢珣（1462—1532），字子用，安徽马鞍山人。明弘治六年（1493）进士，历任南京户部主事、南京刑部员外郎、南京刑部郎中、南京户部郎中、赣州知府和江西布政司左布政使。正德初年，因得罪权宦刘瑾，被夺职。刘瑾受诛后，复任南京工部员外郎。擢赣州知府。招降大盗满总等人，后来平定其他盗贼，多借其力。正德十二年（1517），平定南安、龙川一带的盗寇进攻横水、桶冈，王阳明出征，邢珣常为先锋，功劳最大，增二秩。正德十四年（1519），朱宸濠叛乱，以重赏引诱满总。满总活捉其使者押送给邢珣。邢珣参与平定宁王之乱，升任江西右参政。嘉靖初年，升任江西左布政使，致仕。

二、季敩

和王阳明平輋诗（三首）

其一

提兵涉险为征輋，任重尤深不顾家。

草履徒行山径狭，金戈转战夕阳斜。

人心惟一几先见，兔窟虽三计莫遮。

着处腥膻俱洗净，如公勋德更无加。

其二

石磴盘绿山上巅，夜来风雨步难前。

树林蓊郁难瞻月，云雾弥漫不见天。

猿啸一声聪耳听，龙泉三尺重腰悬。

此行漫说身多病，也只随时草上眠。

其三

冒险寻幽进讨畲，初冬肃气壮兵家。

瘴茅着雨黄披靡，恶竹迎风翠倒斜。

行驻笮篮犹巨侧，望明川坳不空遮。

一朝五十峯如洗，古将戎功咨未加。

[作者简介]

季敩（1461—1536），字彦文，号文峰，浙江瑞安人。进士。明正德十二年（1517），出任江西南安知府。任内修学宫、筑城池、减徭赋、裁冗吏，为政宽厚，黎民乐业，被上司誉为能吏廉守，事迹入《循吏传》。3年后，季敩南安任期届满，时江西、湖南、福建、广西诸省盗寇四起，朝廷任命御史中承王阳明征讨。季敩奉檄随征，率军破江西西峰寨、狐狸坑等多处寇巢。因剿寇有功，擢升广西布政使司左参政。邑人林上梓在《读〈季文峰行略〉志言》中赞叹："乃公以奇伟之才，屡入贼巢。风雨昏夜，缒险登山，贼徒蜂拥，矢石雨下。诛渠魁，破坚垒。其胆其勇其智，岂非吾乡之在仕籍者第一流耶！"

三、杨璋

横水回军驻龙南

仁者无私一涧清，随车好雨润行兵。

才看老叟壶浆至，又见儿童竹马迎。

四野豺狼皆迸迹，万家黎庶动欢声。

于今幸际风云会，千载令人羡大征。

[作者简介]

杨璋，湖北孝感人，兵备副使。

四、翁溥

奉和阳明先师韵

朝来风雨过，真寂洞崖好。

晴霞带白云，游历凌三岛。

缅彼飞鸟人，步虚何太早。

洞口空复春，花落无人扫。

[作者简介]

翁溥（1502—?），字德宏，号梦山，行儒三。浙江诸暨人。明代诗人，累官至南京刑部尚书。卒，谥荣靖。溥所为诗文奏疏有《知白堂稿》十五卷行于世。明嘉靖十六年（1537）二月，翁溥游访江西赣州，看到阳明先生题诗，即作《奉和阳明先师韵》。翁溥处世之学属阳明学派，其学之要在于"致良知"，将知识与实践、功夫与本体融合，也注重涵养、省察、克治，常常检视自己，以培养心之体。

五、刘凝

游桶冈洞茶寮记

癸酉初秋，肇工镌刻《王文成公经营横水方略》，寒毡而肩重任，真以蚊负山，不量力矣。过埠陈蔚捐金首唱，而和者绝少。爰考核学宫版籍，载过埠竹山下学田十有三石，为某氏所据者十一载。摄篆平公返汶阳之田，量追租谷以石计者五十有六，得变价十余金给梓人，然尚未及半也。会剖厥将竣，惟《平茶寮碑》字句颇有异同，当质对石刻，值余患目疾，过埠陈士俊者，翰墨士也；与之偕行至思顺，途遇何韫玉策蹇而来，闻余至，遂策蹇而返，逾观音山而下，夜宿何大匡家。诘朝启行，初十里尚平坦，环阪岭五里，迫陿难度。下阪岭背为桶冈峒口，一径直入，两岸耸峭，数觏髽綦丽，菀枯莫辨，日光点缀，最宜暑行。沿溪彳亍，唯闻水声湍流奔溅，俱石喷沫洒珠，时潜伏，时溢溢，恒出意表。满溪尽石，无少泥淖，每途穷径绝。往来溪中如织，或涉水，或履石，皆不暇择足。如是者二十里，至绹鲤坑。绹鲤者，小鱼如鲭，背有斑文，头若而骾、坑无可名，偶因是焉。未至坑七八里许，有水自上新、中新、下新而来，厥流差大，由左溯坑水而进，其间浒厓为人力砌结，整齐方正，复有层次分划，亦一异也。翌日，进茶寮，不过五里，翕肩累足，觉数倍焉。此至，则见巨石凭空涌出，高二丈五尺，大十一抱，前后左右略无依傍，其飞来石耶？形体稍方，石之正面，文成公手书碑文，凡八行，计一百八十三字，字大四寸许，右方上半截纪各官姓名，字大二寸，其左面乃文成公草书和邢太守韵，漫漶不可读。下则邢太守原韵，惜风雨侵蚀，石皆剥落不可得而录。噫嘻！王文成公勒石纪事，匪以示勋，乃所以威不轨，而消乱于未萌也。学士大夫惮其险且远，不肯来读；牧夫樵竖又不能读，竟与荒烟野草同归湮没，宁非司土者与责欤？余顾何大匡、韫玉曰："兹洞四履皆君家世业，当世世护视此刻，俾与山川永垂不朽。"瞻仰顾盼，此石屹然中峙，如大将居幕府；前山拥抱，溪水环绕，如万旗之听令，仿佛当年屯兵时气象。及返思顺，何大匡之父云生谓余曰："离碑刻七八里锁匙陇之地，有水自上而下，注于石穴深潭，形若桶然，此桶冈所由名也。"余笑曰："是又增一典故矣。"是役也，冬日融和，虽寒而不觉其冽；群情竞劝，虽劳而不觉其苦。陈士俊之偕往，何大匡、韫玉之董率，诚足嘉也。至陈蔚起之庄严新建伯遗像，与捐置义学同园池于十字通衢之东，今又佐理镌事，可谓铮铮佼佼者矣！皆亟表之，以告来兹。

步文成公茶寮纪事韵

伏戎林莽正堪哀，峭壁镌碑岚雾开。

方略芸编犹废读，崎岖鸟道复谁来。

隘通楚粤边陲地，胸贮甲兵经济才。

肯念当年谋曲突，群黎世世乐登台。

[作者简介]

刘凝，江西南丰人，清代学者。

六、其他名人

1. 黄际亨

赞王阳明（二首）

其一

文章经济两堪师，望重当年开府时。

学绍千秋延道脉，功传三字至良知。

寇平草穷无遗种，绩纪茶寮有断碑。

横水于今思厚泽，甘棠树树荫荒祠。

其二

我来此地重瞻仰，旷世难逢感慨深。

缉盗法能得保甲，擒藩功竞阻险壬。

忧谗莫禁悠悠口，报国惟存耿耿心。

人百何堪寻坠绪，瓣香遥祝向高岑。

[作者简介]

黄际亨，字行素，光绪年间，曾任崇义县令。

2. 周长森

茶寮碑

万山狞立虎狼形，鸟道盘空入窈冥。

阴壑喷珠泉影白，穹碑植铁藓痕青。

缒幽欲化穿山甲，出险真同开路丁。

四百年来谁到此？辛勤说与士民听。

[作者简介]

周长森，字莲叔，江苏六合人。贡生，清同治八年（1869）任崇义知县，同治十年（1871）离任。在任期间坚持用诗逐日记下当天莅官视事和公余交往的情形，名《莅官日记》。

3. 王继孝

用王文成公韵颂新源江中丞、龙塘叶大府

其一

百里狼烟秋可哀，青萍一拂笑颜开。

征蛮文叔今何让，平渍阳明此复来。

报国幸叨分地檄，请缨直羡运筹才。

汉家麟阁千年迹，日月长悬上将台。

其二

百载逋诛一扫清，笑谈尊俎不烦兵。

万峰光彩旌旗合，四野欢歌士女迎。

山峒坐消狐兔穴，江城应息鼓鼙声。

当年渤海犹难拟，更与黎民缓二征。

[作者简介]

王继孝，昆山人，龙南知县。

4. 郁鼎钟

留别阳明书院诸生

其一

扶持兰蕙别蒿莱，喜托名山讲舍开。

鸿爪虔南应有迹，马群冀北岂无才。

琴弦漫惜余音远，锦檬还期细意裁。

回听鹃声啼不住，梦魂犹绕郁孤台。

其二

前途津水渺无涯，别绪依依恋岁华。

意气肯随斜日减，功名终让少年夸。

江山十八滩头路，烟雨三千里外家。

倘念故人频问讯，重劳岭上折梅花。

[作者简介]

郁鼎钟，字金声，嘉善人。清朝泰和知县。

5. 吴凤征

客双江

危滩过十八，身到古虔城。

作客真无赖，看山懒问名。

风徽追茂叔，勋业忆阳明。

亟欲寻遗迹，呼谁伴我行？

[作者简介]

吴凤征，字我山，石门人。

6. 吴锡麒

王文成公奏疏草稿真迹，翁凤西同年元圻属题并序

按疏稿作于平思田土夷时。嘉靖六年（1527），思、田二府土酋卢苏王受反，诏起公总督两广兼巡托。及赴南宁，苏受遣使乞降，受之。时侍郎方献夫建言，宜于田州设都御史一人抚绥诸郡。公因上此疏，具言蛮夷不可治以礼法，因举右布政林富量改宪职抚循，盖在七年二月，旋用林富率苏、受兵破断藤峡"猺贼"，辟地数百里，厥功甚钜。时公已病甚。是年道卒南安。此为最晚年笔也。

> 三十九行字压纸，六百余言言洞髓。
>
> 思田初靖计安复，仁心扶出良知理。
>
> 卖刀买牛疏所云，万七千人俱赤子。
>
> 蛮夷未可礼法绳，何必特设都御史？
>
> 付之林富治有余，从此南人不反矣。
>
> 断藤峡口唱贼来，王受卢苏皆效死。
>
> 公之诚信感草木，公之文章贯经史。
>
> 南安一夕大星陨，离此疏才数月耳。
>
> 飞鸢跕跕伏波叹，公亦行师适于此。
>
> 薏苡明珠徒有谤，蚍蜉撼树何须訾！
>
> 千秋论定信完人，彼哉桂萼徒为尔。
>
> 读罢凭栏望斗杓，一碑远更庐山峙。

[作者简介]

吴锡麒，字圣征，号谷人，浙江钱塘人。清乾隆进士，由编修官至祭酒。著有《有正味斋词》。

7. 李如筠

自峰山至樟兜山行成句

远山苍苍西日没，呕哑竹舆黄昏发。

小水溪头泛鹅鸭，排岩古树栖惊鹊。

飞猱堕地拾松栭，木客还山弄明月。

颇闻乡邑虎纵横，樵苏一径收残骨。

我携童仆入山深，山树多风竖毛发。

桶冈寨上归鸥张，横水关西曾豕突。

万灶柳榆今火食，文成功大不矜伐。

乱山合沓锁蛮江，吾州门户东西粤。

山林蒙密须兑拔，蔓草莫滋狐兔窟。

瞽言自信不经济，试采道谋非俎越。

[作者简介]

李如筠，字介夫，江西大余人。清乾隆五十二年（1787）进士，改庶吉士，授编修。有《蛾术斋诗选》。

8. 黄云英

犹石嶂歌

晨出东郭门，长雾弥寥廓。

纤云一片何嶙峋！凌空欲落犹未落。

须臾日出烟岚开，始识层峦嵌万壑。

昆吾刀削芙蓉屏，巨灵掌擘莲花萼。

正德之季王文成，秉钺南虔开戎幕。

此地曾经驻行营，柳跖庄跷孰鼎镬？

男儿读书志庙谟，西京邸第平津阁。

开元省里看紫薇，谢朓阶前吟红药。

不然横浦下楼船，手提长剑诛鲸鳄。

如何裋褐走天涯？白首穷经还寂寞。

长歌一曲山灵惊，木末纷纷起鹳鹤。

[作者简介]

黄云英，进士，遂安人。

9. 游绍安

崇义县

桶冈峒茶寮，饥民安插处。

别类称畲人，巢穴负隅固。

前明代中叶，夜郎竟盘踞。

渠魁蓝天凤，结连横水据。

广寇池高辈，三洲互翼羽。

荼毒数十年，楚粤出没屡。

蠢蠢小丑尔，持戟莫能御。

自号征南王，猖獗治战具。

创造吕公车，不轨谋大举。

都督王文成，赫然而震怒。

胸中兵百万，毋庸筹借箸。

堵剿两阅月，幺魔膏斧锯。

搜剔穷原谷，稚乳匪脱兔。

撑柱血赭山，豺狼无当路。

为念戎伏莽，魍魉幻易聚。

割庾康犹壤，请设官吏驻。

县名曰崇义，黎民均贡赋。

生齿以繁滋，汔可小富庶。

惟山薮藏疾，守土须防预。

慎勿忽弹丸，长愿风声树。

仰溯文成真经济，南裔一带勋猷著。

谁是洛闽入室人，埋头咕哔但传注。

指搦寸管大平时，拾人牙慧良知误。

尊德性而道问学，子行三军则谁与！

按崇义里本上犹地，王文成公平畲贼，割三邑壤置县治于兹里，即以崇义名县。游公此诗应载犹志。

[作者简介]

游绍安，字鹤洲，号心水，福建福清人。清雍正元年（1723）进士，江西南安知府，"有惠政，安南人祠祀之"。清乾隆十一年（1746），游绍安在福建侯官乌石山般若台旁倡建"宋先贤游氏宗祠"。清乾隆十七年（1752）在闽县嘉崇里独山麓创建"玉融社学"。游绍安"守南安几二十年，故诗文多南安所作，其文务为奇崛语，诗亦欲以生僻见长"，著有《涵有堂诗文集》四卷、《若素斋草》等。

10. 曾廷运

平新地纪迹

黎庶天垂尤，山城得使君。

扇挥惊鼠獭，戈擢静妖气。

喜气消岩雪，欢声落浦云。

文成今再觏，钟鼎勒奇勋。

[作者简介]

曾廷运，贡生。

11. 朱宗古

平新地纪迹

幽咽泉声过涧哀，漫漫瘴雾倚晴开。

祇荷圣主如天覆，那识山魈蓦地来！

棨戟奔驰劳大吏，纶巾擒剿羡长才。

龙颜应喜评贤宰，勋业先登太史台。

右用王文成公茶寮纪事韵

[作者简介]

朱宗古，增生。

12. 尹在宷

登东山

东山步上最高峰，缥缈云天望欲穷。

帆影有无双塔外，水光浮动一江中。

残碑半落莓苔字，怪石长留造化工。

著履不堪频伫立，夕阳低处起悲风。

[作者简介]

尹在宷，清江西上犹人。贡生，乡饮正宾。有《登东山》《犹石嶂》等诗。

13. 倪长犀

阳明小洞天

文成百战纪丰功，凿字生金此洞中。

见辟云霞开户牖，亲移日月照幽蒙。

清音四壁闻钟鼓，海气千寻饮蜘蛛。

幸是干戈犹偃息，后时游赏与公同。

[作者简介]

倪长犀（1631—1688），字六通，江苏赣榆县人。清康熙十二年（1673）进士。历任河南仪封（今兰考县）、湖北谷城知县。倪长犀善书法、篆刻，工五、七言律诗，有《栎天阁诗存》工书，精篆刻。

14. 王集

忘归岩

洞口牵云过，悬岩云满山。

分明非世界，恍忽另人间。

半岭畲田熟，孤村岁月闲。

忘归署句好，珍重古苔斑。

[作者简介]

王集，字午堂。清乾隆四十九年（1784）任赣南镇总兵。

15. 刘裕熙

平上犹新地记事（节选）

上犹居豫章西陲，四境皆山，西北地接龙泉、崇义暨楚之郴桂诸州邑，山深菁密，尤易藏奸。距县城百里曰村头里，唐人卢光稠仕至节度使，建营于此，宋赠太傅，名太傅营。明正德，贡生蔡元宝等筑城自卫，为营前城，近城数十里有上、下信地，即新地也。明正德十二年，横水诸贼猖獗，贼首蓝文昭、雷鸣聪等盘踞上、下新地。王文成公巡抚南赣，亲督中军，会吉、南、赣三府之兵，分为十哨，使赣守邢珣、指挥使郏文等会剿，经三战而大破贼巢，擒斩贼首，上、下新地始平。丰功伟烈，详著横水方略。嘉靖三十年，流贼李文彪等劫营前。顺治二年，阎王总叶枝春等据营前城，蹂躏更惨。虔院万招戍赣，明年仍奔据上犹。六年，合桂东流寇张和尚等复据营前城，虔院刘降之。康熙十三年，何余等贼拥敌众数万。围营前城，分围县城，屠杀甚惨。十五年，自上犹袭据南安城。十六年，舒、莽二将军攻复南安贼，还据营前。十七年，虔镇率师至犹，招抚而安插之。自是七十余年，户庆弦歌矣。乾隆十七年壬申，邑侯高名显宗以秋八月二十二日莅犹，甫下车，披邑乘与图，愀然驰念，知西北之山高地险也，谕捕巡严稽之。未几，九月十九日，浮龙巡司张名仕驰禀，黄沙抗农民何亚四将为不法事，侯得禀，愕然曰：圣明在上，岂容小丑播虐！亟殄之，毋使兹蔓。遂飞禀各宪，密谕张巡司探实迅报。一面会县汛谢名又荣带兵役遄往，途次复据移避之民口禀，何亚四纠崇义各县不识姓名之人，散札付备兵及能习剑遥杀人，以红布裹头为号，扬旗于上、下新地，将于二十四日举事，势急矣，将避之。

侯星遄以二十日早抵营前城，父老绅衿咸以贼势猖獗，负隅据险，锋不可犯，勿轻往。侯毅然曰：文成公不言乎？架栈梯堑之处，贼苟令数人于崖顶，坐发擂石，可无执兵而御我师；又曰：乘其犹豫而击之，乃可以逞。今何亚四甫自崇义归，犹攻其无备，即文成公方略一机也，俟其蠢动而剿擒之，所伤实多。今日之事，有进无退。遂投袂而起。是时，侯及张巡司、谢千戎所率壮役兵卒仅三十余人耳，由庄坑登竹篙岭，攀援绝壁，直捣其巢。贼众扬旗鸣锣，往来呼噪，公然迎敌，侯令鸟枪在前，继以刀棍，兵有怯者，侯亲督之，枪械齐发，呼声震天。贼惊溃，窜入深山，遗旗、锣、刀、剑、马匹等物。会日暮，山多兵微力竭，穷追不可，侯先搜其伪记、伪札，焚其巢穴，令兵役分守山口，星募乡勇悬赏搜擒。侯于灯下亲札，飞移崇义、南康、龙泉、大庾及楚省之郴、桂诸州邑，令各协缉，出朱示以安抚商民，召徙避者归业。次早，擒获伪将军李万斛、李万先等十三名，械赴县禁。一昼夜而贼巢尽破，巨恶先擒，百室安堵，如无其事。新地距营前三十里，侯出山时，百姓执香跪谢者，前迎后拥，不可数计。

侯愀然恨首犯之未擒也，驻营前城，日夜筹画。时南安大郡伯宝，南赣大参宪方俱先后至营前，于新地、金坑险僻之处，亲历稽查，督缉严密。侯入承谋略，出运经费，邻近山谷，靡不搜查，远至楚南岳州、平江县逆叔所居之处，益阳、永顺等县逆兄贸易之乡，粤东长乐、兴宁等处逆族祖籍之地，俱遴选干役，顾募认识之人，厚给赏单，文檄四发。续据乡勇兵役，擒获逆党赖廷佐、钟鼎向等一十七名，邓鲁占等三十余名；崇义获解李文才、何文宗、李茂先、伪丞相李德先；大庾获解伪将军董奇兰；桂东获解李朝选等，共六十余名。通计一百三十余名。侯日讯数十囚，恐陷无辜，不加刑而研鞫明敏，真情俱现，分首次上报。添置监所，视罪之轻重械禁候勘。时大中丞鄂闰禀人，奏亲抵上犹，以十月十一日入城，侯自营前回署。南安大郡伯宝、南赣大参宪方俱由营前抵犹。大总宪丁由龙泉督缉，以十月十八日至犹。吉安大郡伯沈由龙泉督缉，奉调至犹。赣州大郡伯叶、南康邑侯葛、石城邑侯杨、赣县邑侯沈、清江邑侯方，俱奉大中丞鄂檄调，先后至犹。南赣镇任各参戎俱屯兵缉防。犹无驿站，羽檄驰奏画夜限行四百里，六百里既设腰站。郡伯又檄调大庾县并小溪驿差、马夫役驻犹。犹本僻邑环城三里，文武并集无殊。省会绅衿家俱为官廨，民廛庙宇悉留夫马。而绅庶感侯之德，咸欢欣应之交际之冗。

侯部署周至，不以事繁而替，且各郡伯、邑侯之协办也，仍以审勘尚属侯院司之提鞫也，惟侯是询侯耳。受身驰口询手录，凡所审鞫，日数十折，未尝稍懈，羽檄交驰，刻即照覆，纤细靡遗。自营前区画以来，数十昼夜不假寐，上下观者，无不羡侯之精神才智匪易数，而又惜侯之拮据繁剧，为宦途未有之艰也……

[作者简介]

刘裕熙，江西安福人。候补州同。

第十三章
故事传说 流传上犹

一、中稍巧作对

传说古时候，上犹中稍一带，有一个寺叫中稍寺，王阳明进剿谢志珊时，来到中稍寺，烧香拜佛。其时中稍寺主持叫惠明，俗姓尹。

王阳明递上手札，惠明知道了来者是大名鼎鼎的南赣巡抚，双手合十道："久仰，久仰。"

王阳明也双手合十回礼："有扰清修。"

惠明说："不妨，不妨。难得大人有这份佛心。"

说着，惠明吩咐沏上茶，与王阳明一起谈起佛法来。王阳明对佛理颇有心得，他的"心学"，讲的都是佛性、道性和理性。谈了一番。惠明又陪同王阳明到各大殿拜谒。

惠明老和尚知道王阳明才高八斗，有心要与王阳明斗斗对子。王阳明今日得闲，心情大好，也同意与老和尚切磋切磋。

老和尚首先出对：

古有李守仁，今有王守仁，手中一本《太公法》，

不知是兵家？是佛家？是道家？

王阳明用手一指老和尚，对曰：

古有卜惠明，今有尹惠明，手中一本《金刚经》，

不知是胎生？是化生？是卵生？

老和尚一听，上前拉住王阳明的三络头发说：

三叉如鼓架。

王阳明不慌不忙，用手指着和尚的光头说：

一秃若锣槌。

此联一出，两人都大笑起来。

不知不觉两人转身进入三王殿，老和尚指着殿中三尊佛像说：

三尊佛像，坐象、坐虎、坐莲花。

王阳明笑笑说：

一位师父，念经、念佛、念观音。

和尚才面露微笑："佩服，佩服。"

王阳明说："师傅智高。"

两人出了庙门，老和尚指着庙门前的一口方塘，曰：

池水本无忧，因风皱面。

王阳明望望被白雪覆盖的稍山，随口接道：

稍山原不老，为雪白头。

这个"白"字，把静穆的稍山写活了，独特的拟人手法，别出心裁。

二、木匠建奇功

明正德十二年（1517）十月，南赣巡抚王阳明率领十一路军马，进剿盘踞在横水、左溪、桶冈一带的山贼，途经南康，过至坪。王阳明下令，各路军马务必于十月七日一起进发；又安排兵备副使杨璋、分守参议黄宏，监督各营官兵，做好后勤补给。

198

　　王阳明暗中指示左右将领，亲自率领中路军同时进发。号令虽然发出去了，但衙门中却毫无动静。王阳明在赣州的衙门，左边有一个旁门，直通射圃。闲暇时，王阳明与弟子在其中讲学论道，或者练习骑射，到半夜子时方才散去。第二天弟子们到射圃揖谢，习以为常。出兵前一天，王阳明照常与弟子们夜坐论学。时交子夜，弟子们看王阳明坐的时间长了，请王阳明休息。王阳明于是离开射圃，回后衙休息。第二天一大早，弟子们一起来到射圃，向先生问安。守门的人说："昨夜大人进院没多久，就领兵出城去了，不知去了哪个方向，估计已经走了三十多里了。"王阳明就是这样，神机莫测。

　　王阳明于十月九日率兵至南康。有人向他告发，说义官李正岩、医官刘福泰，与左溪、横水的山贼秘密往来。王阳明立即把李正岩、刘福泰找来，告诉他们有人告发他们通匪，并说出了时间、地点。在事实面前，李正岩、刘福泰没法辩解，哑口无言。王阳明说："即使你们真的通了敌，只要你们听我的，就恕你们无罪。"二人连忙叩头谢罪，表示愿意戴罪立功。王阳明不动声色，把他们留在帐下，早晚使唤。

　　当天晚上，李正岩、刘福泰二人悄悄求见王阳明，说有机密事禀报。王阳明叫李正岩、刘福泰进来，秘密问他们。二人说："左溪、横水和桶冈，各险要去处，乱山环拱，岭峻道狭，山贼据险守卫，官军不知地形地理，难以进攻。有个南康籍木匠，名叫张木象，山贼的栅寨都是他设计和组织修造的。要知地利，非得此人不可。"

　　王阳明问："张木象何在？"

　　李正岩、刘福泰表达：他们二人蒙大人不杀之恩，发誓要报效王阳明。天幸他们一出大帐就遇到了张木象，于是二人一合计，就把他抓住了，已经把他带到辕门之外了。因没有得王阳明的允许，不敢擅自把他带进来。

　　王阳明立即命令二人出帐外，把张木象带进后堂见面，并指示他们此事要保密。

王阳明厉声对张木象说:"听说你多年为虎作伥,山贼的栅寨,都出自你手。你犯了死罪,你知道吗?"

张木象连连叩头答道:"小人以木匠手艺为生,误入贼人巢穴,一时贪生怕死,受他们的驱使,身不由己,不得已而为之。望大人明鉴。"

王阳明说:"我暂且不治你的罪。但你要听我的话,配合官军行动。你立寨的地方,必定是选择险要去处,你是主要建造人,知道详细情况。你要细细描画每个栅寨左右、前后、大小出入的路口,助我破贼。贼破之日,为你叙功。"

张木象一听,欣然同意,不停叩头谢恩。

王阳明吩咐李正岩、刘福泰二人监押张木象,叫他安坐开写,自己退回卧房,命身边亲随赐以酒食慰劳。

张木象感激王阳明不杀并将叙功之恩,立即详细地描画明白:某山贼寨在某山,某处是进路,某处是退路,某处山头与某寨相对,路平路险;如何上山,如何下山,就像写卖山文契一样,滴水不漏。

张木象写完之后,王阳明亲处收取,看了一遍,再用好言抚慰,即留三人于内堂厢房内安歇。第二天,授张木象以义官之职。

王阳明决定先破左溪。初十日,王阳明率中军来到至坪,叫李正岩、李正岩、刘福泰引着张木象,派出探子四路侦察。左溪山贼想不到官军来得这么快,放起了烽火,鸣锣聚众,往来呼噪,为分头御敌之状。各险隘皆设有滚木礌石,准备抵抗官军。

王阳明乘夜挥军前进,见山贼已做准备,于是就换成工匠的衣服,与张木匠一起,混入土匪寨,自称工师,兼通地理。山贼见这个工师见多识广,且能说会道,礼为上客。王阳明在私下里走遍左溪的巢穴,记下了各险隘要地。王阳明对山贼说:"我知道官军的行军路线和各营情况,官军非常相信我,我愿意为大王带路,并可做内应。"山贼听了非常高兴,带了五百人,随王阳明下山，准备伏击官军营帐的侧翼，让王阳明先进营，为内应，克期进击，接应山贼。

王阳明到了山下，把山贼随行的五百人，分置于四面，使其各不相通。王阳明回到军中，抽调了一千精兵，向山贼诈降，秘密携带火器，掩埋在山贼的通道及寨栅周围，之后辞归。

第二天，王阳明率领一万多官军，摆鼓而进。山贼打开关门出战，王阳明预先埋下的火炮一齐开火，一千精兵又从旁夹击，山贼抵抗不了，死的死，伤的伤，剩下的丢下山寨，落荒而逃。于是，左溪之贼巢告破。

三、王阳明与磨刀坑

磨刀坑，原名永宁村，缘何叫"磨刀坑"？这与王阳明"讨贼"平叛镇压农民军，建立崇义县有密切关系。

明朝正德年间武宗皇帝后期，社会不稳，战乱频繁，农民起义风起云涌。于是，兵部尚书王琼"知守仁才，特荐用之"，提升王阳明为佥都御史，巡抚南赣等地。

正德十二年（1517），王阳明受旨率领江西、湖广、福建、广东四省官军一万二千多人，于十月七日组成三个大营向横水、左溪农民军进逼，并亲自率一营官军攻陷茶坑、磨刀坑、茶滩。当王阳明的官军到永宁村（即现在茶滩、磨刀坑、石坝子、圹湾、下村、南坑）的三拜亭（路亭）停留时，命士兵在此磨刀，从此村民就把永宁村改名为磨刀坑。

四、王阳明与象棋

王阳明少年时非常着迷于象棋，而且棋艺不错，许多成年人败在他手下。但是当时许多人认为棋艺再精湛也无用，应该刻苦读书，考取功名才算有出息。有一次，王阳明与棋友在河边对弈，因为过于投入而忘了吃饭。他的母亲几次来叫他，王阳明都没有反应，气得他母亲赶过来一把抓起棋子就扔进河里。看着随水漂流的象棋，王阳明这才如梦方醒，一边跺脚一边唏嘘，惋惜不已，还当场吟诗一首：

> 象棋在手乐悠悠，苦被严亲一旦丢。
> 兵卒坠河皆不救，将军溺水一齐休。
> 马行千里随波去，士入三川逐浪流。
> 炮响一声天地震，象若心头为人揪。

王阳明以诸葛亮自喻，决心要做出一番事业，此后幡然醒悟，刻苦学习，发愤图强，学业大进。骑、射、剑、兵法，日趋精通，走上了"真三不朽"的道路。

五、一颗金心

一天晚上，王阳明在赣州巡抚衙门后院的卧室休息，有一个贼人，白天趁人不注意，偷偷地隐伏在的楼顶，等到夜深人静，便悄悄地行动起来偷东西。

正当这个贼人行动时，不小心踏响了楼板，把王阳明惊醒了。王阳明夫人说："有贼？"

王阳明满不在乎地说："你睡你的觉，管他贼不贼。只要厅堂上首那颗金子做的心未被偷走，就行了。"

这个贼人一听有一颗"金子做的心"，暗自惊喜，心想：这"金心"想必是金子做的，我要是偷到"金心"，岂不比偷到其他任何东西强？于是，他连忙到厅堂的上首去偷"金字做的心"。但是，贼人在黑暗中摸来摸去，摸索了大半夜，都没摸到。

原来，王阳明所说的"金子做的心"指的是赤子之心，是一种机锋。贼人良心已泯，已无赤心，哪能有所获？

六、此心光明　青龙星落

明嘉靖七年（1528）十一月廿九日，时任南京兵部尚书兼两广军务的王阳明，因患病，带领数名亲兵匆匆从南宁起程，回故里浙江余姚，途经大庾（今大余县）。到了梅岭山脚下，旧地重游，王阳明兴致顿时高了起来。于是一行人坐轿的坐轿，牵马的牵马，挑担的挑担，陆续登上了梅岭。

到了梅关关楼，王阳明叫道："落轿，落轿，我要下来看看。"亲兵们忙扶王阳明下了轿，缓步走到关楼前。王阳明站在关楼下的驿道上，眺望层峦叠翠的群山和远处隐约可见的南安府，俯视弯弯曲曲的鹅卵石铺就的古驿道，还有被梅树掩映的亭阁驿站，此情此景，不由想起了当年带兵平谢志珊的往事——那时时逢动乱，梅岭梅花有灵情，在战争动乱年代，梅花就衰萎不开，正像谪居大庾的南宋理学家张九成诗中所描写的那样："诗人常说岭头梅，往往春风自此来。我到岭头都不见，空将春梦又空回。"可时下，适逢清平，虽未到梅花开放的时候，但表枝绿叶，郁郁葱葱，来年春至，梅必盛绽。王阳明情不自禁地吟起了元代丞相伯颜的《度梅岭》：

> 马首经从梅岭归，王师到处即平夷。
>
> 担头不带关南物，只插梅花一两枝。

吟罢，王阳明无限感慨地对亲兵们说："你们跟随我也有些年头了，这还是第一次欣赏梅岭的风光吧。梅岭的风光确实与别处不同。我从政几十年，到过不少有名的地方，但像梅岭这样集军事要塞、自然风光、人文底蕴和商业繁荣于一处的地方，还是不多见的。十多年前，我领兵在这里平定刁民的叛乱，就曾数次登上梅岭，对于这'一夫当关，万夫莫开'的关楼和'南枝花落，北枝始开'的梅花奇观，我是终生难忘的啊！"

南安知府何宗伊闻知兵部尚书到来，自然不敢怠慢，热情有加，早早地带领府、县的全体官员到驿使门外迎接表示欢迎；又在南安府衙后花园的牡丹亭摆下宴席，款待王阳明。何宗伊竭力颂扬王阳明："自大人于正德十二年亲统大军，剿灭畲民十余年的叛乱以来，南安府一府四县（辖大庾、南康、上犹、崇义）连年丰衣足食，商贸繁荣，学风纯厚，这与前十年相比有天壤之别。大人，您功德无量啊。"接着，众官员也极力颂扬，频频敬酒，王阳明心里高兴，开怀畅饮。

宴罢，王阳明不顾旅途劳顿，拖着病体，在道源书院向热情的弟子和各界人士讲授他的"心"学。清代人游绍安有《重修道源书院记》云："夫濂洛薪传自宋，阳明先生以三百年后名儒，上接瓣香。其临卒于南安舟次也，犹津津讲学不置。"

第二天，王阳明弃轿舆，在南安东山大码头乘船，准备顺章江而下，经赣州，沿赣江，转长江，再经钱塘江转余姚。当船行至青龙铺（今大余县青龙镇赤江村，离大余县城——古南安所在地十公里左右）江面时，王阳明便舍舟乘轿前往丫山寺，探访周敦颐当年在南安时经常去并曾与寺内高僧讲经论佛的地方。

此时正是仲冬时节，山区的冬天，气候寒冷，路上行人稀少，有种萧瑟苍凉的感觉，王阳明不由想起了朱熹的《南安道中》中，对秋冬时节南安道的描述：

> 晓涧淙流急，秋山寒气深。
>
> 高蝉多远韵，茂树有余阴。
>
> 烟火居民少，荒溪草露侵。

悠悠秋稼晚，寥落岁寒心。

丫山灵岩寺，是"江西有数，赣南为甚"的江南名刹。自南唐时期始建，以后一直香火鼎盛。古往今来，许多名士高流如张九龄、周敦颐、张九成、游绍安、王奇、刘节、袁枚等，都慕名前来观赏，有的还留下了诗文佳作。古人有诗咏灵岩寺：

两峰高插白云层，入暮烟耕积翠凝。

山磬微风吹断后，疏林明灭是禅灯。

诗里透出灵岩寺浓浓的禅意。

不知不觉间，王阳明一行来到了灵岩古寺山门。此门为砖石结构牌坊，双顶三门。抬头看时，"灵岩古刹"匾额悬于上方，两侧楹联云：

灵山曾寄游踪，爱竹院僧闲，松龛佛静；

岩穴众多胜景，看双峰云锁，一水烟横。

禅意浓浓，王阳明感到已经到了禅的境界。

走过狮子桥、放生池和舍利塔，来到了灵岩寺。寺前有石狮一对，寺门楣上有"灵岩古寺"匾额，寺门两边有楹联一副，云：

灵感三千界，

岩藏五百僧。

王阳明的心情进入了禅的世界。

王阳明进寺时，恰逢寺里有位高僧将要入寂。高僧命僧徒将他的禅门紧紧地关起来，并告诫他们不得打开，还说了句"姑俟我至"。王阳明来到这里，见禅门紧闭，甚为奇怪，便向僧徒探问，僧徒将师父之嘱告之。王阳明听后笑道："固候我也。"遂命僧徒将禅门打开，他发现室内案几上有本书，他拂去灰尘，将书页掀开，轻声读了起来："五十七年王守仁，启吾钥，拂吾尘，问君欲识前程事，开门人是闭门人。"王阳明轻念数遍，细细体味后顿觉不妙，连惊带吓，匆匆离山回船。一路上，病情加重，回船后便病死在船上，享年正好五十七岁。

亲兵见王阳明忽然病逝，惊慌乱成一团，不知如何是好。幸好船家有主见，要亲兵派人急报南安府。南安知府何宗伊闻讯后，连忙派出快马飞报江西行省，直至京城嘉靖皇帝；同时，另外组织人力将王阳明遗体运回县城，用上等棺材装殓，并在府衙内布设灵堂。当时南安府及所属三县的官员、王阳明的弟子、各书院的学子，以及商贾、豪绅等闻凶讯后都来吊唁。

几天后，南安府派出官员与王阳明的亲兵一起，用船载着王阳明的灵柩，回浙江余姚。所到之处，江南各地的军、民、官、商、学都身着缟素，前来吊丧和送行。

这里值得一提的是王阳明的弟子，江西于都籍理学家黄弘纲。黄弘纲（1495—1561），字正之，称洛村先生，官至刑部主事。王阳明在赣州讲学期间，黄弘纲知道后立即登门拜师，听讲三天便领悟"心理合一"的道理，深得王阳明赞赏。从此二人亲密无间。这时，黄弘纲恰逢在家，听说老师病逝于大庾青龙圩，立即赶赴南安吊丧；并护送王阳明的灵柩回余姚安葬，像孝子一样为王阳明守灵，还帮助料理其家务。当时有人向朝廷进谗言，污蔑王阳明全家，企图革去其封爵世禄，并放逐其儿子。黄弘纲挺身而出，多方周旋，多方调护，使之幸免于难；并偕钱德洪、王畿，为王阳明的儿子请命成婚。后弃官归里，他还时常与聂豹、邹守益、罗洪先等王门弟子，研究和讲解王阳明之学。黄弘纲死后配享阳明祠。

"王阳明落星亭"位于大余县青龙镇赤江村附近的章江西岸（古为青龙铺），原为王阳明去世处，离大余县城13000米，离323国道约500米。建在临河的一处阶梯平台上，由亭阁、黄竹林组成，平台基石呈长方形，亭为四角亭，高约4米，琉璃瓦盖顶，四角飞檐翘角，顶为宝葫芦形，地面由多边形大理石镶拼而成，四周有水泥条凳供人们憩息。亭中立一座大理石碑，碑高2.14米，宽1.4米，朝西碑面阴刻"王阳明先生落星处"，落款是"日本九州大学名誉教授：冈田武彦手书体"，1994年5月竣工。冈田武彦，日本九州大学名誉教授，国际著名学者，日本当代儒家。

七、王阳明与阳明湖石鱼的故事

石鱼，又叫千年鱼，学名叫虾虎鱼，是一种长于河流、溪水中的淡水鱼，生活在阳明湖中，体形纤细，肉质细嫩，味道鲜美。入夜，阳明湖里点点灯火，就是照鱼的。鱼有趋光性，投身光明，九死而不悔。这种鱼与王阳明有关。

明正德十二年（1517）十二月，王阳明剿灭了谢志珊之后，率领得胜的队伍，来到陡水休息。那天晚上，月明星稀，打了胜仗的王阳明，在陡水的一家农舍里，跟弟子们讲学，讲的是"破山中贼易，破心中贼难"的道理。

王阳明跟他的弟子们说："我来南赣之前，听说这一带的山贼很厉害，烧杀抢掠，为害一方，前几任巡抚都束手无策，我的前任文森，称病不敢来。来到南赣之后，我也是诚惶诚恐，每打一仗都十分谨慎，生怕有什么闪失。然而，几次大战役打下来，福建漳南的詹师富被我歼灭了，横水、左溪、桶冈的谢志珊、蓝天凤的据点也被我彻底端掉了。我认为，山贼再猖獗，官兵一到，他们都得灭亡。"顿了顿，又说："但是，这地方为什么会有那么多山贼？即便现在消灭了山贼，也不能断言以后就不会出现山贼，只要私欲存在于心，山贼是有可能再啸聚山林的。所以，我认为，破山中的盗贼容易，破心中的盗贼却是难上加难。"

弟子黄弘纲说："只要人人都心里光明，没有私欲，山贼就不会出现。"

王阳明说："心存光明，谈何容易！"

正在此时，王阳明看见陡水河中，渔民们正打着火把，在河中照鱼。王阳明指着河中的火把说："你们知道渔民们在干什么吗？"

黄弘纲说："照鱼。"

王阳明说："是照鱼，照的什么鱼？为什么照？"

黄弘纲说拱拱手："请先生赐教。"

王阳明告诉弟子们："我已经了解过了。渔民们照的这种鱼，当地百姓叫它石鱼。这种鱼有一个特点，就是喜欢光。在黑暗的夜晚，只要一看见火光，它就拼命地聚集过来，虽九死而不悔。"

黄弘纲说拱拱手："我明白了，所以渔民们晚上打着火把来捕鱼。"

王阳明说："是的。因此，我给这种鱼起了一个新的名字，叫'千年鱼'，意思是精神不死，心灵长存。"

从此之后，"石鱼"又有了一个新的名字："千年鱼"。

八、王阳明与上犹"王爷米果"

黄元米果，柔软细嫩、熏香味鲜、爽口久藏，是上犹的特产，明代时列为贡品，每年要向朝廷进贡 5000 斤，专供皇室享用。说起来，这米果与王阳明有莫大的关系。

王阳明剿灭了谢志珊时，路经陡水，在陡水暂作停留，认真运筹。晚上，王阳明辗转反侧，怎么也睡不着，他在想什么呢？原来，就像当年周瑜赤壁之战时那样，万事俱备，只欠东风。那么，王阳明所欠的"东风"又是什么呢？

王阳明所欠的"东风"，是行军的食物！

谢志珊乱民盘踞的地方，都是在高山峻岭，地势异常险要，易守难攻，一夫当关，万夫莫开，加上山区天气，非雨即雾，阴晴不定，官军要去进攻，埋锅造饭非常困难，而一旦进入战斗状态，十天半月都没法正常吃上饭。这怎么是好？王阳明也了解到，当地人进山或外出办事，随身带一个竹筒，里面装上一点饭菜，可以解决两三天的问题。而官兵进山剿捕乱民，肯定要十几天以上，怎么解决吃食问题？

第二一大早，当地的厨师给王阳明端上了一碗黄元米果。厨师对王阳明说："大人，请品尝一下我们上犹的特产黄元米果。"

"米果"二字触动了王阳明，似乎"米果"是可以随身携带的，王阳明着急地问："什么样的米果？"

厨师带王阳明走进厨房，指着案板上一团略带黄色的黄元米果说："这就是黄元米果。"

王阳明问："黄元米果可以不要烹调直接吃吗？"

厨师说："当然可以！"

王阳明听了非常高兴，拍拍厨师的肩膀说："你不仅是一个好厨师，还是一个好军师，帮我解决了一个大问题，谢谢你！"

王阳明端起厨师递过来的大那碗黄元米果，津津有味地吃起来。这黄元禾米果，看上去鹅黄可爱，吃起来柔软爽口。

吃罢黄元米果，王阳明立即把属下军官叫来，召开了军事会议，决定把黄元米果作为这次进攻横水、左溪、桶冈的行军军粮，每名军士随身携带10斤，配上腌菜、咸鱼干。

官兵带着黄元米果，不仅吃得饱，而且吃得好，因此精神饱满、体魁强健，很快就打败了盘踞在齐云山区谢志珊、蓝天凤，取得了胜利。

官兵们非常感谢王阳明，给了他们这么好的食物，因为南方人"黄""王"不分，"元""爷"近音，官兵们叫"黄元米果"为"王爷米果"，从此，"王爷米果"就叫开了。这一叫不要紧，想不到传到正德皇帝耳朵里了。正德皇帝听说王阳明在赣南平定乱局时，发现了一种特别好吃的米果，官军吃了这米果后又打了胜仗，于是，就发了一道圣旨，要上犹向朝廷进贡这种"王爷米果"，从此，"王爷米果"成了贡品，每年向朝廷进贡，成为定例。

后来，"王爷米果"成为王阳明带兵打仗的主发干粮，王阳明攻打广东龙川的池仲容、南昌宁王朱宸濠，官兵随身携带的干粮，都是"王爷米果"。

九、狮象把水口

在陡水湖上住有许多漂泊游移的"水上人家"，他们上不惹天，下不沾地，仿佛在真空生活一样，这种家，它愿意漂往哪里就漂往哪里，自由自在。这些人原来都是以种田为生的，后来因为建水库，淹没了农田，没有了土地，他们靠水吃水，过起了渔家生活，为社会主义建设做出了自己的贡献。在这里水上的人家都是客家人，客家人勤劳勇敢、自信心很强，逢山开路，遇水架桥，创造了独具特色的客家文化。客家人的山歌极为丰富，其中就有不少提及渔家生活的。

> 新做木排搭竹房，阿妹划船念情郎。
> 阿哥眼睛溜溜转，看得阿妹无处藏。
> 大大方方给你看，省得阿哥口水淌。
> 聊了一夜到天亮，忘了半夜要收网。

陡水湖内盛产淡水鱼，其中石鱼为特产，只有火柴枝那么大，千年长不大。庐山石鱼大多出产于这里，这里还有桂花鱼、鲈鱼等，味道特别鲜美，游览之余，在水上餐馆烧上几条活鱼，伴有小酌，别有情趣。

"渔翁峡"，当地人叫"狮象把水口"。左边这座山像一头狮子，右边这座山像一只大象。狮、象两山镇住水口，好比大将军当关。明正德三年（1508），朝廷派王守仁率三省官兵到上犹镇压农民起义军，强行过峡，损失惨重，在这里留下了终身遗憾。如果船只从渔翁峡穿过，惊涛拍岸，仿佛可以听到当年那次战斗的悲壮的声音。

第十四章
礼仪教化　民性淳朴

客家由于其历史、人文和地理位置机缘，与宋明理学的联系相当紧密。宋明理学的开创，与客家地域有关；宋明理学的发展，与客家和客家人有关；宋明理学被推向新阶段，同样与客家、客家人分不开。从某种意义上说，宋明理学由周敦颐和二程在客家地域——江西南安开创；经客家人杨时、朱熹、陆九渊等的继往开来，得到发展；又经客家人陈献章（白沙）以及王守仁（阳明）在南赣客家地域的传承，被推向了新阶段。

一、周程过化　阳明教化

赣南由于地理位置和历史的机缘，受理学的影响非常之深。从历史和人文等角度去考察，赣南客家文化的内核就是理学文化。

赣南紧靠岭南，地处山野僻壤之区，大山长谷，人烟稀少。古南安府在"五岭之一"的大庾岭脚下，下辖大庾、南康、上犹三县，其地与广东相接，是通往岭南的交通要道。

北宋庆历五年（1045），28岁的周敦颐由分宁主簿调任南安军（军治在今大余县）司理。第二年（1046），兴国县令程珦（大中）调任南安军通判。

程大中系河南洛阳人，对儒学也有一定的研究，与周敦颐交往后，"视其气貌非常人，与语，知其为学知道，因与为友"。程大中对周敦颐的人品和学识都非常钦佩，于是就叫他的两个儿子——程颢、程颐拜周为师。当时，程颢15岁，程颐年仅14岁。多年以后，"二程"还津津乐道此事："昔受学于周茂叔，令寻颜子、仲尼乐处，所乐何事。"周敦颐要"二程"兄弟去寻找颜回和孔子为何能在艰难困苦中保持恒常的精神愉悦的缘故。关于"孔颜乐处"的命题，是宋明理学的核心问题之一。"二程"强调"学至涵养其所得而至于乐，则清明高远矣"。程颢又说："自再见周茂叔后，吟风弄月以归，有'吾与点也'之意。""吟风弄月"是孔颜"乐"的表现形式，绝不仅仅是为了欣赏山水田园的自然风光，而是要去"观物""静观"，从中体会出天地之根、万物之源，并进而获得道德修养的内在自觉性，坚定自我践履"中正仁和"的信心和决心。"二程"在周敦颐的悉心教育和培养下，步入了理学殿堂，并成为一代大宗师。

赣南明代理学出现繁荣的局面是同王阳明的大力提倡和言传身教分不开的。明正德十一年（1516），王阳明任都察院左佥都御使，巡抚赣南等处。他为了"破心中贼"，把理学提到压倒一切的地位。他在给门人的信中说："'破山中贼易，破心中贼难。'区区剪除鼠窃，何足为异？若诸贤扫荡心腹之寇，以收廓清平定之功，此诚大丈夫不世之伟绩。"于是，他订立南赣乡规民约，在赣南各县兴办书院、社学，刻印儒学经典，并且亲自授徒讲学，宣讲"致良知"的学说。王阳明在赣州修葺了濂溪书院，创办了阳明书院，还创办了其他书院、社学，计有二十多所。王阳明一生事业的奠基是在赣南，自剿灭了福建漳州和赣南崇义的山贼后，升官晋爵，从此平步青云，一直做到南京兵部尚书、两广巡抚。王阳明心学的核心理论"致良知"，是在赣南完善的；他的心学思想的代表作《传习录》《训蒙大意示教读》《古本大学》和《朱子晚年定论》都是在赣州刊刻出来的。

213

王阳明一时名声大噪，四方学者云集其门，相聚赣南。赣南的学子也纷纷拜王阳明为师。如王阳明名弟子、著名理学家邹守益、欧阳德、陈九川、徐爱、钱德洪、薛侃、王畿等，都围聚在王阳明身边，探讨心学精要。江西许多学子，在王阳明的教育和熏陶下，都成为一代心学名家。

王阳明之时，江西形成了"江右王门"，一大批江西理学家成为王学传人；而这批理学家，基本上都属客籍或籍属客地。这些客家人，他们在王门中的地位、作用和影响，远远超过其余王门学派，所以黄宗羲说："姚江之学，惟江右得其传。"吉水状元、理学家罗洪先年十五时，读王阳明《传习录》，欲往受业，因父阻未能成行，但他一辈子宗王阳明致良知之学。吉安人邹守益是王阳明的高足弟子，举进士、授编修一年后告归，谒王阳明于赣州，并讲学。他笃守阳明之学传统。落职后，穿梭于赣南和吉水之间讲学，史称"四方从游者踵至"。邹守益是王阳明的诸多弟子当中过从最密者，他不仅从学王阳明，而且同王阳明一起从戎，为王阳明出谋划策，为王阳明在短短的两三个月里击败朱宸濠的叛乱立下了汗马功劳，所以王阳明对他另眼相看，书信来往和诗词唱酬都较多。邹守益和欧阳德被视为王学正传。欧阳德（南野）系泰和人。欧阳德初见王阳明于赣州，年最少，时已领乡荐。王阳明亲切地叫他"小秀才"。听了王阳明首倡的"致良知"时，说："此正学也"，其识见异于世儒。王阳明还派遣他去服役，随时服务在王阳明的身边，欧阳德欣然从命，虽劳不怠。王阳明非常器重他。他常与其江西乡人邹守益、聂豹、罗洪先等讲学论道，学者甚众，"称南野门人者半天下"。曾在北京灵济宫讲论"致良知"，赴者五千。其学以"吾惟求诸心，心知其为是，即毅然行之"为宗旨，信守师说，其新见在于以阳明"致良知"重新解释《大学》"格物致知"的义旨。

具体来说，王阳明于教化方面采取了下列行动：

一是推行《南赣乡约》。王阳明为了破百姓的"心中贼"，发布了《南赣乡约》，在崇义农村推行。《南赣乡约》的指导思想是，通过推行乡约，以规范基层农民的行为，促使农民弃恶扬善，保证农村社会秩序的安定，遏制农民对政府的反抗。他认为，长期以来，农村之所以出现混乱，主要原因在于没有及早用良好的德性熏陶乡民，使农村形成良好的社会风气。而且，在过去的乡村治理中，只有一定的体制设施而缺乏得当的方法和措施。所以，必须通过建立乡约以弥补乡村治理中的缺失。乡村道德规范方面，主要强调三方面的内容：第一，婚嫁方面，要求男女成年之后应及时成家，男女双方家庭不得以男方聘礼不厚或女方嫁妆不丰而拖延婚期；同时，乡约要求妇女遵从丈夫，恪守妇道，保住贞节。第二，丧葬方面，要求子女对去世的父母以寿衣入殓，以棺停葬之，尽诚尽孝。但同时规定，办丧事应量力而行，力求节俭，不必盛设宴乐，耗尽家财，大肆铺张，以显示孝心。办丧事时铺张浪费者，记过一次，以不孝论处。第三，生计方面，普通良民应勤耕勤织，买卖公平，弃恶扬善；有过之人（包括参加农民起义而被降服者）应痛改前非，悔过自新。

二是建社学。社学二所，一在城南西隅，一在城南营中。社学，明清设于乡社间的学校。明洪武八年（1375），诏令京师及郡县置社学。清制，各州县于大乡、巨镇，各置社学，凡近乡子弟，年十二以上、二十以下，有志学文，皆可入学肄业，入学者免差役。

三是办乡饮。第逢正月十五日、十月初一日，崇义县官于儒学行礼。前期，县令俱书速宾，凡致仕官及士民有齿德儒行老成者参与。至日，于儒学之明伦堂序立，行相见礼，三揖而后至明伦堂台阶，三揖而后升堂。县官为主位于东南，大宾位于西北，僎宾位于东北，介宾次位于西南。九十者六豆，八十者五豆，七十者四豆；六十者坐，五十者立。县以下序爵坐，皆西向。耆老、儒士序齿坐，皆东向。教官一人为司正，扬觯致辞，生员讲读诰文，工歌《鹿鸣》。

四是教习射。在儒学里，训诲生徒，每日讲读文书罢，于学后设一射圃，教学生习射，朔望要试过。其有司官闲暇时，与学官一体习射。射式、射器、射职、射位，俱有仪注。

五是建旌善亭、申明亭。建县之初，县治前有旌善、申明二亭，"皆都御史王公守仁委南康县丞舒富建"。旌善亭，肇始于明太祖朱元璋洪武五年（1372）。"旌"者，"表扬"也，申明亭是当时读法、明理、彰善抑恶、剖决争讼小事、辅弼刑治之所。洪武五年，明太祖下令在全国城乡设置"申明亭"。申明亭里不仅定期张贴朝廷文告、公布本地罪犯或犯错人员的姓名及其罪错内容，而且推举德高望重之人，在申明亭主持调解民间轻微纠纷。除申明亭外，各地还设置"旌善亭"，张贴榜文，公布本地的孝子贤孙、贞女节妇之事，从而达到教化乡民之目的。王阳明在旌善方面做了许多工作，收到了非常成效，其主要做法是，恤嘉忠勇以彰其功德于乡里。思顺乡何景端、何珊、何瑜三父子，王阳明在桶冈进剿谢志珊时，出路崎岖，迷失途径。何景端公率族众为向导先锋，三男护从，助王阳明立功。王阳明认为他们首著劳绩，为国阵亡，为之立庙，"以旌忠孝；奏赐四履山场，永为祭资。端之胞侄瓒公端方正直，众举贤良，以邑禀而部准乡饮正宾。贞女石姑，身未归而夫亡，矢志守贞，节义著于县志。此皆彰彰可考，故特书始末从详"。

六是招抚新民。惩办首恶，释其胁从。"释其胁从者千有余众，归流亡，使复业。度地居民，凿山开道，以夷险阻"。"然城池台署，庐祀坛庙，官不动库，民不见索，市不知易，孰使然哉？公令招抚新民，各呈纪蓄，自负归农，重者立地安顿。给委南康县丞舒富，筑之，凿之，建之。维时儒学，苟县奏功"。为做好招抚新民的工作，王阳明特别颁行了《牌行招抚官》：横水等处新民廖成、廖满、廖斌等前来投招，随又招出别山余党唐贵安等一百四十二名口，俱称原系被胁无辜，"乞要安插，照例粮差"。王阳明于是告诉那些招抚官，要注意以下几个方面：第一，匪首谢志珊、蓝天凤等悉已擒剿，地方宁靖；第二，有功官兵俱升一级，不愿升者（如新民），照例给赏；第三，此后但有未尽余党，务要曲加招抚，毋得再行剿戮，有伤天地之和；第四，廖成等诚心投抚，意已可嘉；又能招出余党，非但洗其既往之罪，还应量加升赏，一以见朝廷之宽仁，一以励将来之向化。王阳明特别指示县丞舒富，要重视、重赏新民廖成等：第一，将廖成授以领哨义官，廖满、廖斌等各与巡捕老人名目，令其分统招出新民，编立牌甲，听候调遣杀贼，更立新效，以赎旧愆；第二，就于横水新建县城内立屋居住，分拨田土，令其照例纳粮当差；第三，照此成例，举一反三，仰谕各新民俱要洗心涤虑，永为良善，毋得听信仇家恐吓，妄生惊疑，自取罪累；第四，新民人等牛具田种，尚未能备，今特发去商税银一百两，就仰本官置买耕牛晨器，分给各民，督令上紧趁时布种。第五，其有见缺食用者，亦与量给盐米。

二、上犹民居客家门榜和楹联的理学内涵

华夏客家的南迁既是中华民族史上的壮举，也是人类史上族群变迁的重大事件。客家人在漫长的辗转迁徙过程中，与当地人进行广泛的交流，在继承中原灿烂文化的同时，吸收了各地的文化精华，形成了在语言、民情、风俗、精神个性等方面有显著特点的客家文化。客家文化中，民居有着十分突出的地位，它是透视客家民系的重要物象——因为它不仅是洞察客家民系意识的窗口，而且也是观照客家生活方式、经济景况、社会结构、风情习俗的具体途径。严酷的地理、社会环境，使客家人聚族而居，客家民居集实用与审美于一体，形成了独特的民俗文化景观，而民居中的门榜则是这种文化内涵的标志。

1. 客家民居门榜的背景

门榜，即刻于客家民居正门门额上的题词，多由四个字组成，是一个姓氏或家族的标志和代表，标志着这个家族的血缘、历史和荣誉。其内容丰富

多彩，或追叙姓氏源流，或彰明祖先业绩，或标明家风、家训，不一而足，蕴含着丰富而深厚的文化底蕴。

宋明理学，是中国古代哲学发展中的一个重要阶段，也是人类认知发展历史长河中的一个主要环节。从宋代开始的理学，在元、明、清三代，一直是我国占统治地位的思想。我们现在所说的儒家文化，或曰传统文化，在宋代以后，实际上就是理学思想影响下的中华文化。纯客县的上犹县民间特别看重题写门榜，这里的客家民居中保存了相当数量的门榜，据笔者多年的田野调查，达到3万块。这些门榜为研究上犹客家文化提供了一个独特的窗口。走进上犹的乡村，就像进入一座广阔无边的门榜展览馆；这里，家家户户的门额上匾式不一、题词各异。这里的门榜标示了姓氏的悠久与荣耀、家族的古老与声望、家庭的管理与教育、做人的修养与处世、世道的称誉与希冀。因此，门榜在这里不仅是装饰，更是一种文化，它往往记载着一段历史，叙述着一个故事，表达着房主的许多理念，并随着家族的繁衍世代相传。而这些，都是宋明理学所提倡的。

上犹位于江西省西南边陲、赣州市西部，东接南康，南连崇义，西邻湖省桂东县，北毗遂川县，是一个纯客县。这里地势险要，县境属罗霄山脉诸广山支脉，从湖南桂东县绵延入境，逶迤东南。西北部群峦叠嶂，沟谷交错，海拔在1000米以上的山峰有十几座。唐以前，这里人迹罕至。最早见于史籍记载的客家先民，是唐朝末年从赣县迁入的紫阳廖姓、秀罗王姓。而后的几百年内，分别有来自豫章、泰和、福建、广东等地的人口相继迁入，逐渐形成目前上犹客家聚集的格局。客家人在由中原地区辗转迁移的过程中，虽然整体上隔断了其与中原这方热土的联系，但在同一的生产方式（农耕文明）以及已有的心理定势和文化心态作用下，并没有隔断其原有家庭血缘关系，相反，由于迁移过程中的艰苦与险恶，更是加强了其新成员之间的相互照顾与支持，客家先民的南迁，在某种程度上可以说是对氏族宗法制度的一种挑战，但从另一角度来说，又有某种加强。因此，对客家人而言，家族的繁荣与繁衍成为一种持久的生活欲望，是许多人念念不忘的生存目的。这种浓厚的家族意识经世代相传且不断演化而成为一种"集体无意识"。门榜的大量存在正是这种"集体无意识"的体现。

2. 门榜是客家人对祖先崇拜的延续

祖先崇拜是中国人的古老传统，它起源于原始社会的鬼魂崇拜，而且与当时的生殖崇拜关系十分密切。我国从龙山时代至元代，祖先崇拜成为当时主要的原始宗教信仰，并在当时的社会中起着十分重要的作用。需要指出的是，此时的祖先崇拜不是广义的祖先崇拜，而是指对血缘组织的特定人格祖先的崇拜，这是基于当时血缘组织作为社会组织的基本单元而产生的。这个社会组织结构的经济基础是中国自给自足的小农经济，因为此种落后的生产方式和天灾人祸的影响，人们聚族而居成了一种内在的必然，同时也成为宗族社会长期存在和发展的内因。这为具有中国宗族特色的祖先崇拜的生长、发展以及兴盛提供了肥沃的土壤。首先，宗族的建立，直接导致了祖先崇拜。《白虎通义》载："宗，尊也，为先祖主也，宗人之所尊也。"可见宗族与祖先崇拜之间的关系是非常密切的。

其次，宗族的维持与兴盛离不开祖先崇拜。宗族内部成员之间既有共同的利益，也有纠纷与摩擦，这需要有一种权威的力量来维持内部的团结，祖先崇拜即成为最佳的选择，起了一种强化宗族的凝聚力的作用。宗族之所以能够长期地稳定，相当程度上依赖于全体族人对共同祖先的尊崇这一心理。就对象而言，主要是血缘亲族集团的已故家长或族长，他们被后世子孙奉为神灵，享受千秋万代的祭祀。

然而，随着社会生产力的发展、个体家庭的出现和社会政治制度的不断变革，原始社会的具有国家性质的祖先崇拜，不再成为国家的宗教信仰和立国理论。但是，祖先崇拜作为中国早期文明的特征、主要信仰，已深深地渗透进文化传统与氏族文化心理等各个方面，尽管中国社会发展到今天，期间经历了种种变迁，但以血缘关系维持着的宗法制度及其遗存和变种，在所依托的社会结构中却长期地保留着，这种以宗法为特征的社会结构定势，对民间的风俗产生了长期的影响。在这种背景下，中国的祖先崇拜日趋制度化、普及化、民俗化，其表现方式不仅仅限制在清明时节祭祀祖先和特定的时期内对宗庙的祭祀，其范围已经扩大了许多。在普通的单个家族上，江西上犹客家民居的门榜即是其中之一。上犹县客家人仍然保存着中原固有的宗族制度和文化传统。门榜是客家人祖先崇拜的特殊形式，它将中国古代的祖先崇拜以独特的形式延续到现在。

上犹县客家民居的门榜，主要分为四类，从不同角度反映客家人对其祖先的崇拜。

第一类：姓氏来源。如"冰清流芳"，采于中稍凌氏，意为冰凌清纯的美名传扬。据《百家姓考略》，卫公子仕于周为凌人。凌人，即为王室储藏冰块的官员，后裔以此职官为氏，即凌氏。"沈根传芳"，采于东山镇莲塘。黄姓的"江夏渊源"，说明黄姓的发源地是古代的江夏郡，与黄姓的堂号"江夏堂"相同。陈、钟、赖、邬等姓的"颍川世第"，则昭示了以上几姓均望出颍川郡。罗姓的"豫章遗风"，表明罗姓出自豫章郡。易姓的"太原遗风"和温姓的"太原世第"，注释其姓出自太原。其他如侯姓的"上谷家声"、徐姓的"东海传家"、邹姓的"东鲁名家"、肖姓的"兰陵传芳"、熊姓的"江陵衍庆"、郑姓的"名重荥阳"、薛姓的"河东焕彩"等，均属这一类。还有这类门榜折射的是对祖先发源地的怀念。"安土重迁"向来是中国人坚持的信条，但是，从中原到南方、从唐末到明清到现代社会，时空的大跨越、天灾人祸的无常，"宁卖祖家田，不忘祖先言"，使"安土重迁"失去了本来的意义。客家者，客而家焉，何来家乡呢？在长期的迁徙中，处处漂泊的客家人，对根的认同往往特别强烈，"只有千年的家族，没有百年的亲戚"，因此对祖先的崇拜特别虔诚，无论他们走得多远，始终记得自己的祖宗世次。普世性的文化认同与个别独特的亲缘群体的信同，在中国人的生活中，在不同层次下，合而为一，发展成为中国人的双重认同。一脉相承的根的意识使他们即使远离了祖先的家园，也无法阻断客家人对其祖先的深深眷恋，这些事实鲜明地表现了上犹客家人的崇祖意识。

第二类：源于祖先的人物传说或典型史实。如钟姓的"知音遗范"、田姓的"紫荆荣茂"、廖姓的"万石流芳"、杨姓的"清白传家"等。"知音"典出《列子·汤问》，即传颂千古的俞伯牙与钟子期的关于高山流水的故事。廖姓的"万石流芳"则源于史实。据《廖氏族谱》载，时任汝南太守的廖刚，聚谷万石奉献朝廷，力主抗金，功勋卓著，受到皇帝的褒奖，并于崇宁年间擢为中丞。其后世为了纪念他的光辉业绩，书"万石流芳"于门榜。类似的还有吴姓的"让德流芳"、曾姓的"三省传家"等。如前所述，祖先崇拜的对象是血亲家族的已故家长或族长，他们的一言一行对后辈、后世都产生很大的影响。其人格中的高贵品质，如刚正不阿、忧国忧民、礼贤下士等，成了后人奉行的经典，作为一种家训而得以流传至今。门榜的其中一个特点就是内容以嘉善行、功烈勋劳为主，称善不称恶，即它所保留的都是祖先的美好品德、言行，至少是符合当时社会发展的品德和言行。后世子孙崇拜祖先的言行，一方面是出于崇敬，祖先的言行对他们来说是一种表率；另一方面，他们的言行又可以作为规训来约束家族成员，可以形成一种很强的向心力，对整个家族兴盛起到了凝聚的作用，进一步提高了上犹客家人在险恶的环境中生存发展的能力。

第三类：源于本族先祖名人的字号或官职。如陶姓的"五柳高风"、李姓的"青莲遗风"、钟姓的"越国世第"、周姓的"濂溪世第"、朱姓的"紫阳世泽"、何姓的"水部高风"等。"五柳"是东晋名士陶渊明的号"五柳先生"的简称；"青莲"是唐代诗人李白的号；"越国"则是因为赣南第一任宰相钟绍京（兴国人）因佐命有功，被封"越国公"。"濂溪"是宋明理学的创始人周敦颐的号；"紫阳"是宋明理学集大成者朱熹的号；如果说第二类门榜所昭示的是一个姓氏的祖先的人性闪光点的话，那么，此类门榜则是叙述其先人的光辉业绩。客家先人们在其特定的历史环境中所取得的成就，是后世引以为荣的，其后裔大都能详诉祖德祖勋。因为他们本来大都出自世家大族，"衣冠南渡"后，更要以自己出身的高贵作为精神支柱，以支撑他们开基创业，并借此激励后世儿孙有所作为。这便是客家人敬祖追远的直接目的。作为一个家族，其发展、兴盛绝不仅仅限制在纯粹的农耕生活中，应该上升到一个高度。虽然客家人的人生目标并非一定是走仕途、考功名。但是对本姓的子孙后代来讲，祖先们的身体力行就是最好的教育形式。在后辈看来，祖宗是有灵性的，自己能否发达，关键在于祖先的"保佑"。这种敬祖追远始终是和慎终联系在一起的，它要求子孙不辱没祖宗。务求光宗耀祖，是宗法社会"同姓则同德，同德则同心，同心则同志"思想的延续与具体化。

与前三类门榜比较起来，第四类门榜更趋向于对祖先的文化方面的推崇。它们一般源于祖先名人学者的文章或者著作。如孔姓的"圣裔仁居"、张姓的"金鉴流芳"、戴姓的"礼经世泽"、周姓的"爱莲遗风"等。"圣裔"意即圣人的后裔，圣人指孔子，儒家文化的代表，中国人一直把他奉为传统文化的代表。"金鉴"典出于唐玄宗时的大臣、诗人张九龄，他向唐玄宗上书《千秋金鉴录》，极言兴废之道，以身讽谏，主张破格选用人才。"礼经"则指汉代戴德删《礼记》为85篇，称为《大戴礼记》，其侄戴圣又删《礼记》为49篇，称为《小戴礼记》。"爱莲"出自宋明理学创始人周敦颐写的《爱莲说》，是为千古名文。处于群山环抱中的上犹客家人，已经远离了中原故土，远离了中原文化，但是在骤然被抛离出主流历史轨道的时候，他们没有抛却已经深入心灵、溶入血管的中原文化；它仍然萦绕在客家人的心头，并且随着客家人的大迁徙而再生和发展。传说两千多年前，孔子就曾说过"礼失而求诸野"。当时定格在客家人出发前的文化记忆，在南方的一方水土重新得到发展。有学者认为，任何社会进步变化都是在旧有社会的某些已有成果的基础上改进而来的。客家人就是在继承中原文化的基础上创造了独特的客家文化，这与他们推崇祖先文化是分不开的。可以说，客家人的文化超出了其本来的地域，在另一个地方落地生根，是通过客家人的群体（其中含着两个姓氏的宗族）而得以体现的。上犹客家民居门榜记录的各个姓氏的祖先在各个文化领域内的造诣，正是因客家人对其祖先的崇敬而得以将其文化精神一直流传到现在。

综上所述，门榜与祖坟、祠堂、族谱一起成为上犹客家人崇祖的表现形式。这种举动不仅是个别的一时表现，还是深深植根于客家民系精神家园的自觉行动。与祖坟、祠堂、族谱相比，门榜又有其独特之处，它蕴含了更多的文化因素，包含了历史、文学、地理、政治、伦理、书法等诸多方面的信息，是一种特殊的文化载体。它所承载的不是远古时期对中华民族共同的祖先如女娲的崇拜，而是具有血缘关系的宗族成员对其同姓祖宗的崇拜。所以，门榜延续了中国人的祖先崇拜的传统，其延续不是一般形式如祭祖、祭庙、修族等方式，而是一种更为民俗化、简单化、家训化的方式。此种方式因其特有的稳定性、简洁性、深刻性，更加延续了传统的祖先崇拜。

3.门榜是上犹客家人崇文重教的体现

门榜，作为祖先崇拜的特殊的文化载体的同时，在另外一方面，它又成为客家人崇文重教的一种缩影，它浓缩了客家人从遥远的中原带来的文化；客家文化精神在这些风格各异的门榜中得到淋漓尽致的体现。

赖里查斯说过：一般来说，中华民族的特性是保留的、保守的，但客家人例外，因为客家人的特性、客家人的精神，是革命的、进取的。客家先人们在保留北方文化基因的基础上，一路南下，不断地融入了赣闽粤南方文化的一些因子。我们知道，在客家人大举南迁之前，中原博大精深的文化传统已经深入他们的骨髓，从而形成了特有的文化传统。传统可以说是一个民族或一个社会历代传承下来的，凝结在其文化中长久地制约着和规范着人们的思想、行为和情操的那些东西，其特征有：稳定性、模式化、排他性。正是因为传统的稳定性，上犹的客家人在颠沛流离中，仍然将中原文化传统完整地保存下来；正是因为传统的模式化，上犹的门榜能以一枝独秀的形式展现着客家人的精神风貌；也正是因为传统的排他性，上犹的门榜文化传统没有被南方原有的土著文明所同化，保持了相当的独立性，保证了中原优良传统在相对落后的南方地区重新大放异彩。一方面，因为优良传统的存在，客家人十分重视学习文化；另一方面，他们为险恶的环境所逼。赣南山区"大山长谷"，险阻难行，"舟车不通而商贾窒"。现实的残酷，使客家人不得不以耕读传家的方式求生存、求发展，教育因此变得势在必行；崇文重教也就成了客家人的一种十分强烈的观念。这种思想观念体现在诸多方面，如建书院、社学，崇先哲和重教化等。对于上犹客家人而言，由于地理和经济等各种条件的限制，规模宏大、设施完备的书院不是所有客家子弟都能就读，但这并不影响、妨碍上犹客家人对崇文重教的重视；他们"因地制宜"和"因陋就简"，以另一种独特的形式——门榜的标榜，将其表现出来，并且代代相传。可以说，门榜就是一种传统家训的变种。此种家训具有简明易懂、针对性强、文化内涵丰富等特点。更重要的是，它是以血亲伦理关系为基础的，是一种有效的教育形式。

门榜的崇文重教作用主要体现在两个方面：

一是修身律己的家族伦理道德教育。"修身、齐家、治国、平天下"，是我国传统文化中持久不变的真理。中原文化始终在客家人身上留有深刻的烙印。客家民系孕育于唐，成熟于宋，发展于明清，继承了秦汉魏晋时期所蕴积的儒家思想，因此在中原畅行无阻的儒家思想也在上犹得以充分的凸现。

典型的门榜有：曾姓的"三省传家"，吴姓的"让德流芳"，杨姓的"清白传家"，周姓的"爱莲遗风"等，这些门榜标示的是本族的一种家风。曾参说过"吾日三省吾身"，杨震拒贿以示清白，吴国始祖泰伯三让天下，周敦颐"予独爱莲之出淤泥而不染"——他们的共同特点就是高尚的道德，都是注重个人的修养，即"修身"。家族成员通过"修身"来端正家风，意在继承发扬，以励后世。家庭在非常漫长的历史时期中是人类社会的细胞，中国的家庭或者说是家族，更是在几千年的文明历史演变中，具有其特殊的性质和形式。简明而意义深刻的门榜，以家训的作用对一个家族进行行之有效的家教，使一个家族能够逐渐培养良好的家风，如兄弟和睦、严于律己、互谦互让、勤俭持家、尊老爱幼等。由"修身"进而上升到"齐家"，在端正家风的同时，对整个同姓家族的健康发展有积极的作用。另外，此种传统家族文化也有益于社会风气的变化，这对处于相对险恶的环境的上犹客家人来说是至关重要的。

二是读书济世的客家文化教育。中国人崇文重教的传统源远流长。学而优则仕，对身在崇山峻岭的上犹客家人而言更是刻骨铭心。他们不可能像大城市的人一样生活。一个家族要想发展，只有读书仕进，没有其他的路可走。要想振兴家族，出人头地，就不能不重视读书，否则只能永远在深山中默默无闻，而这种情况是任何一个家族都不希望看到的后果。所以，上犹客家人把热切的期望寄托在子孙后代身上，打造了坚实的耕读传家的文化传统。

"万般皆下品，唯有读书高"，在上犹不仅体现在客家人的尊师重教，也体现在作为"微型家谱"的门榜之中。钟姓的"越国世第"，何姓的"水部风高"，都是以祖先曾经担任过的官职而命名的。这是家族的荣耀的体现，是家族祖先出仕的成功典范，是活生生的教育典型，将它们刻上门榜，除了记录荣耀之外，还能让后世子孙以此为榜样，继续发扬崇文重教的传统。

与上述的政治意味较浓的门榜相比，纯粹文化味的门榜则是代表上犹客家人在文化方面的价值取向。如胡姓的"苏湖世第"，朱姓的"考亭遗风"，李姓的"青莲遗风"。"苏湖"指胡瑗任湖州教授，时称"湖学"。"考亭"则是朱熹讲学的地方；"青莲"是李白的号。这三姓的门榜同时也揭示了上犹客家人在崇文重教方面的取向，即对人才的尊敬，对知识的重视。它们并不是唯重事功，而是更注重一种实质方面的东西。能够考取功名当然是件好事，但现实中并非每个人都能够一举成员，所以追求读书所带来的真才实学是他们的根本，有了此种境界，即使做官不成，自己的真才实学还在，仍然能够为谋求生计提供最直接的帮助，所谓"穷则独善其身，达则兼济天下"；更为重要的是良好的文化积淀，对教育后代起着十分重要的作用，对提高整个家族的文化素质而言，至关重要。

门榜的普遍存在，把上犹客家人的崇文重教意识渗透到了各个家族、家庭中。在此种悬挂于家门的"家训"的指导下，上犹客家人不仅逐渐地培养了子孙的优雅性情，还改善了当地的社会风气，那里淳朴的民风就是最好的证明。培养一个贵族至少需要三代的努力，对于上犹客家人而言，世世代代的崇文重教使他们身上沉积了丰富的文化因子，而门榜在此过程中功不可没。

在众多的门榜中，近一二十年出现了用房主名号、打工创业、立志自励等为题材的门榜，这种门榜将郡望、姓氏色彩淡化，让家庭、个人色彩更浓。说明了门榜这一形式在不同时代的适应性和内容上的发展性。如果说传统门榜表现了上犹客家人热爱民族、不忘祖宗、牢记历史的优秀品质的话，新式门榜则反映了客家人在中华民族大家庭中艰苦创业、建设家园、憧憬美好、乐观豁达的精神风貌。还有一些如"紫气东来""山谷腾辉""旭日东升""力争上游"等新门榜，在数量上不算多，与前面的那些门榜相比而言，它们缺少一种深刻的文化内涵，但作为一种载体，它们同样与前面所述的门榜一样，反映了社会的精神面貌，是社会的一个缩影。

门榜，在其诞生至今的1000多年里，与堂名、楹联一样，成为客家人的家族标志和文化传承的纽带。由于历史的原因，许多客家地区的门榜逐渐消失了，而在上犹县，门榜依然大规模地完整存在，一如其在历史中扮演的角色，继续延续着中国人祖先崇拜的传统，同时又继承着中原的文化遗风，反映着上犹客家人崇文重教的精神面貌。在当今的社会里，它们的确可以称为客家文化的一枝奇葩。

三、上犹士风民俗

上犹士风民俗，多受王阳明教化影响。

上犹士民多务本力田，士果而朴，民直而刚，风尚节俭，勤于生业。上犹古县志载，冠礼、婚礼、丧葬、祭祀之礼，古俗参用明正德年间王文成公命辑，四礼要于冠礼，乡塾每月初一教童子肄习。于是大庾、南康多行之，大庾行于士大夫之家，南康则稍裕之家皆行，上犹、崇义亦间行之。

1. 婚礼

男女自幼媒妁通意，男家择日请媒，持帖至女家，求开女氏年、月、日、时八字，名为"传庚"。

问名礼：礼既吉，男氏诹日，备果饼礼报知，名为"报好"。

纳吉礼：女氏随宜回答稍长，男氏诹日用金银镯环、衣裙、果饼行聘，俗云"下定"。

纳征礼：征者，成也。女氏亦随宜回答，将婚，男氏具书及饼饵、羊、豕、币、帛、衣、钗等物，送至女家，俗云"过茶"。

请期：书及饼饵则受，羊豕有受有不受，币帛有折有具，有受有不受，衣、钗则随奁归于男氏。自报好至此，凡三礼，丰约各称身家，皆媒妁先达意，然后行礼。至期，女氏先择日请族戚中福泽之妇二人为女冠笄。迟明，男家请族戚，备彩轿，鼓乐导至女家，请女升舆，间亦有亲迎者。女至成婚合卺，共牢如仪。至女升舆时，布衣、布裙，装饰朴素，虽富贵人家亦然。

等到了男方家，然后换彩色服装，戴彩色凤冠，三日内行庙见礼。

2. 丧礼

人死后，选择古日，衣冠殓于堂，为小殓，族戚皆哭，谓之开吊。有力之家来吊者，各与帛一幅，贫者不发帛，并有不开吊者，旋殓于棺，为大殓。发引之日，族戚知交，仍来举奠，或送香楮，或送奠仪，至戚至交则设祭。丰者，或用全羊、猪及酒馔果品等项。有力之家，凡来奠者，亦各与帛。如行吊时，至戚则更以衣。出殡日，男妇皆来送殡，送后必留餐。因客过多，举殡之家力稍薄者，则竟受其累，于是有先日出止帖，谢绝众客者，略为省便易行。明正德、嘉靖年间，始有制，请仕宦，有声望之乡先生，此礼行之弥久。又凡有功名家，于举殡之前日，行通学拜奠礼，无论疏戚，凡有顶带者皆至。奠毕，主人各送钱一封，名为"代帛"，亦间有留餐者。至一切居丧发殡礼仪，大略遵守朱文公家礼为多，不至甚有更易。

3. 祭祖

祭者皆有宗祠，其祠以始基者为初祖，又有小宗祠，以再徙或别子为先祖，每岁清明、冬至，行礼侑以乐，其祭或推族长，或推宗子与族中有爵者主之，昭穆则以族长下两辈之年长者，亦各分献。绅士公服，民则常服。七月望日，率用俗礼，烧衣化钱，亦有祭于庙者，凡祭用酒果鸡豚，盛用竹箆，木豆三五，各循其分。

4. 岁时佳节

每逢岁明佳节，彼此庆贺。元旦黎明，家长率子弟先于祖堂前，设烛炷香，行一跪四叩礼，旋出大门外，参礼喜神，向四方各三揖，谓之"出行"。

正月八日，以米粉杂菜蔬八种煮食之，谓之"八宝羹"。

上元前五六日，乡里为花灯之戏，鼓乐喧阗，往来戚友，家戏毕，设酒果相劳，十七、十八始罢。

二月上戊，乡间祭社，每或十数家醵钱设酒肉于坛前，作灶具熟馔，供神毕，席地围坐，啖饮极畅，欣喜欢呼而散。秋社亦然。

清明期间，插柳、扫墓。

上巳，祓禊后，同人郭外游览，谓之"踏青"，小儿采蚊子花插发中，谓可辟除夏秋蚊虫。

立夏日，大家多煮全鸡子、蒸腊肉，以烧酒饮之，并宰狗食之。烹狗祖阳之意。

端午节，龙舟竞渡，两岸观者如堵，齐声喝彩，间有鼓楫，中流放凫鸭于水中，而观者其夺取者。

六月六日，种山土人以此日风色、日色，占是年山艺成熟，倘遇风日晴朗，则宰豚置酒相庆祝，佳节宴会，更倍欢欣。

中秋夕，小儿各拾瓦片，汇塔于门前，积薪其中烧之，红光彻里，皆谓之庆福。妇女于起更后，各在室中帘廊下设茶酒，向月拜祝，置簸箕几上，盛以米，更用筲箕覆而插箸其端，蒙以绢幅，令十一二岁女儿立两旁，轻托箕弦，移时箕忽自动，有祷则箸点画米中，次数、方向悉应如响。

七夕节，乞巧之意。

重九，登高，乡里蒸糍粑食之。

冬至，上坟，与清明同。

小除日，祭灶供祖，俗云"小年"。

5. 俗信

上犹俗颇信巫，凡疾病、死丧、祈禳、追荐，更有于父母年六七十时，设坛请僧道虔诵经藏，往各祠庙行香祈祷。又多造冥钱，用五色纸为箱盛而焚之，名为"寄库"。寄库者，谓留为父母死后之用也。事虽近于荒谬，然念及父母身后事，亦一念孝思，故士大夫家亦有行之者。

凡婚娶之家，宴前，用糖和糯米蒸成饭盛以盘，供祖筵上，更以碗，印成圆团，遍送戚友，亦取和气团圆之意。

凡喜庆事，用米粉入猪肉，杂以椒、酱，荷叶裹之，蒸极熟，饷客，味美在诸羞之上，俗称"荷包胙"。

6. 民俗渐变

清同治七年（1868），崇义县知县朱奎章所见到的崇义风俗是这样的："喜见山水清嘉，民俗之朴勤而近古也。"自王阳明过化后，山川得气运以开法制，"户口已渐而殷庶，人文已渐而亨通，风俗已渐而长厚"。

清范泰恒有《重修王文成公祠记》云：崇义，江西之僻壤也，高山环绕。旧属大庾、上犹、南康三县境明正德间，为峯贼谢志珊、蓝天凤所窃据，竖塞八十四，据地千里，骚扰三省，为害数年，未有能平其乱者。朝廷命王公守仁开军府于赣南……于是调练机快，那移缩费，刻期预剿，十道并进，不烦他省一兵，而贼首灭，诸寨破矣。大功克成，乃刊茶寮之石而去。又为之立县分乡，建城郭，置守兵，申明乡约，崇人德之，爰立祠以祀……夫易害而为福，去无穷之害以贻无穷之福，二百年来，休养生息，皆公赐也……公之功，崇义为首，公之祠，崇义为倡。

7. 犹邑渐治

清附生陈世珅《王文成公祠怀古十二韵》："耕耘修故业，庠序启先声。"

上犹乃王阳明过化之地与建功之所，"莫不家尸而户祝之，非民私于我公，直德业入人之深，而自不能忘情耳"。

"此地为明阳先生建节之地，且为先生告终之地，况平桶冈、平横水，此地方成乐土地，百世祀之，不亦宜乎？"

由于王阳明文化的影响，上犹民风淳朴。县志载：人民待人以礼，说话守信，急公好义，助人为乐。

8. 百姓崇尚礼仪

崇尚礼仪表现在诸多方面。其一如长幼有序，恭温谦让——行路让长者领先，吃饭让长者上座。茶酒先斟长辈，用饭替长辈盛好，让长者先提筷。

倘有询问，看对象注意称呼。如：公公、婆婆、伯伯、叔叔、伯母、婶娘、老表、表嫂、同志、阿姨、小朋友等。"请"字当先，问完则说"谢谢""难为您"等。见面时，古人作揖打躬，今人热情握手，互相问好。客人进屋，端茶递烟；婚丧喜庆，送礼帮忙。其二如急公好义——亲友遇困难，及时支援；陌生人有危难，积极抢救。办公益事，慷慨解囊。古时的桥梁道路，都是群众助钱、助力修成。例如：明朝肖学章等出资倡修道路，甘肃忠等捐谷700石修桥铺路；王朝宪捐谷300石立义仓，以备饥荒。清朝卢声闻捐谷1500石救饥。肖应谆捐银1000两给阳明书院作经费。刘明浩捐谷200石给阳明书院作灯火费。民国时期各乡群众捐献良田200多亩，作为中学和大学生的奖学金。国民党将领陈大庆也曾捐资作修建校舍和奖学金。杨安科为门河造渡船一只，花稻谷300多石。

上犹自王阳明平伏谢志珊之后，民风为之一变，尚德里是最好的例子。尚德里原属上犹地域。王阳明平伏谢志珊之后，拨大庾、南康、上犹三县的地以成县。大庾的永忠、南康的隆平、上犹的雁崇，都在崇义县治的附近，独尚德里离县城有一百多里地。平定谢志珊时，吉安知府伍文定，领兵由龙泉至北乡崇德、尚龙进发，崇义建县后，因为新县丁粮稀少，商议着要增补，因此将崇德、尚龙两地划过来，把两地的名称合称为尚德里，也表示广袤的意思。此后，这里的老百姓民风渐纯。清代周文发对这一情况做了详细而有说服力的记载。如此地的江头津渡、大溪小涧，都造了桥梁，险阻之处，都进行了修理，其费用都来自本地乐善好施的老百姓。到清代时，尚德里重文学，重私塾教化，闻名遐迩。如黄氏的江花亭、谢氏的宝树园、周氏的古梅斋、廖氏的文昌阁、王氏的聚秀轩等，而方、周、卢三姓的塾馆则以楼名，分别叫作鸢湖、凤冈、鹏搏，刘、廖、彭三姓以居名，分别叫作步月、登云、凌霄。这些都是非常富有文化内涵和诗情画意的名称，一听就感受到其中的人文底蕴。明清时期，尚德里也出了一些名人，如周世德，以诗文著称；当过赣州知府的谢元霖，以政绩著称；王、黄因节义得到官府的表彰；其余如"盛朝拣任，两县四郡同出一门。三实双节，聚周一家"。尚德里的风俗敦厚纯朴，以古道相处，互通婚姻，邻里和睦，互通有无，互相帮助，团结谐和；彼此常常举杯祝酒，殷勤相待。或者有一点小是非，一经解释，立即安然平息。因此尚德里有人活到六七十岁，还没因为是非见过乡里的官长。婚丧嫁娶，都尊礼循分，有违背了的，大家共同劝诫，也就没事了。

9. 户籍渐繁

崇义毗连楚粤，客户侨寓，流品杂遝，又鲜有大族。涧阿山椒，茅舍零星，保无有不执者，更无论谢、蓝二姓。由于遭受了一场大的兵灾，立县之后，崇义县境内的原居民死的死、逃的逃，人口所剩无几，官府征收的钱粮赋税不足以维持正常运转，于是王阳明就将当时人丁较多，赋税较为充裕，不与崇义接壤的上犹、南康两片区域划入新设立的崇义县管理。采用的方法是挖补。

第十五章
《南赣家书》 归至上犹

王阳明手札《南赣家书》作于正德十二年（1517）二月，在赣州上任南赣巡抚时写给其弟子徐爱、家弟的一封家书，内容丰富，极具史料价值，具有高度的艺术魅力，现馆藏于上犹阳明小镇阳明书院。

一、《南赣家书》法帖原文

正德十二年（1517）正月三日，自洪都发舟。初十日次庐陵，为父老留再宿。十三日末，至万安四十里，遇群盗千余，截江焚掠，烟炎障天，妻奴皆惧，始有悔来之意。地方吏民及舟中之人，亦皆力阻，谓不可前，鄙意独以为我舟骤至，贼人当未能知虚实，若久顿不进，必反为彼所窥。乃多张疑兵，连舟速进，示以有余。贼人莫测所为，竟亦不敢逼，真所谓天幸也。

十六日抵赣州，齿痛不能寝食。前官久缺之余，百冗纷沓，三省军士屯聚日久，只得扶病莅事。连夜调发，即于二十日进兵赣州属邑。复有流贼千余突来攻城，势颇猖獗，亦须调度，汀漳之役遂不能亲往。近虽陆续有所斩获，然未能大捷，属邑贼尚相持，已遣兵四路分截，数日后或可成擒矣。

赣州兵极疲，仓卒召募，未见有精勇如吾邑闻人赞之流者。不知闻人赞之流亦肯来此效用否，闲中试一讽之。得渠肯屈心情愿乃可，若不肯随军用命，则又不若不来矣。巧媳妇不能为无米粥，况使老拙婢乎？过此幸无事，得地方稍定息，决须急求退。曰仁与吾命缘相系，闻此当亦不能恝然，如何而可，如何而可！

行时见世瑞，说秋冬之间欲与曰仁乘兴来游。当时闻之，殊不为意，今却何因，果得如此，亦足以稍慰离索之怀。今见衰疾之人，颠仆道左，虽不相知，亦得引手一扶，况其所亲爱乎？北海新居，奴辈能经营否？虽未知何日得脱网罗，然旧林故渊之想，无日不切，亦须曰仁时去指督，庶可日渐就绪。山水中间须著我，风尘堆里却输侬，吾两人者，正未能千百化身耳，如何而可，如何而可？

黄舆阿睹近如何？似此世界，真是开眼不得，此老却已省却此一分烦恼矣。世瑞、允辉、商佐、勉之、半珪凡越中诸友，皆不及作书。宗贤、原忠已会面否？阶甫田事能协力否？湛元明家人始自赣往留都，又自留都返赣，遣之还不可，今复来入越，须早遣发，庶全交好。

雨弟进修近何如？去冬会讲之说，甚善。闻人弟已来否？朋友群居，惟彼此谦虚向下，乃为有益。《诗》所谓："温温恭人，惟德之基"也。趁曰仁在家，二弟正好日夜求益，二弟勉之！有此好资质，当此好地步，乘此好光阴，遇此好师友，若又虚度过日，却是真虚度也。二弟勉之！

正宪读书极拙，今亦不能以此相望，得渠稍知孝弟，不汲汲为利，仅守门户足矣。

章世杰在此，亦平安。日处一室中，他更无可往，颇觉太拘束。得渠性本安静，殊不以此为闷，甚可爱耳。克彰叔公教守章极得体，想已如饮醇酒，不觉自醉矣。亦不及作书，书至可道意。日中应酬怠甚，灯下草草作此，不能尽，不能尽。

守仁书奉曰仁正郎贤弟道契。守俭、守文二弟同此。守章亦可读与知之。

二月十三日书。

二、《南赣家书》法帖含义

王阳明的这幅《南赣家书》书法，向我们传递了许多信息。

第一，在赣州写，写赣州事；第二，娓娓道来，真实可信，是难得的研究王阳明的第一手资料；第三，印证了王阳明赴南赣任职，经万安联络商船拒盗的事实；第四，说明了王阳明在赣州立府时的身体状况；第五，说明了王阳明在赣州立府时，南赣复杂的匪情以及王阳明对匪情的担忧和初步剿匪情况；第六，反映了对诸弟的想念，对家人、家事的牵挂，连细节都写到了；第七，做好了功成身退、回乡聚徒讲学的打算；第八，"山水中间须著我，风尘堆里却输侬"，反映了王阳明廓然大公、克己复礼、忠君爱民、修齐治平的儒家情怀和随遇而安、坦然面对复杂形势的乐观主义情绪；第九，体现了王阳明"心即理""知行合一"思想的精髓；第十，王阳明不仅内心极为强大，其人性也极为丰富。精通儒、释、道三家学问的他，在病重劳乏之余，也有归隐山水过清静生活的憧憬。"山水中间须著我，风尘堆里却输侬"正是他追求研学和乡野生活的期望所在。

现存阳明先生的书信中，落款为"阳明山人"和"阳明居士"的不少，反映了他的超然心态，即身在官场，却不留恋功名利禄。因为不留恋功名利禄，才能放开手脚，才能不计个人得失，才能廓然大公，才能开启良知，才能决胜于战场。打仗是这样，考场是这样，干任何事都需要这个廓然大公之心。若个人利害横在心中，患得患失，就打不了胜仗，也干不了大事。

从信中我们知道，几个修学圣贤学问的学友约定，将来要归隐山林，要过"采菊东篱下，悠然见南山"的田园生活，为此徐爱已经在浙江老家置办了"北海"庄园，整修好就可以入住了。阳明先生一心盘算着，等打完仗，就去过陶渊明的隐士生活呢。但是盘算归盘算，他仍然在踏踏实实地指挥打仕。因为理想在前，当下才是现实，所以要干好当下的事。

生命的本质就是当下，过去的已经过去，未来的还未来，当下才是真实存在。清醒地觉知当下，干好手头的活儿，这样的生命才有意义。

生命就像一条长河，长河虽长，却是由一滴滴水汇聚而成，生命虽然不短，也是由一个个当下连续而成。

赣州是王阳明践行知行合一、致良知的重地，是王阳明乡村治理思想孕育和实践的要地，是王阳明建功立业的福地。这幅手札是阳明先生的精品力作，难得一见。作品从一个侧面，真实反映了阳明先生作为一代圣人，在赣南这块地域立德、立功、立言思想，体现了他知行合一、践行良知之道的心绪，殊为珍贵，对于研究和探讨阳明先生的建功立业的心路历程有不可或缺的重要价值。

这幅手札在赣州安家，使赣州的阳明文化遗存增添了一道亮丽的色彩，加重了赣州阳明文化研究高地的分量，是赣州文化之幸、阳明文化之福！

"山水中间须著我，风尘堆里却输侬。"虽然王阳明逝世已近五百年了，但是，先生一直没有离开我们。青山不老，绿水长存！近五百年前，先生的英灵永远留在了赣州。今天，这幅在赣州写、写赣州事、抒赣州情的手札回归赣州，先生的英灵又以一种特别的方式，回归到赣州，回到上犹的青山绿水之间！

三、《南赣家书》书法特点

纵观王阳明传世的行书作品，能看出其精熟草法，且他的结字形态多变且富有新意。用笔上爽快利落，竖画长且出锋尖厉，行间距、字间距均为适中，这就使几乎每一字均有独立的气息却又不脱离与上下字的连贯。且在转折首尾处多方笔，这也是其个人严谨性格的流露，与儒家"中和"的审美取向一致。虽崇尚飘逸俊秀，却懂得理性的节制，使其作品中流露出一派精致合法的儒者气质。此作正是其心学应用在艺术领域，以达到"心手合一"境界的完美体现，是一幅不可多得的艺术佳作，极具艺术价值与收藏价值。天津美术学院刘金库教授认为：此信札卷为王阳明致徐爱及家中诸弟的一封长信，写于明正德十二年（1517）二月。写此信时，王阳明初赴赣南一带平定寇乱。信中讲述了其赴任途中遭遇贼盗并惊险脱身的经历、新上任后的军务情况以及清剿乱军的进展情况，内容与年谱记载相吻合。信的后半部分则询问了家中诸弟及嗣子等人的生活和学业近况，言辞真切。此札《王文成公全书》未载，具有很高的史料价值。

而王阳明的书法，体现了其心学的体用观。王阳明曾说："既非要字好，又何学也？乃知古人随时随事只在心上学，此心精明，字好亦在其中矣。"用心做事，精心学书，书法才会好。

明朝第一才子徐渭曾评价王阳明的书法："古人论右军（王羲之）以书掩其人，新建先生（王阳明）乃不然，以人掩其书。今睹兹墨迹，非不翩翩然凤翥而龙蟠也，使其人少亚于书，则书且传矣。"这句话的意思是说王羲之的书法盖过了他个人的功名，而王阳明的书法则完全被个人的名声淹没，看王阳明的书法像是看飞起的龙凤，假如他的名声没有大到可以淹没他的书法的程度，那么王阳明完全可以凭借自己在书法上的成就流传后世。

弘治十五年（1502），王阳明三十一岁，手书唐代王驾《社日》诗，诗的内容是：

鹅湖山下稻粱肥，豚栅鸡栖对掩扉。

桑柘影斜春社散，家家扶得醉人归。

书写纵任奔逸，赴速急就，势态劲洒，翰雅神飞，是一幅难得的佳作，且是王阳明书法墨迹存世最早的一幅作品。藏于赣州阳明小镇长生阁艺术馆。

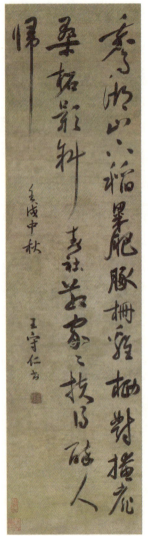

王阳明手书《社日》

王阳明三十七岁（1508），书写的《象祠记》，以草书书写，草法娴熟，笔力奔放昂扬，使转顿挫皆极有法度，字形变化多端，线条遒劲多姿。具张旭之狂颠，怀素之奔放。字与字之间连缀不断，或断而意连，笔墨高扬，沉着而劲爽，酣畅淋漓，一挥而下，写得何等风流儒雅，意态豪迈，令人叫绝。是王阳明传世草书的精品。

王阳明四十三岁（1514）写的送给妻子的外甥诸伯生的一幅书法作品，用笔俊丽遒劲，结字瘦紧绵密，并有欹侧之势，字字独立而行气畅达。全篇节奏有跳荡之感，但笔致中凝练、沉郁之意显然。

正德十一年（1516），王阳明写的《奉寿西冈罗老先生诗》，笔劲挺潇洒，骨力峻拔，风神高远，多有露锋，但能沉着。

正德十一年（1516），王阳明写的《龙江留别诗》，书写自然，行笔流畅清劲，略无凝滞，线条的粗细浓淡一应自然，字之间也疏朗有致，看不出有感伤之气。本卷乃为其送行友人白楼先生专门书录，是王阳明传世代表作之一，乾隆年间曾刻入《三希堂法帖》。卷中有清初朱之赤及乾隆、嘉庆内府鉴藏印多枚。卷后有朱彝尊题跋。

中国书法的"心性"，一直与传统"心性"

之学的文化内涵互相融通，互为表里。

有一种理论认为，一切艺术，特别是书法艺术的作品形式，均出自人们在特定文化意义下的描心摹象，艺术主题研究核心正是针对"描心摹象"。因此，艺术心理活动，包括人的性格、情操、欲念及社会文化关系对其影响，包括在儒、道、佛思想的影响熏陶下，人的自然"心性"的张扬或者抑制。心与性，是中国哲学中最根本、也是使用最广的两大观念。宋代以后，随着宋明理学的奠基和发展，心性这一概念被更广泛地应用，并且成为中国哲学的首要问题。

宋孝宗《原道辨》："以佛治心、以道治身、以儒治世"；于是就可感知佛、道、儒集于一身的人生、心态、文化。王阳明是"心"学大师，书法的"心性"特性，在王阳明那里发挥到了极致。王阳明指出："圣人之学，心学也""心者，天地万物之主也"。王阳明精辟地论述："心外无事，心外无理，故心外无学。"而这些心学研究成果，对书法艺术表现的思想文化诠释，具有极大的现实性意义。"心性"之学发展成为诠释书法的主要理论体系。

在近世的著名思想家中，王阳明的书法墨迹流传下来的可能是最多的，并以"清秀俊逸、规矩古法"的特点载入中国书法史册。据初步统计，现存于海内外的阳明手迹、遗墨和碑刻共有一百余幅，其中绝大部分已被收入计文渊编著的《王阳明法书集》、启文主编的《中国书法大全》、江西庐山白鹿洞书院印行的《白鹿洞书院名碑法帖》等碑帖书法作品中。除此之外，王阳明的手迹遗墨还散见于日本明治至大正时期发行的《阳明学》杂志、贵州人民出版社出版的《王阳明谪黔遗迹》《阳明祠·阳明洞碑刻拓片集》，以及个别明人文集和明清谱牒中。

四、用"心"学书

弘治元年（1488）七月，王阳明遵照父亲的吩咐，前往南昌迎娶表妹诸氏为妻，在南昌一住就是一年半，直到第二年十二月才离开。

舅父兼岳父的官署内有数箱宣纸，王阳明每天用这些纸潜心练习书法，第二年十二月，当王阳明离开南昌启程回余姚时，几箱纸都被他写完了，可见其刻苦。不过，王阳明一开始练习书法也是不着门道的，与现在学习书画的学生一样，王阳明开始也是临摹古人字帖，依样画葫芦。可是渐渐地，他发现这种方法不仅没有提高自己的书法水平，而且因为时时提醒自己字体、字形要和古人一样，写出来的字只有古人的形式，而无古人书帖上的神韵。后来索性就抛开古人的字帖，在下笔书写前，通过凝神静思，在自己心中先勾画好字形与运笔的方式来自己摸索，发现自己写出的字跟以前比大有改进。用这种在书写前心中凝神勾勒笔法的方式摸索适合自己并且表达自己精神的书写方式，再加上几个月持之以恒的刻苦探索，王阳明的书法有了巨大进步。

后来他讲授"心学"，常常引此事为例启发弟子们说："乃知古人随时随事只在心上学。此心精明，字好亦在其中矣。"可见王阳明通过对于书法的研究，上升到对自己心灵状态的研究。之后又从心灵状态对于研习书法艺术的重要作用，推出心灵对于人类一切认知世界、改造世界的活动都发挥着基础性、决定性作用。而格物是用心灵一步步解决实际问题的过程。研究书法的过程使王阳明第一次认识到，心灵对于解决实践活动中遇到的具体问题是如此的重要。

王阳明受理学家程颢、朱熹的影响较深，而这两人是非常注重一笔字的。

程颢曾经说过："某写字时甚敬，非是要字好，只此是学。"程颢认为，书法不仅仅是一种技巧，而是一种心法，这种心法同时也是做学问的根本。宋罗大经《鹤林玉露》云："造道必有门，伊洛先觉，以持敬为造道之门。""敬"是一种心法，一种心的修行。宋儒做学问时，对"敬都非常重视"。程颢把写字上升到"敬"的高度，可见其重视程度。

明陶宗仪《书史会要》称："朱子继续道统，优入圣域，而于翰墨亦加之工。善行草，尤善大字，下笔即沉着典雅，虽片缣寸楮，人争珍秘，不啻璠玙圭璧。"朱熹书法初学汉魏，崇尚晋唐，主张复古而不泥古，独出己意，萧散简远，古澹和平，非流俗所敢望，大有晋人风致。

五、历代名人论王阳明书法

王阳明的书法艺术，历代名家多有赞誉。

明代学者朱长春在评价王阳明的书法时说："公书法度，不尽师古，而遒迈冲逸，韵气超然尘表，如宿世仙人，生具灵气，故其韵高冥合，非假学也。"

明代书法家徐渭对王阳明的书法艺术评价极高，他夸赞王阳明的《矫亭说》墨迹"翩翩然风翥而龙蟠"，清隽之气扑面而来。徐渭（1521—1593），浙江绍兴人。初字文清，后改字文长，号天池山人、青藤道士。明代文学家、书画家、戏曲家、军事家。

清归庄赞曰："阳明先生一代儒宗，而亦工于书法如此，岂非艺即道耶？"归庄（1613—1673），明末清初书画家、文学家。一名祚明，守尔礼，又字玄恭，号恒轩，又自号归藏、归来乎、悬弓、园幺、鏖鏊钜山人、逸群公子等。江苏昆山人。明代散文家归有光曾孙，书画篆刻家归昌世季子，明末诸生，与顾炎武相友善，有"归奇顾怪"之称，顺治二年（1645）在昆山抗清，事败亡命，善草书、画竹，文章胎息深厚，诗多奇气。有《玄弓》《恒轩》《归玄恭文钞》等。

清朱彝尊赞曰："阳明先生功烈、气节、文章咸足不朽，独讲学稍异朱子。攒讥及之，然公论难泯，非一二患得患失鄙夫所能排击也。即如此卷，于平浰贼后见矣。不矜不伐，知进知退，俾览观者生敬……"朱彝尊（1629—1709），字锡鬯，号竹垞，又号驱芳，晚号小长芦钓鱼师，别号金风

241

亭长，浙江嘉兴人。清朝词人、学者、藏书家。康熙十八年（1679）举博字鸿词科，除翰林院检讨。康熙二十二年（1683），入值南书房。博通经史，参加纂修《明史》。作词风格清丽，为"浙西词派"的创始人，与陈维崧并称"朱陈"，与王士禛并称"南朱北王"；精于金石文史，购藏古籍图书不遗余力，为清初著名藏书家之一。著有《曝书亭集》等。

清钱大昕赞曰："阳明先生书矫亭说，笔势纵逸，似李北海，生平所见先生真迹，以此为最矣。"钱大昕（1728—1804），字晓征，又字及之，号辛楣，晚年自署竹汀居士，江苏嘉定人（今属上海），清代史学家、文学家、教育家，乾嘉学派代表人物。早年以诗赋闻名江南，乾隆十六年（1751）特赐举人，乾隆十九年（1754）中进士，官至詹事府少詹事，乾隆四十年（1775）居丧回乡，潜心著述、课徒，历主钟山、娄东、紫阳书院讲席，出其门下之士多至两千人。钱大昕是18世纪中国最为渊博和专精的学术大师，也是乾嘉学派的代表人物，生前就已是饮誉海内的著名学者。王昶、段玉裁、王引之、凌廷堪、阮元、江藩等著名学者都给予他极高的评价，后世公推钱大昕为"一代儒宗"。

清状元朱昌颐赞曰："王文成公理学之粹，勋业之隆，为有明一代伟人，翰墨乃其余艺……此手札乃别贵州诸生者，即以书法论，直入晋唐之室，而一种拳拳不忘之意，真令百世奋起也。"朱昌颐（1784—1855），字吉求，号正甫，又号朵山，海盐人。道光丙戌状元。授编撰，历官吏科给事中。著有《鹤天鲸海焚余稿》。朱昌颐为官时能"洞悉利弊，实心任事""弹章无所避忌"。归隐后，朱昌颐应邀于杭州敷文书院执教，被学者奉为楷模。

黄宾虹赞曰："明代文艺物以书画为优长，阳明功烈、文章炳耀史乘，即片言只字亦宜珍如璜璧。此卷成于黔中，壮年英伟气象，历劫不磨。可勿宝诸！"黄宾虹（1865—1955），初名懋质，后改名质，字朴存，号宾虹，别署予向虹叟、黄山山中人。浙江省金华人。中国近现代国画家，擅画山水，山水画一代宗师。他的技法，得力于李流芳、程邃，所作重视章法上的虚实、繁简、疏密的统一；用笔如作篆籀，洗练凝重，遒劲有力，行笔谨严处，有纵横奇峭之趣。所谓"黑、密、厚、重"画风，正是他显著特色。

章炳麟赞曰："观文成书似初拙晚巧者，盖亦所谓良知之妙周流六虚者也。"章太炎（1869—1936），浙江余杭人。原名学乘，字枚叔，后易名为炳麟。因反清意识浓厚，慕顾绛（顾炎武）的为人行事而改名为绛，号太炎。自认"民国遗民"。清末民初民主革命家、思想家、著名学者，研究范围涉及小学、历史、哲学、政治等，著述甚丰。晚年愤日本侵略中国，曾赞助抗日救亡运动。

当代艺术理论家余秋雨对王阳明的书法的评价是：王阳明书法无疑是以王羲之为根基的，其中以得力于《圣教序》为最多，但他又多方汲取宋代书家直到明代李东阳的笔意，更把自己在精神领域所达到的境界浸润到字里行间，一派高贵，一派自由，一派儒雅，一派放逸。人生的感悟、思维的解脱，全都化作了笔墨风度。我想，在书法中寻找王阳明的生命信号，应该是特别准确和亲切的。

第十六章
阳明诗文　述留上犹

一、文录

与顾惟贤

　　闻有枉顾之意，倾望甚切。继闻有夹剿之事，盖我独贤劳，自昔而然矣。此间上犹、南康诸贼，幸已扫荡，渠魁悉已授首，回军且半月。以湖广之故，留兵守隘而已。奏捷须湖广略有次第，然后举。朱守忠闻在对哨有面会之图，此亦一奇遇。近得甘泉书，已与叔贤同往西樵，令人想企，不能一日处此矣。承示："既饱，不必问其所食之物。"此语诚有病。已不能记当时所指，恐亦为世之专务辩论讲说而不求深造自得者说，故其语意之间，不无抑扬太过。虽然，苟诚知求饱，将必五谷是资。鄙意所重，盖以责夫不能诚心求饱者，故遂不觉其言之过激，亦犹养之未至也。凡言意所不能达，多假于譬喻。以意逆志，是为得之。若必拘文泥象，则虽圣人之言，且亦不能无病，况于吾侪，学未有至，词意之间本已不能无弊者，何足异乎。今时学者大患，不能立恳切之志，故鄙意专以责志立诚为重。同志者亦观其大意之所在，斯可矣。惟贤谓："有所疑而未解，正如饥者之求食，若一日不食，则一日不饱。"诚哉是言！果能如饥者之求饱，安能一日而不食，又安能屏弃五谷而食画饼者乎？此亦可以不言而喻矣。承示为益已多，友朋切磋之职，不敢言谢。何时遇甘泉，更出此一正之。

闽广之役，偶幸了事，皆诸君之功，区区盖坐享其成者。但闽寇虽平，而虔南之寇乃数倍于闽，善后之图，尚未知所出。野人归兴空切，不知知己者亦尝为念及此否也？曰仁近方告病，与二三友去耕雪上。雪上之谋实始于陆澄氏。陆与潮人薛侃皆来南都从学，二子并佳士，今皆举进士，未免又失却地主矣。向在南都相与者，曰仁之外，尚有太常博士马明衡、兵部主事黄宗明、见素之子林达有、御史陈杰、举人蔡宗兖、饶文璧之属，蔡今亦举进士，其时凡二三十人，日觉有相长之益。今来索居，不觉渐成放倒，可畏可畏！闲中有见，不妨写寄，庶亦有所警发也。甘泉此时已报满。叔贤闻且束装，曾相见否？霍渭先亦美质，可与言。见时皆为致意。

承喻讨有罪者，执渠魁而散胁从，此古之政也，不亦善乎！顾涮贼皆长恶怙终，其间胁从者无几，朝撤兵而暮聚党，若是者亦屡屡矣，诛之则不可胜诛，又恐以其患遗诸后人。惟贤谓："政教之不行，风俗之不美，以至于此。"岂不信然。然此膏肓之疾，吾其旬日之间可奈何哉？故今三省连累之贼，非杀之为难，而处之为难；非处之为难，而处之者能久于其道之为难也。贱躯以多病之故，日夜冀了此塞责而去，不欲复以其罪累后来之人，故犹不免于意必之私，未忍一日舍置。嗟乎！我躬不阅，遑恤我后，尽其力之所能为。今其大势亦幸底定，如其礼乐，以俟君子而已。数日前，已还军赣州。风毒大作，壅肿坐卧，恐自此遂成废人，行且告休。人还，草草复。

承喻用兵之难，非独曲尽利害，足以开近议之惑，其所以致私爱于仆者，尤非浅也，愧感愧感！但龙川群盗为南赣患，岁无虚月，剿捕之命屡下，所以未敢轻动，正亦恐如惟贤所云耳。虽今郴、桂夹攻之举，亦甚非鄙意所欲，况龙川乎！夏间尝具一疏，颇上其事，以湖广奉有成命，遂付空言。今录去一目，鄙心可知矣。湖广夹攻，为备已久。郴、桂之贼为湖广兵势所迫，四出攻掠，南赣日夜为备，今始稍稍支持。然广东以府江之役，尚未调集，必待三省齐发，复恐老师费财，欲视其缓急以次渐举。盖桂东上游之贼，湖广与江西夹攻，广东无与也。昌乐、乳源之贼，广东与湖广夹持，江西无与也。龙川之贼，江西与广东夹攻，湖广无与也。事虽一体，而其间贼情地势自不相及，若先举桂东上游，候广东兵集，然后举乳源诸处，末乃及于龙川，似亦可以节力省费而易为功。不知诸公之见又何如耶？所云龙川，亦止浰头一巢。盖环巢数邑被害已极，人之痛愤，势所不容已也。

来谕谓："得书之后，前疑涣然冰释。"幸甚幸甚！学不如此，只是一场说话，非所谓盈科而后进，成章而后达也。又自谓："终夜思之，如污泥在面而不能即去。"果如污泥在面有不能即去者乎，幸甚幸甚！自来南、赣，平生益友离群索居，切磋之间不闻。近日始有薛进士辈一二人自北来，稍稍各有砥砺。又以讨贼事急，今屯兵浰头且半月矣。浰头贼首池大鬓等二十余人，悉已授首。漏网者甲从一二辈，其余固可略也。狼兵利害相半，若调犹未至，且可已之。此间所用皆机快之属，虽不能如狼兵之犀利，且易驱策，就约束。闻乳源诸贼已平荡，可喜。湖兵四哨，不下数万，所获不满二千，始得子月朔日会剿依期而往。彼反以先期见责，所谓文移时出侵语，诚有之。此举本渠所倡，今所俘获反不能多，意有未惬而愤激至此，不足为怪。浰头巢穴虽已破荡，然须建一县治以控制之，庶可永绝啸聚之患。已檄赣、惠二知府会议可否？高见且以为何如？南、赣大患，惟桶冈、横水、浰头三大贼，幸皆以次削平。年来归思极切，所恨风波漂荡，茫无涯涘。乃今幸有湾泊之机，知己当亦为吾喜也。乳源各处克捷，有两广之报，区区不敢冒捷。然亦且须题知，事毕之日，须备始末知之。

近得甘泉、叔贤书，知二君议论既合。自此吾党之学廓然同途，无复疑异矣，喜幸不可言！承喻日来进修警省不懈，尤足以慰倾望。此间朋友亦集，亦颇有奋起者。但惟鄙人冗疾相仍，精气日耗，兼之淹滞风尘中，未遂脱屣林下，相与专心讲习，正如俳优场中奏雅，纵复音调尽协，终不免于剧戏耳。乞休疏已四上，銮舆近闻且南幸，以疮疾暂止。每一奏事，辄往复三四月。此番倘得遂请，亦须冬尽春初矣。后山应援之说，审度事势，亦不必然，但奉有诏旨，不得不一行。此亦公文体面如此。闻彼中议论颇不齐，惟贤何以备见示，区区庶可善处也。

近得省城及南都诸公书报云，即日初十日圣驾北还，且云船头已发，不胜喜跃。贱恙亦遂顿减。此宗社之福，天下之幸，人臣之至愿，何喜何慰如之！但区区之心犹怀隐忧，或恐须及霜降以后，冬至以前，方有的实消息。其时贱恙当亦平复，即可放舟东下，与诸君一议地方事，遂图归计耳。闻永丰、新淦、白沙一带皆被流劫，该道守巡官皆宜急出督捕，非但安靖地方，亦可乘此机会整顿兵马，以预备他变。今恐事势昭彰，惊动远近，且不行文，书至，即可与各守巡备道区区之意，即时一出，勿更迟迟，轻忽坐视。思抑归兴，近却如何，若必不可已，俟回銮信的，徐图之未晚也。

近得江西策问，深用警惕。然自反而缩，固有举世非之而不顾者矣，其敢因是遂靡然自弛耶？《易》曰："知至至之。""知至"者，知也；"至之"者，致知也；此知行之所以合一也。若后世致知之说，止说得一知字，不曾说得致字，此知行所以二也。病发荼苦之人，已绝口人间事，念相知之笃，辄复一及。

北行不及一面，甚阙久别之怀。承寄《慈湖文集》，客冗未能遍观。来喻欲摘其尤粹者再图翻刻，甚喜。但古人言论，自各有见，语脉牵连，互有发越。今欲就其中以己意删节之，似亦甚有不易。莫若尽存，以俟具眼者自加分别。所云超捷，良如高见。今亦但当论其言之是与不是，不当逆观者之致疑，反使吾心昭明洞达之见，有所掩覆而不尽也。尊意以为何如？

二、奏疏

议夹剿兵粮疏

正德十二年七月初五日

准兵部咨，该本部题职方清吏司案呈奉本部送兵科抄出巡抚湖广地方兼赞理军务都察院右副都御史秦金题称："会同巡按御史王度督同都、布、按三司掌印署都指挥佥事文恭、左布政使周季凤、副使恽巍等，议照湖广郴、桂等处所属地方，与广东乐昌、江西上犹等处县瑶贼密尔联络。彼处有名贼首龚福全、高仲仁、李斌、庞文亮、蓝友贵等，素恃巢穴险固，聚众行劫。先年用兵征剿，各贼漏殄未除，遂致祸延今日。臣等仰体皇上好生之心，设法抚处，冀图靖安，以成止戈之武。奈犬羊之性，变诈不同；豺狼之心，贪噬无厌；阳虽听招，阴实肆毒。今乃攻打县堡，虏官杀人，穷凶极恶，神人共愤。虽经各官兵擒斩数辈，稍惧归巢，缘其种类繁多，出没尚未可料。若非三省合兵，大彰天讨，恶孽终不殄除，疆宇何由宁谧！所据各官会呈，乞要大举。臣等再三筹议，非敢轻启兵端，但审时度势，诚有不容已者。况彼巢峒既多，贼党亦众；东追西窜，此出彼藏；必须调发本省土汉官军民兵杀手人等，共三万员名，分立哨道，刻期进剿。其两广、南、赣，仍须各调官军狼兵把截夹攻，协济大事。臣等计算兵粮重大，区处艰难，抑且本省兵荒相继，财力匮乏，前项合用钱粮，预须计处。今将应调土汉官军数目，供给粮饷事宜，及战攻方略，开坐具奏。"该本部覆称："阃外兵权，贵在专委；征伐事宜，切忌遥制。今郴、桂瑶贼为害日炽，既该湖广镇巡三司官会议兵不可已，要行克期进剿，朝廷若复犹预不决，往返会议，必致误事。但七月进兵，天气尚炎；况今五月将中，三省约会，期限太迫。再请敕两广总督等官左都御史陈金等，及请敕巡抚南赣左佥都御史王守仁，各照议定事理，钦遵会合行事，不许违期失误。及改拟九月中取齐进兵，庶三省路远，不误约会。"本年五月十一日，少保兼太子太保本部尚书王琼等具题奉钦依。备咨到臣。除钦遵外，卷查先据江西岭北道副使杨璋及湖广郴、桂兵备副使陈璧，并广东韶州府各呈申前事，臣参看得前贼恶贯已盈，神怒人怨，天讨在所必加。但近年以来，江西有桃源之役，疮痍甫起；福建有汀、漳之寇，军旅未旋。府江之师方集于两广，偏桥之讨未息于湖、湘；若复继以大兵，惟恐民不堪命。合无申明赏罚，容臣等徐为之图。惟复约会三省，并举夹攻。已经开陈两端，具本上请去后，今准前因，则巡抚湖广右副都御史秦金所题夹攻事理，既奉有成命矣。臣谨将南、赣二府议处兵粮事宜开坐。缘系地方紧急贼情事理，为此具本请旨。

计开：

南安府所属大庾、南康、上犹三县，各有贼巢，联络盘据，有众数千，西接湖广桂阳等县，南接广东韶州府乐昌等县。三省夹攻，必须湖广自桂阳、桂东等处进，广东自乐昌县进；在南安者，必须三县地方并进。赣州府所属，惟龙南县贼巢与广东惠州府龙川县浰头接境。浰头系大贼池大鬓等巢穴，有众数千，比之他贼，势尤猖獗。前此二次夹攻，俱被漏网。龙南虽有贼徒数伙，除之稍易。但其倚借浰头兵力以为声援，攻之则奔入浰头，兵退则复出为害。必须广东兵自龙川进，赣州兵自龙南进，庶可使无奔溃。

上犹去龙南几四百里，两处进兵，必须一时并举，庶无惊溃之患。大约计之，亦须用兵一万二千名。今拟调南康、上犹二县机兵、打手一千二百名；大庾县机兵、打手一千二百名；赣州府所属，除石城县外，宁都、信丰二县机兵、打手各一千名；其余七县，机兵、打手三千名；龙泉县机兵、打手一千名；安远县招安义民叶芳、老人梅南春等；龙南县招安新民王受、谢钺等兵共二千名；汀州府上杭县打手一千名；潮州府程乡县打手一千名；共辖一万二千之数。但广、湖两省之兵，皆狼土精悍，贼所素畏，势必偏奔江西。江西之兵，最为怯懦，望贼而溃，乃其素习。今所拟调，皆新习未练。

若使严以军法处治，庶几人心齐一，事功可成。

兵一万二千余名，每名日给米三升，一日该米三百七十余石；间日折支银一分五厘，一日该银一百八十余两。以六个月为率，约用米三万三千余石，用银二万余两。领哨、统兵、旗牌等官并使客合用廪给及赏功犒劳牛酒、银牌、花红、鱼、盐、火药等费，约用银二万余两。通前二项，约共用银五万两。二府商税银两，集兵以来，日有所费，见存银止有四千余两。二府并赣县、大庾、南康、上犹四县积谷，约计有七八万石；但贮积年久，恐舂米不及其数。见在前银不足支用，就欲别项区处，但恐缓不及事。查得江西布政司并各府县别无蓄积，止有该解南京折粮银两贮库未解，并一应纸米赃罚银两，合无行巡抚江西都御史孙燧转行布政司并行各府照数借给应用。候事宁之日，或将以后抽掣商税，或开中盐引，另为计处，奏请补还，庶克有济。

合用本省巡按御史随军纪功，管理钱粮。及统兵、领哨官员，除本省三司分守、分巡、兵备、守备并南、赣二府官员临时定委外，访得九江府知府汪赖、吉安府知府伍文定、汀州府知府唐淳、惠州府知府陈祥，俱各才识练达；程乡县知县张戬、抚州府东乡县知县黄堂、建昌府新城县知县黄文鹫、袁州府萍乡县知县高桂、吉安府龙泉县知县陈允谐，俱有才名，俱各堪以领兵。候命下之日，听臣等取用。

臣等窃照师期已迫，自今七月上旬至九月中旬，仅余两月，中间合用前项钱量器仗及拟调兵快、应委官员之类，悉皆百未有措；又事干各省，道途相去近者半月，远者月余，万一各官之中违抗推托，不肯遵依约束，临期误事，罪将安归！乞照湖广巡抚都御史秦金所奏该部题准事理，各官之中敢有抗违失误者，许臣等即以军法从事，庶几警惧，事可易集。

南赣擒斩功次疏

十二年七月初五日

据江西按察司整饬兵备带管分巡岭北道副使杨璋呈："据统兵等官南安府知府季敩呈解生擒大贼首一名陈曰能、从贼林杲等二十七名，斩获首级十六颗，俘获贼属男女十三口，及马牛等物。并开称，捣过禾沙坑、船坑、石圳、上龙、狐狸、朱雀、黄石等贼巢七处，烧死贼徒不计其数，并房屋禾仓三百余间。南康县县丞舒富呈，解生擒大贼首一名钟明贵、从贼曾能志等二十一名，斩获贼级四十五颗，杀死未取首贼一百一十七名，俘获贼属男女一十六名口，及牛、马、驴等物。并开称，捣过石路坑、白水峒、杞州坑、旱坑、茶潭、竹坝、皮袍、樟木坑等贼巢八处，烧死贼徒三百四十六名，并烧毁房屋禾仓四百七十余间。赣县义官萧庚呈：解生擒大贼首一名唐洪、从贼蒲仁祥等六名，斩获首级并射死贼徒一百三十八名，烧毁贼巢房屋禾仓一百二十七间，乃俘获牛羊、器械等物。并开称，捣过长龙、鸡湖、杨梅、新溪等处贼巢四处。各缘由到道。随据统兵官员并乡导人等各呈称，自本年正月蒙本院抚临以来，募兵练卒；各贼探知消息，将家属妇女什物俱各寄屯山寨林木茂密之处，其各精壮贼徒，昼则下山耕作，夜则各遁山寨。依奉本院方略，于六月二十日子时，各哨克期进剿。每巢止有二三十人或四五十人看守巢穴，见兵举火奋击，俱各惊溃；间有射伤药弩，即时身死，坠于深岩。及据县丞舒富、义官萧庚各回呈：止有上犹县白水峒、石路坑二巢，南康县鸡湖一巢险峻，巢内贼属颇多，被兵四面放火进攻，贼无出路，烧死数多。天明看视，止存骸骨，头面烧毁莫辨，以此难取首级等因。案照先为紧急贼情事，据上犹县申称，四月间被畬巢贼徒不时虏掠耕牛人口，请兵追剿，乡民稍得莳插。今早谷将登，又闻各巢修整战具出劫，乞为防遏，庶得收割聊生等因。并据县丞舒富及南安府呈，大庚县申同前事。该本道查得上犹县邻近巢穴，则有旱坑、茶潭、杞州坑、樟木坑、石路坑、白水峒、竹潭、川坳、阴木潭等巢，南安县则有长龙、鸡湖、杨梅、新溪等巢；大庾县则有狐狸坑、船坑、禾沙坑、石圳、上龙、朱雀、黄石坑等巢；多则三五百名，少则七八十名。合无将本院选集之兵，委官统领，分投剿过等因。已经呈奉本院批：'看得各贼名号日渐僭拟，恶毒日加纵肆，若果遂其奸谋，得以乘虚入广，其为患害，关系匪轻。除密行南、韶等府分兵防截外，仰该道即便部勒诸军，定哨分委。仍密召各巢附近被害知因之人堪为乡导者，前来分引各兵，出城之时，不得张扬。今正当换班之月，就令俱以下班为名，昼伏夜行，克期各至分地，掩贼不备，同时举事。分领各官，务要严密奋勇，竭忠以副委托。如或推托误事，及军士之中敢有后期退缩者，悉以军法从事，决不轻贷。该道亦要亲帅重兵，随后继进，密屯贼巢要害处所，相机接应，以防不测。一应机宜，务须慎密周悉。仍要严缉各兵所获真正贼徒，不许滥加良善'等因。遵奉统领各兵刻期进剿及加谨防遏。今据复呈前因，通查得各哨共计生擒大贼首三名，首从贼徒五十四名；斩获首级六十八颗；杀死射死贼徒二百四十余名；烧死贼徒二百余名；捣过巢穴一十九处；烧毁房屋禾仓八百九十余间；俘获贼属男女二十九名口，水黄牛、马、骡、羊一百四十四头匹只。所据各该领兵等官所报擒斩之贼，数固不多，而巢穴已空，无可栖身；积聚已焚，无可仰给。就使屯集横水、桶冈大巢，将来人多食少，大举夹攻，为力已易"等因，转呈到臣。

卷查先据副使杨璋呈称："据南安府并上犹等县及县丞舒富各呈申，访得大贼首谢志珊号'征南王'，纠率大贼首钟明贵、萧规模、陈曰能、唐洪、刘允昌等约会乐昌高快马等，大修战具，并造吕公车，欲先将南康县打破。闻知广东官兵尽调征剿府江，就行乘虚入广"等因，已经批仰该道部勒诸军，酌量贼巢强弱，派定哨分，选委谋勇属官统兵，密召知因乡导引领，昼伏夜行，刻定于六月二十日子时，入各贼巢，同时举火，并力奋击，务使噍类无遗。去后，今据前因，覆勘得前项贼巢，委果荡平殆尽，蓄积委果焚毁无遗。获功解报虽少，杀伤烧死实多；猖獗之势少摧，不轨之谋暂阻；居民得以秋获，地方亦为一宁。此皆遵依兵部申明律例事理，仰仗天威，官兵用命之所致，非臣之知谋所能及也。

臣惟南、赣之兵，素不练养，见贼而奔，则其常态。今各官乃能夜入贼巢，奋勇追击，在他所未为可异之功，于南赣则实创见之事。及照副使杨璋，区画赞理，比于各官，劳勋尤多。今夹攻在迩，伏乞皇上特加劝赏，以作兴勇敢之风。庶几日后大举，臣等得以激励人心。除将获功人员量加犒赏；生擒贼徒监候审决，首级枭示；俘获贼属领养；牛马赏兵；有功人员，查审的确，造册奏缴外；缘系斩获功次事理，为此具本题知。

议夹剿方略疏

十二年九月十五日

据江西岭北道副使杨璋呈："奉臣案验，准兵部咨，该巡抚湖广都御史秦金题为紧急贼情事，备行计处兵粮，约会三省，将上犹县等处贼巢克期九月中进剿等因，遵依。随将本道兵粮事宜计呈本院转达奏闻定夺外，随据南安府上犹、大庾等县申称，各县乡民早谷将登，各巢畲贼修整战具，要行出劫。并据南康县县丞舒富呈，访得大贼首谢志珊号'征南王'，纠率桶冈等巢贼首钟明贵等，约会广东大贼首高快马等，大修战具并吕公车，欲要先将南康县打破。闻知广东官兵尽调府江，就行乘虚入广流劫，乞要早为扑剿等因。已经呈蒙本院密受方略，行委知府季敩、县丞舒富等领兵分剿。共生擒大贼首陈曰能等三名，首从贼徒五十四名；斩获贼首级六十八颗；杀死射死贼徒二百四十余名；烧死贼徒二百余名；捣过巢穴一十九处；烧毁房屋禾仓八百九十余间；俘获贼属二十九名口；水黄牛、马、羊、骡一百四十四头匹；通经呈报。又蒙本院虑，贼必将乘间复出，行委知府季敩、指挥来春等统兵屯南安；指挥姚玺、县丞舒富统兵屯上犹；指挥谢昶、千户林节统兵屯南康；各于要害去处往来防剿。至七月二十五日，贼首谢志珊果复统众一千五百余徒，攻打南安府城。各官督兵迎敌，生擒贼犯杨銮等七名，斩获首级四十五颗，贼众大败而去。八月二十五日贼首谢志珊又统领二千余徒，复来攻打南安府城。各官督兵迎敌，生擒贼犯龙正等四十二名，斩获首级一百五十七颗，贼又大败而去。即今贼势少挫，若乘此机会直捣其巢，旬月之间，可期扫荡。但闻湖广之兵既已齐集，而广东因府江班师未久，复调狼兵，未有定期。谨按地图，江西之南安有上犹、大庾、桶冈等处贼巢，与湖广桂东、桂阳接境；夹攻之举，止该江西与湖广会合，而广东止于仁化县要害把截，夹攻不与焉。赣州之龙南有浰头贼巢，与广东龙川接境；夹攻之举，止该江西与广东会合，而湖广不与焉。广东乐昌乳源贼巢，与湖广宜章县接境；惠州贼巢，与湖广临武县接境；仁化县贼巢，与湖广桂阳县接境；夹攻之举，止该湖广、广东二省会合，而江西止于大庾县要害把截，夹攻不与焉。名虽三省大举，其实自有先后，举动次第，不相妨碍。若不此之察，必欲通待三省之兵齐集，然后进剿，则老师废财，为害匪细。合将前项事宜约会三省，以次渐举，庶兵力不竭，粮饷可省"等因，据呈到臣。看得三省夹攻，必须彼此克期定日，同时并举，斯乃事体之常。然兵无定势，谋贵从时，苟势或因地而异便，则事宜量力以乘机。三省贼巢，连络千里，虽声势相因，而其间亦自有种类之分、界限之隔。利则争趋，患不相顾，乃其性习。诚使三省之兵皆已齐备，约会并进，夫岂不善？但今广东狼兵方自府江班师而归，欲复调集，恐非旬月所能。两省之兵既集，久顿而不进，贼必惊疑，愈生其奸，悍者奔突，黠者潜逃；老师费财，意外之虞，乘间而起，虽有智者，难善其后。诚使先合湖广、江西之兵，并力而举上犹诸贼，逮事之毕，广东之兵亦且集矣；则又合湖广、广东之兵，并力而举乐昌诸处，逮事之毕，江西之兵又得以少息矣；则又合广东、江西之兵，并力而举龙川。方其并力于上犹，则姑遣人佯抚乐昌诸贼，以安其心。彼见广东既未有备，而湖广之兵又不及己，苟幸旦夕之生，必不敢越界以援上犹。及夫上犹既举，而湖广移兵以合广东，则乐昌诸贼，其势已孤。二省兵力益专，其举之益易。当是之时，龙川贼巢相去辽绝，自以为风马牛不相及，彼见江西之兵又撤，意必不疑。班师之日，出其不意，回军合击，蔑有不济者矣。臣窃以为因地之宜，先后合击之便，除臣遵照兵部咨来题奉钦依，会兵征剿，亦听随宜会议施行事理，已将前项事宜移咨广东、湖广总督、巡抚等官知会，一面相机行事外，缘系地方紧急贼情事理，为此具本题知。

换敕谢恩疏

十二年九月十五日

近准兵部咨，为申明赏罚以励人心事，该臣奏，该本部覆题节奉圣旨："是，王守仁著提督南、赣、汀、漳等处军务，换敕与他，钦此。"备咨到臣。本年九月十一日，节该钦奉敕谕："江西南安、赣州地方，与福建汀、漳二府，广东南、韶、潮、惠四府及湖广郴州桂阳县，壤地相接，山岭相连，其间盗贼不时生发，东追则西窜，南捕则北奔。盖因地分各省，事无统属，彼此推调，难为处置。先年尝设有都御史一员，巡抚前项地方，就令督剿盗贼。但责任不专，类多因循苟且，不能申明赏罚以励人心，致令盗贼滋多，地方受祸。今因所奏及该部覆奏事理，特改命尔提督军务，抚安军民，修理城池，禁革奸弊。一应军马钱粮事宜，俱听便宜区画，以足军饷。但有盗贼生发，即便设法调兵剿杀，不许踵袭旧弊，招抚蒙蔽，重为民患。其管领兵快人等官员，不问文职武职，若在军前违期并逗遛退缩者，俱听军法从事。生擒盗贼，鞫问明白，亦听就行斩首示众。斩获贼级，行令各该兵备守巡官即时纪验明白，备行江西按察司造册奏缴，查照升赏激劝。钦此。"俱钦遵外，窃念臣以凡庸，缪膺重寄。思逃罪责，深求祸源，始知盗贼之日炽，由于招抚之太滥；招抚之太滥，由于兵力之不足；兵力之不足，由于赏罚之不明。辄敢忘其僭妄，为陛下一陈其梗概。其实言不量力，请非其分，方虞戮辱之及。陛下特采该部之议，不惟不加咎谪，而又悉与施行；不惟悉与施行，而又隆以新命。是盖曲从试可之请，不忍以人废言也。

敕谕宣布之日，百姓填衢塞道，悚然改观易虑，以为圣天子明见万里，动察幽微；占群策之毕举，知国议之有人。莫不警惧振发，强息其暴，伪息其奸；怯者思奋而勇，后者思效而前；三军之气自倍，群盗之谋自阻。所谓舞于格苗，运于庙堂之上，而震乎蛮貊之中者也。

夫过其言而不酬，有志者之所耻也；冒宠荣而不顾，自好者不为也。臣固谫劣，亦宁草木无知，不思鞭策以报知遇！虽其才力有所难强，而蝼蚁之诚决能自尽；虽于利钝不可逆睹，而狐兔之穴断期扫平。臣不胜感恩激切之至！

横水桶冈捷音疏

十二年闰十二月初二日

据江西布、按二司巡守岭北道兵备副使杨璋、左参议黄宏会呈："据一哨统兵赣州府知府邢珣呈：'督同兴国县典史区澄等官兵，于十月十二等日，攻破磨刀坑等巢；十一月初一等日，攻破桶冈洞等巢；二十三日，会兵击贼于上新地寨，共十四处。共擒斩大贼首雷鸣聪、蓝文亨、梁伯安等六名颗，贼从王礼生等二百四十一名颗；俘获贼属；并夺回被房男妇二百五十七名口；烧毁贼巢房屋一百七十七间；及夺马牛赃仗等项。'二哨统兵福建汀州府知府唐淳呈：'督同上杭县县丞陈秉等官兵，于十月十二等日，攻破左溪等巢；十一月初一等日，攻破十八磊等巢：共十二处。共擒斩大贼首蓝天凤、蓝八、苏景祥等四名颗，贼从廖欧保等二百六十四名颗；俘获贼属；并夺回被房男妇五百四十四名口；烧毁贼巢房屋七百一十二间；及夺获马牛，器械、赃银等项。'三哨统兵南安府知府季斅呈：'督同同知朱宪、推官徐文英等官兵，于十月十二等日，攻破稳下等巢；十二月初三日，击贼于朱雀坑等巢；共八处。生擒大贼首高文辉、何文秀等五名；擒斩贼从杨礼等三百六十一名颗；俘获贼属；并夺回被房男妇一百七十一名口；烧毁贼巢房屋五百七十八间；夺获牛马赃仗等物。及先于七月二十五等日，二次被贼拥众攻打本府城池，统领本营官兵会同指挥来春、冯翔，与贼对敌。本职下官兵舍人共擒斩贼从龙正等一百三名颗；来春下官兵擒斩贼从王伯崇等二十五名颗；冯翔下官兵擒斩贼从刘保等一百三十五名颗。'四哨统兵江西都司都指挥佥事许清开称：'督领千户林节等官兵，于十月十二等日，攻破鸡湖等巢，共九处。共擒斩大贼首唐洪、刘允昌、叶志亮、谭祐、李斌等共一十名颗，贼从王志成等一百四十六名颗；俘获贼属；并夺回被虏男妇一百二名口；烧毁贼巢房屋二百间；及夺获牛马赃仗等物。'五哨统兵守备南、赣二府地方以都指挥体统行事指挥使郑文呈：'督领安远县义官唐廷华官兵，于十月十二等日，攻破狮子寨等巢；二十三日，会兵击贼于上新地寨。斩获首贼蓝文昭等三名颗；擒斩贼从许受仔等一百六十六名颗；俘获贼属；并夺回被虏男妇九十八名口；烧毁贼巢房屋四百一十二间；及夺获牛马器械等项。'六哨统兵赣州卫指挥余恩呈：'统领龙南县新民王受等兵，于十月十二等日，攻破长流坑等巢，共五处。擒斩大贼首陈贵诚、薛文高、刘必深三名颗，贼从郭彦秀等一百七十七名颗；俘获贼属；并夺回被虏男妇九十九名口；烧毁贼巢房屋五百一十七间；及夺获马驴、器械、赃银等物。'七哨统兵宁都县知县王天与呈：'督同典史梁仪等官兵，于十月十二等日，攻破樟木坑等巢，共三处。擒斩大贼首邓崇泰、王孔洪等八名颗；擒斩贼从陈荣汉等一百三十九名颗；俘获贼属；并夺回被虏男妇二百七十五名口；烧毁贼巢房屋一百六间；及夺获牛马赃物等项。'八哨统兵南康县县丞舒富呈：'统领上犹县义官胡述等兵，于十月十二等日，攻破箬坑等巢，共五处。擒斩贼从康仲荣等四百一十九名颗；俘获贼属；并夺回被虏男妇一百八十三名口；烧毁贼巢房屋九百九十三间；及夺获牛马赃银等项。及先于九月二十一等日，大贼首谢志田等攻打白面寨，随督发寨长廖惟道等，擒斩首从贼徒谢志田等三十五名颗。'九哨统兵广东潮州府程乡县知县张戬呈：'统领本县新民等兵，于十月二十四日等，攻破杞州坑等巢；十一月初一等日，攻破西山界、桶冈等巢；共九处。擒斩大贼首萧贵富、钟得昌等六名颗，贼从何景聪等二百五十七名颗；俘获贼属；并夺回被虏男妇一百五十七名口；及夺获牛马、器械、赃银等物。'十哨统兵吉安府知府伍文定呈：'统领庐陵县等官兵刘显等，于十月二十四等日，攻破寨下等巢；十一月初一等日，攻破上池等巢；二十日击贼于稳下等巢：共十二处。擒斩大贼首谢志珊、叶三等二十名颗，贼从王福儿等二百三十八名颗；俘获贼属；并夺回被虏男妇二百八十四名口；烧毁贼巢房屋一百三十三间；及夺获赃仗等物。'中营随征参随等官推官危受、指挥谢昶等各呈：'蒙提督军门亲统各职等官兵，于十月十二等日，攻破长龙、横水大巢及庵背等巢，共七处。'生擒大贼首萧贵模等一十四名；擒斩贼从萧容等四百六十五名颗；俘获贼属；并夺回被虏男妇二百四十八名口；烧毁贼巢房屋二百二间；及夺获牛马、金银、赃仗等项。'各呈报到道。

查得先为地方紧急贼情事，节奉提督军门案验备仰本道计处兵粮，约会三省官兵，将上犹等处贼巢克期进剿。奏请定夺外，本年六月初五日，据大庾、上犹等县申，并据南康县县丞舒富呈称：'大贼首谢志珊号"征南王"，纠率桶冈等巢贼首钟明贵等，约会广东大贼首高快马等，大修战具，并造吕公车，欲要先将南康县打破，就行乘虚入广。乞早为扑捕。'等因，备呈。本院行委知府季敩等分兵剿捕，获功，呈报奏闻讫。又经本院行委知府季敩、指挥来春、姚玺、谢昶、冯翔、县丞舒富、千户林节，各于要害防遏。擒斩功次，俱发仰本道纪验，解送本院枭示外，随该本道会同分守参议黄宏，议照江西地方惟桶冈一处该与湖广约会夹攻，龙川一县该与广东约会夹攻。其余三县腹心之贼，不时奔冲，难以止遏，合无以次剿捕等因，具呈。本院移文广东、湖广镇巡衙门，约会以次攻剿间，随奉本院分定哨道，指授方略。将知府邢珣等刻期进剿，备仰各道不妨职事，照旧军前纪验赞画等因，依奉催督各营官兵进攻去后，今呈前因，除将擒斩贼徒首级俱类送巡按衙门会审纪验明白，生擒仍解提督军门处决，并贼级照例枭示，被虏人口给亲完聚，贼属男女并牛马骡变卖银两，收候赏功支用，器械赃物俱发赣县贮库外，职等议照上犹等县横水等巢大贼首谢志珊、谢志田、谢志富、谢志海、萧贵模、萧贵富、徐华、谭曰志、雷俊臣，桶冈大贼首蓝天凤、蓝八苏、蓝文昭、胡观、雷明聪、蓝文亨、鸡湖大贼首唐洪，新溪大贼首刘允昌，杨梅大贼首叶志亮，左溪大贼首薛文高、高诵、冯祥，朱雀坑大贼首何文秀，下关大贼首苏景祥，义安大贼首高文辉，密溪大贼首高玉瑄、康永三，丝茅坝大贼首唐曰富、刘必深，长河坝大贼首蔡积富、叶三梅，伏坑大贼首陈贵诚，鳌坑大贼首蓝通海，赤坑大贼首谭曰荣，双坝大贼首谭祐、李斌等，冥顽凶毒，恃险为恶，僭拟王号，伪称总兵；聚集党类数千，肆行流毒三省；攻围南安、南康府县城池，杀害千户主簿等官；流劫湖广桂阳、郴县、宜章，吉安府龙泉、万安、泰和、永新等县。良民子女，被其奴戮；房屋仓廪，被其焚烧；道路田土，被其阻荒占夺者，以千万顷；赋税屯粮，负累军民陪纳者，以千万石。其大贼首谢志珊、蓝天凤，各又自称'盘皇子孙'，收有传流宝印画像，蛊惑群贼，悉归约束。即其妖狐酷鼠之辈，固知决无所就；而原其封豕长蛇之心，实已有不可言。比之姚源之王浩八、华林之胡雪二、东乡之徐仰四、建昌之徐九龄，均为贼首，而奸雄实倍之。今则渠魁授首，巢穴荡平，擒斩既多，俘获亦尽。数十年之祸害已除，三省之冤愤顿释。悉皆仰仗朝廷怜念地方之荼毒，大兴征讨之王师，并提督军门指授成算，号令严明，亲临督阵，身先士卒，以致各哨官兵用命争先，捐躯赴敌，或臻是捷。拟合会案呈详施行"等因，据呈到臣。

　　卷查先准兵部咨，为申明赏罚以励人心事，该本部覆议请敕："南赣等处都御史假以提督军务名目，给与旗牌应用，以振军威。一应军马钱粮事宜，径自便宜区画；文职五品以下，武职三品以下，径自拿问发落。如遇盗贼入境，即便调兵剿杀，不许踵袭旧弊招抚，重为民患。所部官军，若在军前违期逗遛退缩，俱听以军法从事。题：奉圣旨，是，王守仁著提督南、赣、汀、漳等处军务，换敕与他。其余事宜，各依拟行。钦此。”及为地方紧急贼情事，准兵部咨：“看得所奏攻治贼盗二说，合无行文，交与都御史王守仁，悉依前项申明赏罚事理，便宜行事，期于成功，不限以时等因。题：奉圣旨，是，这申明赏罚事宜，还行于王守仁知道。钦此。”又准兵部咨，该巡抚湖广都御史秦金题，该本部覆题：“看得郴、桂等处与广东、江西所辖瑶峒密迩联络，若非三省会兵夹攻，贼必遁散。合无请敕两广并南赣总督、巡抚等官会同行事，克期进兵等因。节奉圣旨：是，都依拟行。钦此。”又该巡按江西监察御史屠侨奏，要会同湖广、江西抚镇等官，各量起兵，约会克期夹剿。又该本部覆题：“奉圣旨：是，这南赣地方贼情，只照依恁部里原拟事宜，著都御史王守仁自行量调官军，设法剿捕。如有该与江西、两广巡抚、总督等官会兵征剿的，听随会议施行。钦此。”续准兵部咨，该臣题开计处南、赣二府兵粮事宜，及合用本省巡按、御史纪功缘由，该本部覆题：“奉圣旨：是，都依拟行。钦此。”俱钦遵。陆续备咨到臣，俱经行江西、广东、湖广各道兵备、守巡等官一体钦遵，调取官军兵快，克期夹攻。及咨巡抚江西都御史孙燧，并行巡按御史屠侨各查照外，续据领兵县丞舒富等呈称，各鲞贼首闻知湖广土兵将到，集众据险，四出杀掠，猖炽日甚，乞为急处等因到臣。当将进兵机宜，督同兵备副使杨璋、分守参议黄宏、统兵知府等官邢珣等，议得桶冈、横水、左溪诸贼，荼毒三省，其患虽同，而事势各异。以湖广言之，则桶冈诸巢为贼之咽喉，而横水、左溪诸巢为之腹心；以江西言之，则横水、左溪诸巢为贼之腹心，而桶冈诸巢为之羽翼。今不先去横水、左溪腹心之患，而欲与湖广夹攻桶冈，进兵两寇之间，腹背受敌，势必不利。今议者纷纷，皆以为必须先攻桶冈，而湖广克期乃在十一月初一日，贼见我兵未集，而师期尚远，且以为必先桶冈，势必观望未备。今若出其不意，进兵速击，可以得志。已破横水、左溪，移兵而临桶冈，破竹之势，蔑不济矣。于是，臣等乃决意先攻横水、左溪，密切分布哨道，使都指挥佥事许清率兵千余，自南康县所溪入；知府邢珣率兵千余，自上犹县石人坑入；知县王天与率兵千余，自上犹县白面入；令其皆会横水。使守备指挥郏文率兵千余，自大庾县义安入；知府唐淳率兵千余，自大庾县聂都入；知府季敩率兵千余，自大庾县稳下入；县丞舒富率兵千余，自上犹县金坑入；令其皆会左溪。知府伍文定、知县张戬，候各兵齐集，令其亦从上犹、南康分入，以遏奔冲。臣亦亲率兵千余，自南康进屯至坪，期直捣横水，以与诸军会；而使兵备副使杨璋、分守参议黄宏，监督各营官兵，往来给饷，以促其后。分布既定，乃于十月初七日夜，各哨齐发；初九日，臣兵至南康；初十日，进屯至坪。使间谍四路分探，皆以为诸贼不虞官兵猝进，各巢皆鸣锣聚众，往来呼噪奔走，为分投御敌之状，势甚张皇；然已于各险隘皆设有滚木擂石。度此时贼已据险，势未可近。臣兵乘夜遂进。十一日小饷，未至贼巢三十里，止舍，使人伐木立栅，开堑设堠，示以久屯之形。夜使报效听选官雷济、义民萧庚，分率乡兵及樵竖善登山者四百人，各与一旗，赍铳礁钩镰，使由间道攀崖悬壁而上，分列远近极高山顶以觇贼。张立旗帜，爇茅为数千灶；度我兵且至险，则举炮燃火相应。十二日早，臣兵进至十八面隘。贼方据险迎敌，骤闻远近山顶礁声如雷，烟焰四起；我兵复呼噪奋逼，铳箭齐发。贼皆惊溃失措，以为我兵已尽入破其巢穴，遂弃险退走。臣预遣千户陈伟、高睿分率壮士数十，缘崖上夺贼险，尽发其滚木擂石。我兵乘胜骤进，声震天地。指挥谢昶、冯廷瑞兵由间道先入，尽焚贼巢。贼退无所据，乃大败奔溃。遂破长龙巢，破十八面隘巢，破先鹅头巢，破狗脚岭巢，破庵背巢，破白蓝、横水大巢。

先是，大贼首谢志珊、萧贵模等，皆以横水居众险之中，倚以为固。闻官兵四进，仓卒分众扼险，出御甚力。至是，见横水烟焰障天，铳礁之声撼摇山谷，亦各失势，弃险走。各哨官兵乘之，皆奋勇力战而入。知府邢珣遂破磨刀坑巢，破茶坑巢，破茶潭巢；知县王天与破樟木坑巢，破石王巢；都指挥许清破鸡湖巢，破新溪巢，破杨梅巢；俱至横水。知府唐淳破羊牯脑巢，破上关巢，破下关巢，破左溪大巢；守备指挥郏文破狮寨巢，破义安巢，破苦竹坑巢；指挥余恩破长流坑巢，破牛角窟巢，破鳖坑巢；县丞舒富破箬坑巢，破赤坑巢，破竹坝巢；知府季敩破上西峰巢，破狐狸坑巢，破铅厂巢；俱至左溪。守巡各官亦随后督兵而至。是日，擒斩首从贼人、贼级并俘获贼属男妇、夺回被虏人口、牛马、赃仗数多，其余自相蹂践，堕岸填谷而死者，不可胜计。当是时，贼路所由入，皆刊崖倒树，设阱埋签，不可行。我兵昼夜涉深涧，蹈丛棘；遇险绝，则挂绳崖树，鱼贯而上，猿臂而下，往往失足堕深谷。幸而不死，经数日始能出。各兵已至横水、左溪，皆困甚，不复能驱逐。会日已暮，遂令收兵屯札。次日，大雾，雨，咫尺不辨；连数日不开。乃令各营休兵享士，而使乡导数十人分探溃贼所往，并未破巢穴动静。十五日，得各乡导报，谓诸贼分阵，预于各山绝险崖壁立有栅寨，为退保之计，有复合聚于未破之巢者，俱不意我兵骤入，未及搬运粮谷。若分兵四散追击，可以尽获。臣等窃计，湖、广夹攻在十一月初一，期已渐迫。此去桶冈尚百余里，山路险峻，三日始能达。若此中之贼围之不克，而移兵桶冈，势分备多，前后瞻顾，非计之得。乃今各营皆分兵为奇正二哨，一攻其前，一袭其后，冒雾速进，分投急击。十六日，知府邢珣攻破旱坑巢，鸢井巢；知府季敩、守备指挥郏文攻破稳下巢，李家巢。十七日，知府唐淳攻破丝茅坝巢。十八日，都指挥许清攻破朱雀坑巢，村头坑巢，黄竹坳巢，观音山巢。十九日，指挥余恩攻破梅伏坑巢，石头坑巢。二十日，知府邢珣又攻破白封龙巢，芒背巢；知县王天与攻破黄泥坑巢，大富湾巢。二十二日，县丞舒富攻破白水洞巢；本日，知府伍文定、知县张戬兵亦至。二十四日，知府伍文定攻破寨下巢，知县张戬攻破杞州坑巢。二十五日，知县张戬又破朱坑巢，知府伍文定破杨家山巢。二十六日，知府季敩又破李坑巢，都指挥许清又破川坳巢。二十七日，守备指挥郏文又破长河洞巢。连日各擒斩首从贼人、贼级并俘获贼属男妇，夺回被虏人口、牛马、赃仗数多。

是日，各营官兵请乘胜进攻桶冈。臣复议得桶冈天险，四面青壁万仞，中盘百余里，连峰参天，深林绝谷，不睹日月。中所产旱谷、薯蓣之类，足饷凶岁。往者亦尝夹攻，坐困数月，不能俘其一卒，竟以招抚为名而罢。及询访乡导，其所由入，惟锁匙龙、葫芦洞、茶坑、十八磊、新地五处，然皆架栈梯壁，夤悬绝壁而上。贼使数人于崖巅，坐发擂石，可无执兵而御我师。惟上章一路稍平，然深入湖广，迂回取道，半月始至。湖兵既从彼入，而我师复往，事皆非便。今横水、左溪余贼皆已奔入其中，同难合势，为守必力。善战者，其势险，其节短。今我欲乘全胜之锋，兼三日之程，长驱百余里而争利，彼若拒而不前，顿兵幽谷之底，所谓强弩之末，不能穿鲁缟矣。今若移屯近地，休兵养锐，振扬威声，先使人谕以祸福，彼必惧而请服。其或有不从者，乘其犹豫，袭而击之，乃可以逞。乃使素与贼通戴罪义官李正岩、医官刘福泰，释其罪，并纵所获桶冈贼钟景，于二十八日夜悬壁而入，期以初一日早，使人于锁匙龙受降。贼方甚恐，见三人至，皆喜，乃集众会议。而横水、左溪奔入之贼，果坚持不可，往复迟疑，不暇为备。臣遣县丞舒富率数百人屯锁匙龙，促使出降；而使知府邢珣入茶坑，知府伍文定入西山界，知府唐淳入十八磊，知县张戬入葫芦洞；皆于三十日乘夜，各至分地。遇大雨，不得进；初一日早，冒雨疾登。大贼首蓝天凤方就锁匙龙聚议，闻各兵已入险，皆惊愕散乱，犹驱其众男妇千余人，据内隘绝壁，隔水为阵以拒。知府邢珣之兵渡水前击，张戬之兵冲行其右，伍文定之兵自张戬右悬崖而下，绕贼傍击。贼不能支，且战且却。及午，雨霁，各兵鼓奋而前，乃败走。县丞舒富、知县王天与所领兵，闻前山兵已入，亦从锁匙龙并登。各军乘胜擒斩，贼悉奔十八磊。知府唐淳之兵复严阵迎贼，又败。然会日晚，犹扼险相持。次早，诸军复合势并击，大战良久，遂大败。知府邢珣破桶冈大巢，破梅伏巢，破鸟池巢；知县张戬破西山界巢、锁匙龙巢，破黄竹坑巢；知府唐淳破十八磊巢；知府伍文定破铁木里巢，破土池巢，破葫芦洞巢；知县王天与破员分巢，破背水坑巢；县丞舒富破太王岭巢。擒斩首从贼人、贼级并俘获贼属男妇、夺回被虏人口、牛马、赃仗数多。贼大势虽败，结阵分遁者尚多。是日，闻湖广土兵将至，臣使知府邢珣屯葫芦洞，知府唐淳屯十八磊，知府伍文定屯大水，守备指挥郏文屯下新地，知县张戬屯礤头，县丞舒富屯茶坑，指挥姚玺、知县王天与屯板岭；而副使杨璋巡行礤头、茶坑诸营，监督进止，以继其粮饷。又使知府季敩分屯聂都，以防贼之南奔；都指挥许清留屯横水，指挥余恩留屯左溪，以备腹心遗漏之贼；而使参议黄宏留札南安，给粮饷，以为聂都之继。臣亦躬率帐下屯茶寮，使各营分兵，与湖兵相会，夹剿遁贼。初五日，知府邢珣又破上新地巢，破中新地巢，破下新地巢。初七日，知府唐淳又破杉木坳巢，破原陂巢，破木里巢。十一日，知县张戬破板岭巢，破天台庵巢；十三日，又破东桃坑巢，破龙背巢。连日各擒斩俘获数多。其间岩谷溪壑之内，饥饿病疹颠仆死者，不可以数。于是，桶冈之贼略尽。臣以其暇，亲行相视形势，据险立隘，使卒数百，斩木栈崖，凿山开道。又使典史梁仪领卒数百，相视横水，创筑土城；周围千余丈，亦设隘以夺其险。议以其地请建县治，控制三省诸瑶，断其往来之路；事方经营。十六日，据防遏推官徐文英呈称，广东鱼黄等巢被湖兵攻破，贼党男妇千余，突往鸡湖、新地、稳下、朱雀坑等处。臣复遣知府季敩分兵趋朱雀坑等处，知府伍文定趋稳下、鸡湖等处，守备指挥郏文、知府邢珣趋上新等处，各相机急剿。二十日，知府伍文定兵，击贼于稳下寨、西峰寨、苦竹坑寨、长河坝巢、黎坑巢。二十三日，守备指挥郏文、知府邢珣击贼于上新地巢，知府伍文定又追击于鸡湖巢。十二月初三日，知府季敩击贼于朱雀坑寨、狐狸坑巢。擒斩首从贼徒、俘获贼属、夺获赃仗数多。于是奔遁之贼始尽。然以湖、广二省之兵方合，虽近境之贼悉以扫荡，而四远奔突之虞，难保必无。乃留兵二千余，分屯茶寮、横水等隘，而以是月初九日回军近县，以休息疲劳；候二省夹攻尽绝，然后班师。两月之间，通计捣过巢穴八十余处，擒斩大贼首谢志珊、蓝天凤等八十六名颗，从贼首级三千一百六十八名颗，俘获贼属二千三百三十六名口，夺回被虏男妇八十三名口，牛马骡六百八只匹，赃仗二千一百三十一件，金银一百一十三两八钱一分；总计首从贼徒、贼属、牛马、赃仗共八千五百二十五名颗口只件。俱经行令转解纪功官处，审验纪录去后，今呈前因。

参照大贼首蓝天凤、谢志珊等，盘据千里，荼毒数郡；僭拟王号，图谋不轨；基祸种恶，且将数十余年。而虐焰之炽盛，流毒之惨极，亦已数年于兹。前此亦尝夹剿，曾不能损其一毛；屡加招抚，适足以长其桀骜。今乃驱卒不过万余，用费不满三万，两月之间，俘获六千有奇，破巢八十有四；渠魁授首，噍类无遗。此岂臣等能贤于昔人，是皆仰仗朝廷威德之被，庙堂处置得宜；既假臣以赏罚之权，复专臣以提督之任。故臣等得以伸缩自由，举动如志；奉成算以行事，循方略而指挥；将士有用命之美，进止无掣肘之虞；则是追获兽兔之捷，实由发纵指示之功。臣等偶叨任使，亦安敢冒非其绩！夫谋定于帷幄之中，而决胜于千里之外；命出于庙堂之上，而威行于百蛮之表。臣等敢为朝廷国议有人贺，且自幸其所遭，得以苟免覆𫗧之戮也。及照监军副使杨璋、参议黄宏、领兵都指挥佥事许清、都指挥使行事指挥使郏文、知府邢珣、季敩、伍文定、唐淳、知县王天与、张戬、指挥余恩、冯翔、县丞舒富、随征参谋等官指挥谢昶、冯廷瑞、姚玺、明德、同知朱宪、推官危寿、徐文英、知县陈允谐、黄文鹭、宋瑢、陆瓛、千户陈伟、高睿等，以上各官，或监军督饷，或领兵随征，悉皆深历危险，备尝艰难，各效勤苦之力，共成克捷之功。俱合甄录，以励将来。伏愿皇上普彰庙堂之大赏，兼收行伍之微劳。激劝既行，功庸益集，自然贼盗寝息，百姓安生，则地方幸甚！臣等幸甚！

立崇义县治疏

十二年闰十二月初五日

据江西巡守岭北道兵备副使杨璋、左参议黄宏会呈："据南安府知府季敩呈：'备所属致仕省祭义官监生杨仲贵等呈称，上犹等县横水、左溪、长流、桶冈、关田、鸡湖等处，贼巢共计八十余处，界乎三县之中，东西南北相去三百余里，号令不及，人迹罕到。其初峯贼，原系广东流来。先年，奉巡抚都御史金泽行令安插于此，不过砍山耕活。年深日久，生长日蕃，羽翼渐多；居民受其杀戮，田地被其占据。又且潜引万安、龙泉等县避役逃民并百工技艺游食之人杂处于内，分群聚党，动以万计。始渐房掠乡村，后乃攻劫郡县。近年肆无忌惮，遂立总兵，僭拟王号；罪恶贯盈，神人共怒。今幸奏闻征剿，蒙本院亲率诸军，捣其巢穴，擒其首恶；妖氛为之扫荡，地方为之底宁。三县之民欢欣鼓舞，如获更生。访得各县流来之贼，自闻夹攻消息，陆续逃出颇众。但恐大兵撤后，未免复聚为患。合无三县适中去处，建立县治，实为久安长治之策'等因，到道。随取各县乡导，于军营研深。查得前项贼巢，系上犹、大庾、南康三县所属。上犹县崇义、上保、雁湖三里，先年多被贼杀戮，田地被其占据；大庾县义安三里，人户间被杀伤，田地贼占一半；南康县至坪一里，人户皆居县城，田地被贼阻荒。总计贼占田地六里有半。随蒙本院委领兵知府邢珣，知县王天与、黄文鸷亲历贼巢踏勘，三县之中适均去处，无如横水。原系上犹县崇义里地方，山水合抱，土地平坦，堪以设县。随会同分守左参议黄宏，议得合无于此建立县治，尽将三县贼人占据阻荒田地，通行割出。缘里分人户数少，查得南康县上龙一里、崇德一里，亦与至坪相接，缘至坪三都虽非全里，然而地方广阔，钱粮数多，堪以拆作一里，合割并属新县。其间人户数少者，田粮尚存，招人佃买，可以复全。县治既设，东去南康尚有一百二十里，要害去处则有长龙；西去湖广桂阳县界二百余里，要害去处则有上保；南去大庾县一百二十余里，要害去处则有铅厂；俱该设立巡检司。查得上犹县过步巡检司，路僻无用，宜改移上保，备由呈详。奉批：'看得横水开建县治，实亦事不容已。但未经奏请，须候命下，方可决议。兼之工程浩大，一时恐未易就。今贼势虽平，漏殄尚有，且宜遵照本院钦奉敕谕随宜处置事理，先于横水建立隘所，以备目前不测之虞。除委典史梁仪等一面竖立木栅，修筑土城，修建营房外，查得横水附近隘所，如至坪、雁湖、赖塘等处，盗贼既平，已为虚设。其附近村寨，如白面、长潭、杰坝、石玉、过步、果木、鸟溪、水眼等处居民，访得多系通贼窝主；及各县城郭村寨，亦多有通贼之人。合将各隘隘夫悉行拨守横水，其通贼人户，尽数查出，编充隘夫，永远把守；其不系通贼者，量丁多寡，抽选编金，轮班更替，务足一千余名之数。责委属官一员统领，常川守把。遇有残党啸聚出没，即便相机剿捕。候县治既立，人烟辏集，地方果已宁靖，再行议处裁损。其开建县治，本院亲行踏勘，再四筹度，固知事不可已。但举大事，须顺民情，兵革之后，尤宜存恤。仰该道会同分守等官，再行拘集地方父老子弟，多方询访，必须各县人民踊跃鼓舞，争先趋事，然后兴工，庶几事举而人有子来之美，工成而民享偕乐之休。仍呈抚按等衙门公同计议施行'等因。依奉会同参议黄宏遵照批呈事理，先于横水设立隘所，防范不虞。及行该府再行拘集询访外，随据府县各申，拘集父老到官，各交口欢欣，鼓舞趋事，别无民情不便等因，备呈到道。"覆审无异，转呈到臣。会同巡抚江西等处地方都察院右副都御史孙燧、巡按江西监察御史屠侨，议照前项地方，大贼既已平荡，后患所当预防。今议立县治并巡司等衙门，惩前虑后，杜渐防微，实皆地方至计，及查得横水议建县治处所，原系上犹县崇义里，因地名县，亦为相应。如蒙皇上悯念地方屡遭荼毒，乞敕该部俯顺民情，从长议处，早赐施行，并儒学巡司等衙门一体铨选官员，铸给印信。如此，则三省残孽，有控制之所而不敢聚；三省奸民，无潜匿之所而不敢逃。变盗贼强梁之区为礼义冠裳之地，久安长治，无出于此。

再议崇义县治疏

正德十三年十月十一日

据江西按察司分巡岭北道兵备副使杨璋呈奉臣案验："准户部咨，覆题建立县治以期久安事。卷查先该本道议横水地方应行事宜，开列条款，备呈提督军门，议委南康县县丞舒富，将大庚、南康、上犹三县机快，各点集三百名，分作三班，专委本官统领，来往巡视。如有余党复集，即便擒拿。有功一体转达升赏。及于三县起人夫各一百名，分作三班，就委本官不妨往来巡逻，兼督采办木植，烧造砖瓦等役。俱经备行本官，将开去事宜查照施行外，随奉提督军门批：'掳县丞舒富呈称，依奉前去横水建立县治处所，将县治公廨，儒学殿庑堂斋，布按分司及府馆、旌善、申明等亭，仓廒、牢狱、养济、仓场等房，并城中街道，带同地理阴阳曾成伦等，定立向止，分处停当，已经书图贴说呈报外，合用木植，督令义官李玉玺前去地名左溪、关田等处采运。随拘各项木作，于正德十三年四月初六日起手兴工。即今先将县治并儒学起造将完，各分司等衙门料物皆备，亦陆续起造；但砖瓦灰泥等匠工食，应该估计，不若包工论价，庶使工程易完。已经督同备估，共该银一千零七十一两七钱九分四厘。请给钱粮支用等因，批行本道，再与详审。'看得所呈修理次第，已是停当；所议包工论价，亦为有见。合行赣州府将大征支剩银两照数支给应用。及照衙门既已建立，必须城池保障，合无仍行通行计处城墙周围高阔丈尺、工食，或先筑土城，待后包砌，或应一时兼举，就行本官会同各县掌印官，查照里分粮数多寡，均派修筑，与夫城门城楼之费，一并估修。已经备由通行呈奉抚按衙门依拟施行，俱行赣州府照数查发，及行县丞舒富遵照支散估修外，续据县丞舒富呈称：'量计新县城墙周围五百丈，即今新筑土城，高一丈七尺，面阔七尺五寸，脚阔一丈。若令三县里甲自行修筑，不无延捱，必须顾倩泰和县上工数百，先筑土城。自七月十一日起工，扣至八月终，土城可以通完；然后用砖包砌，庶得坚久。

其三县征收工价解给，庶得实用。并将城门、城楼、城墙筑砌砖石工食，共计估该银八千四十五两六钱七分二厘，备由开呈'等因。奉批：'仰分巡道再加议看施行。'查得大庚等县，共计仅五十二里，而估计银两颇多，疲弊之民，诚所不堪。及照大征变卖贼属牛马贼银二千六百七十一两四钱九分，及本道问过贼喊捉贼罚纸米价银一千余两，见在合查商税银辏补三百七十四两八分二厘，共四千四十五两六钱之数，先行给发，止余四千两。查将三县丁粮通融分派，责委公正官员征收监督，禁革侵渔骚扰等因，备由呈奉提督军门，批：'役三县而建横水，似亦动众劳民；建横水而屏三县，实乃一劳永逸。但当疲困之余，务以节省为贵。议并县最合事宜，非独民减科扰，抑且财获实用，仰悉照议施行。仍行各县，痛禁里胥，不得侵渔骚扰；晓谕居民，各宜乐事劝工；毋忘既往之患，共为久安之图。'呈缴依奉遵照查支分派修理去后，今照前项县治、学校、分司、各该衙门，盖造将完，而土城扣至八月终亦可完，官民住坐，可保无虞。烧砖包砌，计亦不难。其街道市廛，俱有次第；商贾往来，渐将贸易。缘县名未立，官员未除，所辖里分之民心，罔知趋向；所安新民之版籍；尚未归著。及照县治既建，凡百草创，为县官者若非熟知地方与凡捕盗安民之术，民情土俗之宜，皆能洞晓，举而用之，鲜不败事。随会同江西布政司分守岭北道左参政吴大有，议得县丞舒富，先因前贼攻围该县，戮力拒贼，得以保全；后因大征领哨，获功居多，贼首谢志山独为所获；续委巡视三县，招安新民六百余名，帖然安堵；复委督修前项县治衙门城池，半年俱各就绪；今委署掌上犹县事，百废俱兴。及访本官存心刚直，行事公平，历官已及四年，未有公私过犯；虽未出身学校，经义亦能通晓。合无念新县草创之功，百务鼎新之始，转达具奏，升以新知县职事。然而升授正官，或于事例有碍，合无量授府州佐贰之职，令其署掌新县县事；候数年后地方安妥，另行改选，庶官得其人，事得其理，而地方可得无虞。"等因，据呈到臣。

　　卷查先据副使杨璋、参议黄宏会呈："上犹等县群贼猖獗为害，幸蒙提督军门躬督诸军荡平巢穴，三县之民欢欣鼓舞，如获更生。但恐大兵撤后，余党未免啸聚，要于横水等处建立县治，并巡司等衙门，以绝后患。实为久安长治之策"等因。已经批仰该道重覆查勘无异，会同江西巡抚都御史孙燧、巡按江西监察御史屠侨，处议明白，各具本奏请定夺去后，随准户部咨，该本部覆题："看得添设县治，既该府按官员会议，相应依拟，合咨提督南、赣、汀、漳军务左佥都御史王守仁同抚按官会委该道守巡官，选委府县佐贰能干官员，先将添设县治合用一应材木砖瓦等物料先为措置收买，并顾觅人夫工匠，价银逐一估计辏处，就便兴修，务使工日就而民力不劳，物咸备而财用不乏。候城池、公宇、县治、学校、仓廒、街道、居民吏舍等项，粗有规划，另为会奏，以凭上请定拟县名，及咨吏、礼二部选官铸印施行"等因，具题："奉圣旨：是。钦此。"及准兵部覆题："议得勘乱于已发，固为有功；弭乱于未然，尤为有见。今都御史王守仁与巡抚、巡按及守巡官深谋远虑，议建县治、巡司及控制无统之民，事体民表，俱各顺当。及先编金隘夫，委官守把，事在必行，不可犹豫。合无本部将开设县治一节移咨户部，奏请定立县名，速行遵守。仍依所奏，添设长龙、铅厂二巡检司，及将过步巡检司行移吏、礼二部，选调官员，铸换印信、条记，并行江西布政司查拨吏役、编金弓兵。中间一应事宜，悉听都御史王守仁会同巡抚都御史孙燧查照原拟，从宜处置，务在事体稳当，贼害绝除，期副委任"等因，具题："奉圣旨：是。钦此。"钦遵。备行守巡该道一体钦遵施行。仍呈抚按衙门知会外，今呈前因。臣会同巡抚江西等处地方都察院右副都御史孙燧、巡按江西监察御史屠侨，议照该道所呈前项县治、学校、分司等衙门，盖造不日通完；而城池砌筑，亦已将备。惟称新县草创之初，百务鼎新，必须熟知民情土俗之宜者以为县官。及会访县丞舒富才力堪任，乞要量升府州佐贰之职，令其署掌新县一节，实亦酌量时宜，保土安民之意。伏望皇上悯念远土凋敝之余，小邑草创之始，乞敕该部俯采会议原由，再加审察，将县丞舒富量为升职，管理新县，或别行咨访谙晓夷情，熟知土俗，刚果有为者，前来开创整理。庶几疮痍之民可以渐起，而反复之地得以永宁矣。

乞休致疏

十三年三月初四日

臣以菲才，遭逢明盛，荷蒙陛下涤垢掩瑕，曲成器使；既宽尸素之诛，复冒清显之职；增其禄秩，假以赏罚；念其行事之难，授以提督之任，言行计听。感激深恩，每思捐躯以效犬马。奈何才寒福薄，志欲前而力不逮，功未就而病已先。臣自待罪鸿胪，即尝以病求退；后惧托疾避难之诛，辄复黾勉来此。驱驰兵革，侵染瘴疠，昼夜忧劳，疾患愈困。自去岁二月往征闽寇，五月旋师；六月至于九月，俱有地方之警；十月攻横水，十一月破桶冈，十二月旋师；未几，今年正月又复出剿浰贼。前后一岁有余，往来二三千里之内，上下溪涧，出入险阻，皆扶病从事。然而不敢辄以疾辞者，诚以朝廷初申赏罚之请，再下提督之命，惟恐付托不效，以辜陛下听纳之明，负大臣荐扬之举。且其时盗贼方炽，坐视民之荼毒而以罪累后人，非仁也；已逃其难而遗人以艰，非义也；徒有其言而事之不酬，非忠也。故宁委身以待罪，忍死以效职。

今赖陛下威德，庙堂成算，上犹、南康之贼既已扫荡，而浰寇残党亦复不多；旬日之间，度可底定，决不至于重遗后患；则臣之罪责，亦既可以少道于万一。但惟臣病月深日亟，百疗罔效，潮热咳嗽，疮疽痈肿，手足麻痹，已成废人。昔人所谓绵弱之才，不堪任重；福薄之人，难与成功；二者臣皆有焉。伏惟陛下覆载生成，不忍一物失所；悯臣舆病讨贼所备尝之苦，哀臣忍死待罪不得已之情；念福薄之有限，怜疾疗之无期；准令旋师之日，放归田里。岂曰保全余息，尚图他日之效。苟遂丘首，臣亦感恩地下，能忘衔结之报乎？臣不胜哀恳祈望之至！

浰头捷音疏

十三年四月二十日

据江西按察司分巡岭北道兵备副使杨璋呈："据一哨统兵守备南、赣二府地方以都指挥体统行事指挥使郏文呈称：'统领远安县义民孙洪舜等兵，于本年正月初七日，攻破曲潭等巢；十一日，攻破半径等巢；共五处。二月二十六日，与贼战于水源等处。擒斩大贼首吴积祥、陈秀谦、张秀鼎等七名颗，贼从陈希九等一百二十六名颗；俘获贼属男妇五十六名口；烧毁贼巢房屋禾仓二百五十三间；及夺获器械等物。'二哨统兵赣州府知府邢珣呈称：'督同同知夏克义、知县黄天与、典史梁仪、老人叶秀芳等官兵，于正月初七等日，攻破方竹湖等巢；初九日，攻破黄田坳等巢；共四处。二十五等日，覆贼于白沙；二月十六日，与贼战于芳竹湖等处。擒斩大贼首黄佐、张廷和、王蛮师、刘钦等一十名颗，贼从黄密等二百六十名颗；俘获贼属男妇八十三名口；烧毁贼巢房屋禾仓二百二拾二间；及夺获赃仗牛马等项。'三哨领兵广东惠州府知府陈祥呈称：'督同通判徐玑、新民卢琢等官兵，于正月初七等日，攻破热水等巢；初九等日，攻破铁石障等巢；共五处。二十五等日，覆贼于五花障廷处；二月初二等日，与贼战于和平等处。擒斩大贼首陈活鹞、黄弘闰。张玉林等十一名颗，贼从李等祥四百三十一名颗；俘获贼属男妇二百二十名口；烧毁贼巢房屋禾仓五百七十二间；及夺获器械、赃银、牛马等项。'四哨统兵南安府知府季敩呈称：'统领训导蓝铎、百长许洪等官兵，于正月初三等日，攻破右坑等巢；十一日，攻破新田径等巢；共四处。二十七等日，覆贼于北山，又与战于风门奥等处。擒斩大贼首刘成珍等四名颗，贼从胡贵琢等一百三十名颗；俘获贼属男妇一百六十五名口；烧毁贼巢房屋禾仓七十三间；及夺获赃银等物。'五哨统兵赣州卫指挥金事余恩呈称：'统领新民百长王受、黄金巢等兵，于正月初七日，会同推官危寿、千户孟俊，攻破上、中、下三浰大巢；十一日，攻破空背等巢；共四处。二十五日，覆贼于银坑水等处。擒斩大贼首赖振禄、王贵洪、李全、邹一惟等九名颗，贼从赖贱仔等三百五十名颗；俘获贼属男妇六十二名口；烧毁贼巢房屋禾仓三百二十一间；及夺获器械牛马等项。'六哨统兵赣州卫指挥佥事姚玺呈称：'统领新民梅南春等兵，于正月初七日，攻破淡方等巢；初九日，攻破岑冈等巢；共四处。二十七日，覆贼于乌龙镇。擒斩大贼首谢銮、曾用奇等五名颗，贼从卢任龙一百九十九名颗；俘获贼属男妇一百一十二名口；烧毁贼巢房屋禾仓三百七十间；及夺获器械牛马等项。'七哨统兵赣州府推官危寿呈称：'统领义官叶方等兵，于正月初七日，会同指挥余恩、千户孟俊，攻破上、中、下三洴大巢；初十等日，攻破镇里寨等巢；共四处。二十七日，覆贼于中村等处。擒斩大贼首池仲宁、高允贤、池仲安、朱万、林根等十二名颗，贼从黄稳等二百一十一名颗；俘获贼属男妇三十三名口；烧毁贼巢房屋禾仓三百二十三间；及夺获赃仗牛马等项。'八哨统兵赣州卫千户孟俊呈称：'统领义官陈英、郑志高、新民卢珂等兵，于正月初七等日，会同指挥余恩、推官危寿，攻破上、中、下三洴大巢；初十等日，攻破大门山等巢；共六处。擒斩大贼首谢凤经、吴宇、张廷兴、石荣等九名颗，贼从张角子等一百九十二名颗；俘获贼属男妇一百四十三名口；烧毁贼巢房屋禾仓一百七十三间；及夺获器械、牛马、赃银等项。'九哨统兵南康县县丞舒富呈称：'统领义民赵志标等兵，于正月十一等日，攻破旗领等巢，共二处。二月十四日，与贼战于乾村等处。擒斩贼从刘三等一百七名颗；俘获贼属男妇二十一名口；烧毁贼巢房屋禾仓五十三间；及夺获器械等物'等因，各呈报到道。

查得先为地方紧急贼情事，据信丰县所呈称，正德十二年二月初七日，龙南县贼首黄秀魁纠合广东贼首池仲容等，突来本县杀人放火。见今攻城不退，乞要发兵救援等因，该本道议，委经历王祚、县丞舒富领兵剿捕。斩获贼级四颗；被贼杀死报效义士杨习举等十名；执去经历王祚。随该本道亲诣该县，暂将各贼招安，拨回原巢；经历王祚送出。参将失事知县王天爵、卢凤，千户郑铎、朱诚、洪恩、主簿周镇，镇抚刘铠等，俱各有罪。及将前贼应剿缘由，呈详转达具奏外，正德十三年正月初三日，奉提督军门纸牌："议照上犹等县贼巢既平，广东龙川县浰头等处贼巢，奉有成命，应该会剿。其大贼首池仲容等，本院已行计诱擒获。见今军势颇振，若不乘此机会，出其不意，捣其不备，坐视以待广兵之来，未免有失事机之会。本院除遵奉敕谕内自行量调官军设法剿捕事理，部勒兵众，分布哨道，行仰守备指挥并知府等官郑文、陈祥等统领，各授进止方略外，备行本职，前去军前纪验功次，及催各哨官兵上紧依期进剿。仍行巡按衙门前来核实施行'等因，随呈巡按江西监察御史屠侨批行本道：'先行纪验明白，通候核实施行，依奉。'督率各省官兵依期进剿去后。今据前因，除将前项功次俱类巡按衙门会审纪验明白，生擒贼犯解赴提督军门斩首枭示，贼属男妇变卖银两，器械、赃仗、赃银俱贮库外，参照浰头大贼首池仲容、池仲宁、池仲安、高允贤、李全等，盘据一方，历有岁年，僭称王号，伪设官职；广东翁源、龙川、始兴、江西龙南、信丰、安远、会昌等县，屡被攻围城池，杀害官军，焚烧村寨，虏杀男妇，岁无虚日。曾经狼兵夹攻数次，俱被漏网。是乃众贼奸雄之巨擘，三省群盗之根源也。今幸天夺其魄，仲容束手就擒，仲宁、仲安等一时授首，各巢贼从擒斩殆尽。此皆仰仗朝廷德威远播，庙堂成算无遗；提督军门赏罚以信而号令严明，师出以律而机宜慎密，身先士卒而艰险之不辞，洞见敌情而抚剿之有道。以是数十年之巨寇，一旦削平；连四省之编氓，永期安辑。呈乞照详转达"等因，据呈到臣。

卷查先为地方紧急贼情事，准兵部咨，该巡按江西监察御史屠侨奏，该本部覆题："节奉圣旨：是，这地方贼情，著都御史王守仁自行量调官军，设法剿捕。钦此。"及为申明赏罚以励人心事，准兵部覆题："请敕南赣等处都御史假以提督军务名目，给与旗牌应用，以振军威。一应军马钱粮事宜，径自便宜区画。如遇盗贼入境，即便调兵剿杀，不许蹈袭旧弊招抚，重为民患。所部官军，若在军前违期逗留退缩，俱听以军法从事。生擒盗贼，亦听斩首示众。贼级听本处兵备会同该道守巡官，即时纪验明白，备行江西按察司造册奏缴，查照剿杀南方蛮贼见行旧例，议拟升赏等因，具题：奉圣旨：是，王守仁著提督南、赣、汀、漳等处军务，换敕与他。其余事宜，各依拟行。钦此。"又为地方紧急贼情事，准兵部覆题："看得所奏攻治盗贼二说，就令差来人赍文，交与都御史王守仁，悉依前项申明赏罚事理便宜行事。期于功成，不限以时，相机攻剿等因，具题：节该奉圣旨：是。钦此。"陆续备咨到臣。俱经通行抚属四省各道守巡、兵备、守备等官一体钦遵，并咨总督两广左都御史陈金查照外，续该臣看得南、赣盗贼，其在南安之横水、桶冈诸巢，则接境于湖郴；在赣州之浰头、桶冈诸巢，则连界于闽、广。接境于湖郴者，贼众而势散；恃山溪之险以为固；连界于闽、广者，贼狡而势聚，结党与之助以相援。臣等遵奉敕谕，及查照兵部咨示方略，初议先攻横水，次攻桶冈，而末乃与广东会兵，徐图浰头；如攻坚木，先其易者，后其节目。自正德十二年九月，臣等议将进兵横水，恐浰贼乘虚出扰，思有以沮离其党。臣乃自为告谕，具述祸福利害，使报效生员黄表、义民周祥等往谕各贼，因皆赐以银布。一时贼党亦多感动，各寨酋长黄金巢、刘逊、刘粗眉、温仲秀等，遂皆愿从表等出投。惟大贼首池仲容即池大鬓，独愤然谓其众曰："我等做贼已非一年，官府来招亦非一次，此亦何足为凭！待金巢等到官后，果无他说，我等遣人出投亦未为晚。"其时臣等兵力既未能分，意且羁縻，令勿出为患，胡亦不复与较。金巢等至，臣乃释其罪，推诚厚抚，各愿出力杀贼立效。于是，藉其众五百余，悉以为兵，使从征横水。十月十二日，臣等已破横水，仲容等闻之始惧。计臣等必且以次加兵，于是集其酋豪池仲宁、高飞甲等谋，使其弟池仲安率老弱二百余徒，亦赴臣所投招，求随众立效；意在援兵，因而窥觇虚实，乘间内应。臣逆知其谋，阳许之。及臣进攻桶冈，使领其众截路于上新地，以远其归途；内严警御之备，以防其衅；外示宽假之形，以安其心。阴使人分召邻贼诸县被贼害者，皆诣军门计事，旬日之间，至者数十。问所以攻剿之策，皆以此贼狡诈凶悍，非比他贼，其出劫行剽，皆有深谋，人不能测。自知恶极罪大，国法难容，故其所以捍拒之备，亦极险谲。前此两经夹剿，皆狼兵二三万，竟亦不能大捷。后虽败遁，所杀伤亦略相当。近年以来，奸谋愈熟，恶焰益炽。官府无可奈何，每以调狼兵恐之。彼辄谩曰："狼兵易与耳。纵调他来，也须半年；我纵避他，只消一月。"其意谓狼兵之来不能速，其留不能久也，是以益无忌惮。今已僭号设官，奸计逆谋，尤非昔比。必欲除之，非大调狼兵，事恐难济。臣以为兵无常势，在因敌变化而制胜。今各贼狃于故常，且谓必待狼兵而后敢攻，此所以不必狼兵而可以攻之也。乃为密画方略，使数十人者各归部集，候我兵有期，则据隘遏贼。十一月，贼闻臣等复破桶冈，益惧，为战守备。臣使人至贼所，赐各酋长牛酒，以察其变。贼度不可隐，则诈称龙川新民卢珂、郑志高等将掩袭之，是以密为之防，非敢虞官兵也。臣亦阳信其言，因复阳怒卢珂、郑志高等擅兵仇杀，移檄龙川，使廉其实；且趣各贼伐木开道，将回兵自浰头取道，往讨之。贼闻，以为臣等实有为之之意，又恐假道伐之，且喜且惧。因遣来谢，且请无劳官兵，当悉力自防御之。卢珂、郑志高、陈英者，皆龙川旧招新民，有众三千余。远近皆为仲容所胁，而三人者独与之抗，故贼深仇忌之。十二月望，臣兵回至南康，卢珂、郑志高等各来告变，谓池仲容等僭号设官，今已点集兵众，号召远近各巢贼首，授以"总兵""都督"等伪官，使候三省夹攻之兵一至，即同时并举，行其不轨之谋。及以伪授卢珂等官爵"金龙霸王"印信文书一纸黏状来首。臣先已谍知其事，及珂等来，即阳怒，以为尔等擅兵仇杀投招之人，罪已当死；今又造此不根之言，乘机诬陷；且池仲容等方遣其弟领兵报效，诚心向化，安得有此。遂收缚珂等，将斩之。时池仲安之属方在营，见珂等入首，大惊惧；至是皆喜，罗拜欢呼，竞诉珂等罪恶。臣因亦阳令具状，谓将并拘其党属，尽斩之。于是遂械系卢珂，而使人密喻以阳怒之意，欲以诱致仲容诸贼。且使卢珂等先遣人归，集其众，候珂等既还，乃发。臣又使生员黄表、听选官雷济往喻仲容，使勿以此自疑。密购其所亲信，阴说之，使自来投诉。二十日，臣兵已还赣，乃张乐大享将士。下令城中，今南安贼巢皆已扫荡，而浰头新民又皆诚心归化，地方自此可以无虞。民久劳苦，亦宜暂休为乐。遂散兵使各归农，示不复用。而使池仲安亦领众归，助其兄防守，且云卢珂等虽已系于此，恐其党致怨，或掩尔不虞。仲安归，具言其故，贼众皆喜，遂弛备。臣又使指挥余恩赍历往赐仲容等，令毋撤备，以防卢珂诸党；贼众亦喜。黄表、雷济因复说仲容："今官府所以安辑劳来尔等甚厚，何可不亲往一谢！况卢珂等日夜哀诉反状，乞官府试拘尔等，若拘而不至者，即可以证反状之实；今若不待拘而往，因面诉珂等罪恶，官府必益信尔无他，而谓珂等为诈，杀之必矣。"所购亲信者复从力赞，仲容然之，乃谓其众曰："若要伸，先用屈。赣州伎俩，亦须亲往勘破。"遂定议，率其麾下四十余人，自诣赣。臣使人探知仲容已就道，乃密遣人先行属县勒兵，分哨道，候报而发。又使千户孟俊先至龙川，督集卢珂、郑志高、陈英等兵；然以道经浰巢，恐摇诸贼，则别赍一牌，以拘捕卢珂等党属为名。各贼闻俊往，果遮迎问故，俊出牌视之，乃皆罗拜，相争导送出境。俊已至龙川，始发牌部勒卢珂等兵。众贼闻之，皆以为拘捕其属，不复为意。

闰十二月二十三日，仲容等至赣，见各营官兵皆已散归，而街市多张灯设戏为乐，信以为不复用兵。密赂狱卒，私往觇卢珂等，又果械系深固。仲容乃大喜，遣人归，报其属曰："乃今吾事始得万全矣！"臣乃夜释卢珂、郑志高等，使驰归发兵；而令所属官僚次设羊酒，日犒仲容等，以缓其归。正月三日，度卢珂等已至家，所遣属县勒兵当已大集，臣乃设犒于庭，先伏甲士，引仲容入，并其党，悉擒之。出卢珂等所告状，讯鞫皆伏，遂置于狱。而夜使人趋发属县兵，期以初七日同时入巢。于是，知府陈祥兵从龙川县和平都入，指挥姚玺兵从龙川县乌虎镇入，千户孟俊兵从龙川县平地水入，指挥余恩兵从龙南县高沙保入，推官危寿兵从龙南县南平入，知府邢珣兵从龙南县太平保入，守备指挥郏文兵从龙南县冷水径入，知府季敩兵从信丰县黄田冈入，县丞舒富兵从信丰县乌径入；臣自率帐下官兵，从龙南县冷水径直捣下浰大巢；而使各哨分路同时并进，会于三浰。

先是，贼徒得池仲容报，谓赣州兵已罢归，他已弛备，散处各巢。至是，骤闻官兵四路并进，皆惊惧失措。乃分投出御，而悉其精锐千余，据险设伏，并势迎敌于龙子岭。我兵聚为三冲，犄角而前。指挥余恩所领百长王受兵首与贼遇，大战良久，贼败却。王受等奋追里许，贼伏兵四起，奋击王受。推官危寿所领义官叶芳兵鼓噪而前，复奋击贼伏兵后；千户孟俊兵从傍绕出冈背，横冲贼伏，与王受合兵。于是贼乃大败奔溃，呼声震山谷。我兵乘胜逐北，遂克上、中、下三浰。各哨官兵遥闻三浰大巢已破，皆奋勇齐进；各贼皆溃败。知府陈祥兵遂破热水巢、五花障巢；指挥姚玺兵遂破淡方巢、石门山巢、上下陵巢；知府邢珣兵遂破芳竹湖、白沙巢；守备指挥郏文兵遂破曲潭巢、赤唐巢；知府季敩兵遂破布坑巢、三坑巢。是日，擒斩首从贼人、贼级、俘获贼属男妇、牛马、器仗数多，其余堕崖填谷死者不可胜计。是夜，贼复奔聚未破巢穴。次日早，乃令各哨官兵探贼所往，分投急击。初九日，知府陈祥兵破铁石障巢、羊角山巢，获贼首"金龙霸王"印信旗袍；知府邢珣兵破黄田坳巢；指挥姚玺兵破岑冈巢；指挥余恩兵破塘含洞巢、溪尾巢。初十日，千户孟俊兵破大门山巢，推官危寿兵破镇里寨巢。十一日，知府邢珣兵破中村巢；守备郏文兵破半迳巢、都坑巢、尺八岭巢；知府季敩兵破新田径巢、古地巢；指挥余恩兵破空背巢；县丞舒富兵破旗岭巢、顿冈巢。十三日，千户孟俊兵破狗脚坳巢、水晶洞巢、五湖巢、蓝州巢。十六日，推官危寿兵破风盘巢、茶山巢。连日，各擒斩首从贼人、贼级并俘获贼属男妇、牛马、器仗数多。然各巢奔散之贼，其精悍者尚八百余徒，复哨聚九连大山，扼险自固。当臣看得九连山势极高，横亘数百余里，四面斩绝；我兵既不得进，而其内东接龙门山后诸处，贼巢若百数。以我兵进逼，贼必奔往其间；诱激诸巢，相连而起，势亦难制。然彼中既无把截之兵，欲从傍县潜军，断其后路，必须半月始达，缓不及事。止有贼所屯据崖壁之下一道可通，然贼已据险，自上发石滚木，我兵百无一全。于是，乃选精锐七百余人，皆衣所得贼衣，佯若奔溃者，乘暮直冲贼所据崖下洞道而过。贼以为各巢败散之党，皆从崖下招呼，我兵亦佯与呼应；贼疑，不敢击。已度险，遂扼断其后路。次日，贼始知为我兵，并势冲敌。我兵已据险，从上下击；贼不能支，乃退败。臣度其必溃，预令各哨官兵四路设伏以待。贼果分队潜遁。二十五日，知府陈祥兵覆贼于五花障，知府邢珣兵覆贼于白沙，指挥余恩兵覆贼于银坑水。二十七日，指挥姚玺兵覆贼于乌虎镇，推官危寿兵覆贼于中村，知府季敩兵覆贼于北山，又战于凤门奥。其余奔散残党尚三百余徒，分逃上下坪、黄田坳诸处，各哨官兵复黏踪会追。二月初二日，知府陈祥兵复与贼战于平和；初五日，复战于上坪、下坪。初八日，推官危寿、指挥余恩兵，复与贼战于黄坳。十二日，知府陈祥兵复与贼战于铁障山。十四日，县丞舒富兵复与贼战于乾村，又战于梨树。十四日，知府邢珣、季敩兵，复与贼战于芳竹湖。二十三日，县丞舒富兵复与贼战于北顺，又战于和洞。二十六日，守备郏文兵复与贼战于水源，战于长吉，战于天堂寨。连日擒斩首从贼人、贼级数多。三月初三日，据乡导人等四路爪探，皆以为各巢积恶凶狡之贼，皆已擒斩略尽；惟余党张仲全等二百余徒，其间多系老弱，及远近村寨一时为贼所驱胁、从恶未久之人，今皆势穷计迫，聚于九连谷口，呼号痛哭，诚心投招。臣遣报效生员黄表往验虚实，果如所探。因引其甲首张仲全等数人前来投见，诉其被胁不得已之情。臣量加责治，随遣知府邢珣往抚其众，籍其名数，遂安插于白沙。

初七日，据知府邢珣等呈称：我兵自去岁二月从征闽寇，迄今一年有余，未获少休。今幸各巢贼已扫荡，余党不多，又蒙俯顺招安；况今阴雨连绵，人多疾疫，兼之农功已动，人怀耕作，合无俯顺下情，还师息众。及义官叶芳等并各村乡居民亦告前情。臣因亲行相视险易，督同副使杨璋、知府陈祥等经理立县设隘，可以久安长治之策，留兵防守而归。

盖自本年正月初七日起，至三月初八日止，前后两月之间，通共捣过巢穴三十八处；擒斩大贼首二十九名颗，次贼首三十八名颗，从贼二千零六名颗；俘获贼属男妇八百九十名口；夺获牛马一百二十二只匹，器械、赃仗二千八百七十件把，赃银七十两六钱六分；总计擒斩、俘获、夺获共五千九百五十五名颗口只匹件把。俱经行令兵备等官审验纪录，仍行纪功御史核实施行，具由呈报。去后，今据前因，臣等会同江西巡按御史屠侨、广东巡按御史毛凤，参照大贼首池仲容等，荼毒万民，骚扰三省，阴图不轨，积有年岁，设官僭号，罪恶滔天；比之上犹诸贼，尤为桀骜难制。盖上犹诸贼，虽有僭窃不轨之名，而徒惟劫掠焚烧是嗜；至于浰头诸贼，虽亦剽劫掳掠是资，而实怀僭拟割据之志。故其招致四方无籍，隐匿远近妖邪；日夜规图，渐成奸计。兼之贼首池仲容、池仲安等，又皆力搏猛虎，捷竞飞猱；凶恶之名久已著闻，四方贼党素所向服；是以负固恃顽，屡征益炽。前此知其无可奈何，亦惟苟且招安，以幸无事；其实无救荼毒之惨，益养奸宄之谋。今乃臣等驱不练之兵，资缺乏之费，不逾两月，而破奸雄不制之虏，除三省数十年之患。此非朝廷威德，庙堂成算，何以及此！臣等切惟天下之事，成于责任之专一，而败于职守之分挠。就今事而言，前此尝夹攻二次，计剿数番；以兵，则前者强，而今者弱，前者数万，而今者数千；以时，则前者期年，而今者两月；以费，则前者再倍，而今者什一；以任事之人，则前者多知谋老练之士，而今者乃若臣之迂疏浅劣；然而计功较绩，顾反有加于昔，何哉？实由朝廷之上，明见万里，洞察往弊，处置得宜。既假臣以赏罚之权，复改臣以提督之任；既以兵忌遥制，而重各省专征之责，又虑事或牵狃，而抑守臣干预之请；授之方略而不拘以制，责其功成而不限以时。以故诏旨一颁，而贼先破胆夺气；咨文一布，而人皆踊跃争先。效谋者知无沮挠之患，而务竟其功；希赏者知无侵削之弊，而毕致其死。是乃所谓"得先胜之算于庙堂，收折冲之功于樽俎"，实用兵之要道，制事之良法也。事每如此，天下之治有不足成者矣。

臣等偶叨任使，何幸滥竽成功！敢是献捷之余，拜手稽首以贺！伏愿皇上推成功之所自，原发纵之有因，庶无僭赏，以旌始谋。及照兵备副使杨璋，监军给饷，纪功督战，备历辛勤，宜加显擢；守备指挥郏文，知府陈祥、邢珣、季敩，推官危寿、指挥余恩、姚玺、千户孟俊、县丞舒富等，皆身亲行阵，屡立战功，俱合奖擢，庶示激扬，以为后劝。

臣本凡庸，缪当重任；偶逢事机之会，幸免覆𬬭之诛。然功非其才，福已逾分，遂沾痿痹之疾，既成废弃之人。除已别行请罪乞休外，缘系捷音，及该兵部议拟期于成功，不限以时，题奉钦依事理，为此具本题知。

三、公移

南赣乡约

咨尔民，昔人有言："蓬生蔴中，不扶而直；白沙在泥，不染而黑。"民俗之善恶，岂不由于积习使然哉！往者新民盖常弃其宗族，畔其乡里，四出而为暴，岂独其性之异，其人之罪哉？亦由我有司治之无道，教之无方。尔父老子弟所以训诲戒饬于家庭者不早，薰陶渐染于里闬者无素，诱掖奖劝之不行，连属叶和之无具，又或愤怨相激，狡伪相残，故遂使之靡然日流于恶，则我有司与尔父老子弟皆宜分受其责。呜呼！往者不可及，来者犹可追。故今特为乡约，以协和尔民，自今凡尔同约之民，皆宜孝尔父母，敬尔兄长，教训尔子孙，和顺尔乡里，死丧相助，患难相恤，善相劝勉，恶相告戒，息讼罢争，讲信修睦，务为良善之民，共成仁厚之俗。呜呼！人虽至愚，责人则明；虽有聪明，责己则昏。尔等父老子弟毋念新民之旧恶而不与其善，彼一念而善，即善人矣；毋自恃为良民而不修其身，尔一念而恶，即恶人矣；人之善恶，由于一念之间，尔等慎思吾言，毋忽！

一，同约中推年高有德为众所敬服者一人为约长，二人为约副，又推公直果断者四人为约正，通达明察者四人为约史，精健廉干者四人为知约，礼仪习熟者二人为约赞。置文簿三扇：其一扇备写同约姓名，及日逐出入所为，知约司之；其二扇一书彰善，一书纠过，约长司之。

一，同约之人每一会，人出银三分，送知约，具饮食，毋大奢，取免饥渴而已。

一，会期以月之望，若有疾病事故不及赴者，许先期遣人告知约；无故不赴者，以过恶书，仍罚银一两公用。

一，立约所于道里均平之处，择寺观宽大者为之。一彰善者，其辞显而决；纠过者，其辞隐而婉；亦忠厚之道也。如有人不弟，毋直曰不弟，但云闻某于事兄敬长之礼，颇有未尽。某未敢以为信，姑案之以俟。凡纠过恶皆例此。若有难改之恶，且勿纠，使无所容，或激而遂肆其恶矣。约长副等，须先期阴与之言，使当自首，众共诱掖奖劝之，以兴其善念，姑使书之，使其可改；若不能改，然后纠而书之；又不能改，然后白之官；又不能改，同约之人执送之官，明正其罪；势不能执，戮力协谋官府请兵灭之。

一，通约之人，凡有危疑难处之事，皆须约长会同约之人与之裁处区画，必当于理济于事而后已；不得坐视推托，陷人于恶，罪坐约长约正诸人。

一，寄庄人户，多于纳粮当差之时躲回原籍，往往负累同甲；今后约长等劝令及期完纳应承，如蹈前弊，告官惩治，削去寄庄。

一，本地大户，异境客商，放债收息，合依常例，毋得磊算；或有贫难不能偿者，亦宜以理量宽；有等不仁之徒，辄便捉锁磊取，挟写田地，致令穷民无告，去而为之盗。今后有此告，诸约长等与之明白，偿不及数者，劝令宽舍；取已过数者，力与追还；如或恃强不听，率同约之人鸣之官司。

一，亲族乡邻，往往有因小忿投贼复仇，残害良善，酿成大患；今后一应门殴不平之事，鸣之约长等公论是非；或约长闻之，即与晓谕解释；敢有仍前妄为者，率诸同约呈官诛殄。

一，军民人等，若有阳为良善，阴通贼情，贩买牛马，走传消息，归利一己，殃及万民者，约长等率同约诸人指实劝戒，不悛，呈官究治。

一，吏书、义民、总甲、里老、百长、弓兵、机快人等若揽差下乡，索求赍发者，约长率同呈官追究。

一，各寨居民，昔被新民之害，诚不忍言；但今既许其自新，所占田产，已令退还，毋得再怀前仇，致扰地方，约长等常宜晓谕，令各守本分，有不听者，呈官治罪。

一，投招新民，因尔一念之善，贷尔之罪；当痛自克责，改过自新，勤耕勤织，平买平卖，思同良民，无以前日名目，甘心下流，自取灭绝；约长等各宜时时提撕晓谕，如踵前非者，呈官征治。

一，男女长成，各宜及时嫁娶；往往女家责聘礼不充，男家责嫁妆不丰，遂致愆期；约长等其各省谕诸人，自今其称家之有无，随时婚嫁。

一，父母丧葬，衣衾棺椁，但尽诚孝，称家有无而行；此外或大作佛事，或盛设宴乐，倾家费财，俱于死者无益；约长等其各省谕约内之人，一遵礼制；有仍蹈前非者，即与纠恶簿内书以不孝。

一，当会前一日，知约预于约所洒扫张具于堂，设告谕牌及香案南向。当会日，同约毕至，约赞鸣鼓三，众皆诣香案前序立，北面跪听约正读告谕毕；约长合众扬言曰："自今以后，凡我同约之人，祗奉戒谕，齐心合德，同归于善；若有二三其心，阳善阴恶者，神明诛殛。"众皆曰："若有二三其心，阳善阴恶者，神明诛殛。"皆再拜，兴，以次出会所，分东西立，约正读乡约毕，大声曰："凡我同盟，务遵乡约。"众皆曰："是。"乃东西交拜。

兴，各以次就位，少者各酌酒于长者三行，知约起，设彰善位于堂上，南向置笔砚，陈彰善簿；约赞鸣鼓三，众皆起，约赞唱："请举善！"众曰："是在约史。"约史出就彰善位，扬言曰："某有某善，某能改某过，请书之，以为同约劝。"约正遍质于众曰："如何？"众曰："约史举甚当！"约正乃揖善者进彰善位，东西立，约史复谓众曰："某所举止是，请各举所知！"众有所知即举，无则曰："约史所举是矣！"约长副正皆出就彰善位，约史书簿毕，约长举杯扬言曰："某能为某善，某能改某过，是能修其身也；某能使某族人为某善，改某过，是能齐其家也；使人人若此，风俗焉有不厚？凡我同约，当取以为法！"遂属于其善者；善者亦酌酒酬约长曰："此岂足为善，乃劳长者过奖，某诚惶怍，敢不益加砥砺，期无负长者之教。"皆饮毕，再拜会约长，约长答拜，兴，各就位，知约撤彰善之席，酒复三行，知约起，设纠过位于阶下，北向置笔砚，陈纠过簿；约赞鸣鼓三，众皆起，约赞唱："请纠过！"众曰："是在约史。"约史就纠过位，扬言曰："闻某有某过，未敢以为然，姑书之，以俟后图，如何？"约正遍质于众曰："如何？"众皆曰："约史必有见。"约正乃揖过者出就纠过位，北向立，约史复遍谓众曰："某所闻止是，请各言所闻！"众有闻即言，无则曰："约史所闻是矣！"于是约长副正皆出纠过位，东西立，约史书簿毕，约长谓过者曰："虽然姑无行罚，惟速改！"过者跪请曰："某敢不服罪！"自起酌酒跪而饮曰："敢不速改，重为长者忧！"约正、副、史皆曰："某等不能早劝谕，使子陷于此，亦安得无罪！"皆酌自罚。过者复跪而请曰："某既知罪，长者又自以为罚，某敢不即就戮，若许其得以自改，则请长者无饮，某之幸也！"趋后酌酒自罚。约正副咸曰："子能勇于受责如此，是能迁于善也，某等亦可免于罪矣！"乃释爵。过者再拜，约长揖之，兴，各就位，知约撤纠过席，酒复二行，遂饭。饭毕，约赞起，鸣鼓三，唱："申戒！"众起，约正中堂立，扬言曰："呜呼！凡我同约之人，明听申戒，人孰无善，亦孰无恶；为善虽人不知，积之既久，自然善积而不可掩；为恶若不知改，积之既久，必至恶积而不可赦。今有善而为人所彰，固可喜；苟遂以为善而自恃，将日入于恶矣。有恶而为人所纠，固可愧；苟能悔其恶而自改，将日进于善矣！然则今日之善者，未可自恃以为善；而今日之恶者，亦岂遂终于恶哉？凡我同约之人，盍共勉之。"众重曰："敢不勉。"乃出席，以次东西序立，交拜，兴，遂退。

告谕

告谕百姓，风俗不美，乱所由兴。今民穷苦已甚，而又竞为淫侈，岂不重自困乏。夫民习染既久，亦难一旦尽变，吾姑就其易改者，渐次诲尔：

吾民居丧不得用鼓乐，为佛事，竭赀分帛，费财于无用之地，而俭于其亲之身，投之水火，亦独何心！病者宜求医药，不得听信邪术，专事巫祷。嫁娶之家，丰俭称赀，不得计论聘财妆奁，不得大会宾客，酒食连朝。亲戚随时相问，惟贵诚心实礼，不得徒师虚文，为送节等名目，奢靡相尚。街市村坊，不得迎神赛会，百千成群。凡此皆靡费无益。有不率教者，十家牌邻互相纠察；容隐不举正者，十家均罪。

尔民之中岂无忠信循理之人，顾一齐众楚，寡不胜众，不知违弃礼法之可耻，而惟虑市井小人之非笑，此亦岂独尔民之罪，有司者教导之不明与有责焉。至于孝亲敬长、守身奉法、讲信修睦、息讼罢争之类，已尝屡有告示，恳切开谕，尔民其听吾诲尔，益敦毋怠！

谕俗四条

为善之人，非独其宗族亲戚爱之，朋友乡党敬之，虽鬼神亦阴相之。为恶之人，非独其宗族亲戚恶之，朋友乡党怨之，虽鬼神亦阴殛之。故"积善之家，必有余庆，积不善之家，必有余殃"。

见人之为善，我必爱之；我能为善，人岂有不爱我者乎？见人之为不善，我必恶之；我苟为不善，人岂有不恶我者乎？故凶人之为不善，至于陨身亡家而不悟者，由其不能自反也。

今人不忍一言之忿，或争铢两之利，遂相构讼。夫我欲求胜于彼，则彼亦欲求胜于我；仇仇相报，遂至破家荡产，祸贻子孙。岂若含忍退让，使乡里称为善人长者，子孙亦蒙其庇乎？

今人为子孙计，或至谋人之业，夺人之产；日夜营营，无所不至。昔人谓为子孙作马牛，然身没未寒，而业已属之他人；仇家群起而报复，子孙反受其殃。是殆为子孙作蛇蝎也。吁，可戒哉！

咨报湖广巡抚右副都御史秦防贼奔窜

准巡抚湖广都御史秦咨云云，已经一体钦遵施行。续据江西岭北道副使杨璋看得朱广寨等处，系桂阳、乐平二县界内贼奔要路，今夹攻在迩，要行各道预发精兵把截。又经备行广东、湖广各官，起集骁勇机快，父子乡兵，选委素有能干官员统领，各于贼行要路，昼夜严加把截，或遇前贼奔逃，就便详察险易，相机截捕。或先于朱广、鱼黄贼所潜逃诸山寨，多张疑兵，使贼不敢奔往。务要虑出万全，不得堕贼奸计。各道仍须分投爪探，出奇设伏，先事预防，但得贼中虚实，差人飞报军门。大抵防寇如水，四面提防既固，但有一处渗漏，必致并力溃决。贼所奔逃，尚恐不止前项诸处，仍行各道，再加询访，但有罅隙，即便行文知会，互相关防，必使皆无蚁穴之漏，庶可全收草剃之功。

今准前因，为照前项各贼，屡经夹攻，狡猾有素，今闻大举，预将妻子搬寄，此亦势所必有。照得咨开，龚福全、李斌，皆已搬送妻子，近往桶冈亲识人家。除行岭北道密行擒拿，一面行文湖广各官，将前项窝户姓名，密切知会，或住近桂阳，或住近上犹，就仰各该守把官兵，相机剿捕外，拟合咨报云云。

咨报湖广巡抚右副都御史秦夹攻事宜

准巡抚湖广都御史秦咨内开："夹攻江西，该分哨道，并把截之路，及各该官军，不无追剿往来过境，必须各给旗号识别，以防错误；凡遇贼势纵横，及攻坚去处，各领哨官即便发兵策应，同舟共济。"又称："各省窝贼之家，今既各有指实，必须从长计处，绝其祸本，以收全功。烦为参酌行止，并将合行事宜咨报，以凭转行各该领兵等官遵守等因"，准此。

先该本院访得大庾、南康、上犹三县近附，贼巢良民村寨甚多，往年大征，不曾分别善恶，给与良民旗号，及拨兵护守，以致狼、土、官兵贪功妄杀，玉石不分；亦有一二良民村寨，给与旗号，拨兵护守；又被不才领兵官员，并良民寨主，受贼重贿，及将有名贼首隐藏其家，事定仍复还巢，至今贻患。及有吉安府龙泉、万安、泰和三县，并南安府所属大庾等三县居民，无籍者往往携带妻女，入畬为盗；行劫则指引道路，征剿则通报消息，尤为可恶。即今闻有大兵夹攻，俱各潜行回家。遇有盘诘，辄称被虏逃归，因而得脱诛戮。若不通行挨究，将来事定，仍复入巢，地方之患，何时可已？就预行上犹等三县，著落当该掌印官员，查出附近贼巢居民村寨通计若干，图画申报，以凭每寨给与良善旗号，临期拨兵护守，仍取各寨主并地方总甲甘结在官。如有应剿贼徒来投，希图隐匿者，许其擒斩送官，照例重赏；容隐者，事发，一寨之人通行坐以奸细重罪。其大庾、龙泉等六乡，各给告示晓谕乡村里老人等，但有平昔入畬为盗，即今潜出，许其举首，亦行照例给赏；容隐事发，本家并四邻一体坐罪。如此庶良善免于玉石俱焚，而盗贼得以根株悉拔，俱经牌仰该道遵照施行外。

又据委官知府等官季敩等呈称，依奉本院方略，分兵于上犹、南康等处防遏，被贼两次纠众出攻南安，俱幸我兵克捷。即今贼势略已衰败，若乘此机会，直捣其巢，旬月之间，可期扫荡云云。本院看得三省夹攻事宜，集兵有先后，期约有迟速，如上犹、大庾之贼，江西先与湖广夹攻，止今广东之兵于仁化把截。候广东兵力已齐，听湖广、广东约会夹攻，江西之兵止于大庾把截。通候广东、湖广夹攻已毕，广东之兵移于惠州，江西之兵移于龙南，又行约会夹攻。如此庶先后有序，事机不失，兵力不竭，粮饷可省。又经移咨贵院查照施行外。

今准前因，看得官军过境，必须各给旗号识别，以防错误。攻坚去处，必须各领哨官即便发兵策应，庶得成功。持论既极公平，所处又甚详悉。除行领哨等官遵照施行外。惟守备指挥李璋所呈："窝贼之家，传闻之言，未必皆实"。已行该道再行查访，务求的实，拔绝祸源。其进攻次第，惟桶冈一处，该与湖广之兵会合；若长流坑、左溪等处，皆深入南安府所属三县腹心之内，见今不次拥众奔冲，势难止遏。本院欲将前项贼巢，以次相机剿扑；候贵治之兵齐集，会合夹攻桶冈。如此则江西腹心之害已除，而二省夹攻之举，得以并力从事。拟合移咨前去，烦为查照定处，咨报施行。

征剿横水桶冈分委统哨牌

据守把金坑等处领兵县丞舒富等申称："探得各畲贼首闻知湖广士兵将到，集众劫掠，猖炽日甚，凿山开堑，为佣益坚。又闻于桶冈后山，陡绝崖壁，结构飞梯，自此直入范阳大山，延袤千里，自来人迹所不能到，今皆搬运粮谷，设有机隘，意在悉力拒战，战而不胜，即奔入此中，截断飞梯，虽有十万之众，亦无所施其力，乞要急为区处等因"到院。随将各畲擒获贼徒，备细研审，亦与所呈略同。

照得先经具题，及备行两省，将各处贼巢以次攻剿；先约湖广官兵，会攻上犹诸贼，未报。但南赣兵力，自来疲弱，为贼所轻，必资湖广士兵，然后行事。贼见士兵未至，必以为夹攻尚远。虽若出其不意，奋兵合击，先以一哨急趋其后，夺其隘口，贼既失势，殆可尽殄。若必俟土兵之至，果如各官所呈，陷贼计中，老师费财，复为他日之患，追悔何及。本院节准兵部咨，题奉钦依："南赣地方贼情，著都御史王守仁自行量调官军，设法剿捕"；及近奉敕谕云云，"俱听军法从事。钦此。"钦遵。除监督守巡官员外，令分投先往上犹、大庾等处调度催督外，本院身督中军，直捣横水大巢。所据各哨官兵，合就分委督发，依期进剿。

一，仰赣州府知府邢珣，统领后开官兵，自上犹石坑进，由上稍、石溪入磨刀坑，过白封龙，一面分兵搜茶潭、鸢井、杞州坑，正兵经过朱坑、早坑入杨梅村，攻白蓝、横水，与都司许清，指挥谢昶、姚玺，知县王天与等兵会合，共结为一大营；及各选精锐，用乡导兵引，赉干粮三日，四搜附近各山寨，如茶潭、鸢井、杞州坑、寨下等处；多方爪探，务期尽绝，互相援应，毋致疏虞。左溪诸贼既尽，然后分哨起营过背乌坑，穿牛角窟，逾梅伏坑，过长流坑，涉果木口，搜芒背、上思顺，过乌地，入上新地、中新地、下新地，攻桶冈峒诸贼，与知府唐淳，指挥余恩、谢昶等兵合势夹击，贼既败散，遂会各营连络犄角，为一大营；各营精锐，开合纵横，分布搜扒，必噍类无遗，候有班师期日，方许回兵。领哨各官及兵快人等，敢有临阵退缩，违犯号令者，仰遵照本院钦奉敕谕内事理，听以军法从事。本官务要竭忠效命，益展才猷，严督诸军，奋勇前进，荡除群丑，以靖地方。如或怠忽乖缪，致有疏虞，国典且存，罪难轻贷。本院即日进屯南康，亲临督战，一应进止机宜，密切差人俱赴营所禀白。牌候事完日缴。

计开：

安远县新民义官某某等名下打手八百名。乾字营哨长赵某某等名下机兵四百名，弓箭手一队，铳手八名，乡导二十名。火药八十斤。地图一张，军令八十张。号色布一千五百件。兵旗大小九十面。令字蓝绢大旗一面。（奇兵搜扒用为先导，寻常皆卷，遇各营兵始开。）令字黄绢大旗一面。（正兵行动用为先导，寻常皆卷，遇各营兵始开。）

军令：失误军机者斩。临阵退缩者斩。违犯号令者斩。经过宿歇去处，敢有搅扰居民，及取人一草一木者斩。札营起队，取火作食，后时迟慢者照军法治；因而误事者斩。安营住队，常如对敌，不许私相往来，及辄去衣甲器仗，违者照军法治；因而误事者斩。凡安营讫，非给有各队信牌，及非营门而辄出入者皆斩。守门人不举告者同罪。其出营樵牧汲水方便，而擅过营门外者杖一百。军中呼号奔走惊众者斩。虽遇贼乘暗攻营，将士辄呼动者斩。军中卒遇火起，除奉军令救火人外，敢有喧呼，及擅离本队者斩。军中守夜巡夜之人每夜各有号色，号色不应者，即便收缚。军中不许私议军机，及妄言祸福休咎，惑乱众心，违者皆斩。凡入贼境哨探，可往而畏难不往，托故推调，及回报不实者斩。军行遇敌人往冲，及有埋伏在傍者，不许辄动，即便整队向贼牢把，相机杀剿，违者斩。军行遇贼众乞降，恐有奸谋，即要驻军严备，一面飞禀中军，令其远退，自缚来投，不许辄与相近；遇有自称官吏，及地方里老来迎接者，亦不许辄与相近，即便驻军严备，一面飞禀中军，审实发落，违者皆斩。贼使入营，及来降之人，将士敢与私语，及问贼中事宜，凡漏泄军情者斩。凡临阵对敌，一队失，全伍皆斩。邻队不救，邻队皆斩。贼败追奔，不得太远，一听号令：闻鼓方进，闻金即止，违者斩。贼巢财物，并听杀贼已毕，差官勘验给赏，敢有临阵擅取者斩。乘胜逐贼，不许争取首级；路有遗下金银宝物，不许低头拾取，违者皆斩。

一，仰统兵官汀州府知府唐淳，统领后开官兵，前往南安府，自百步桥、浮江、合村等处进屯聂都；会同把隘推官徐文英将点集守把乡夫，于内选取堪为乡导者一百名，分引哨路，进袭上关，破下关，乃分兵为三哨：中一大哨逾相见岭，扑密溪，径攻左溪。右一小哨从下关分道搜丝茅坝，复从中大哨于密溪进攻左溪。左一小哨自密溪搜羊牯脑山，复自密溪从中大哨进攻左溪。三哨复合为一，与本院会于横水，遂会同守备郯文，知府季敩，指挥余恩，县丞舒富等兵五营犄角合为一大营；乃各选精锐，用乡导分引，赍干粮二三日，四搜山寨，多方爪探，务期尽绝，互相援应，毋致疏虞。左溪诸贼既尽，听候本院再授方略，然后分哨起营，复自密溪回关田。推官徐文英仍于关田厚集营阵，以待奔窜遗贼，勿轻散动。本官自关田率兵由古亭进屯上保，复自上保历茶坑，由十八磊依期进于木坳，攻桶冈诸贼，与知府邢珣，指挥余恩等兵合势夹击。贼既败散，遂会各营连络犄角为一大营；各选精锐，开合纵横，分布搜扒，必使噍类无遗，候有班师之日，方许回兵。领哨各官及兵快人等敢有临阵退缩违犯号令者，仰既遵照本院云云。

计开　云云下同

一，仰南安府知府季敩，统领后开官兵，自南安府石人背进破义安，分兵搜朱雀坑，入西峰；分兵搜狐狸坑，进船厂；分兵搜李家坑，屯稳下；分兵搜李坑，遂逾狗脚岭，搜阴木坑，攻左溪；与本院会于横水，遂兴守备郑文、知府邢珣、唐淳、指挥余恩、县丞舒富等兵合连为一大营；乃各选精锐，赍干粮三日，用乡导分引，四搜附近山寨，多方爪探，务期尽绝，互相援应，毋致疏虞。左溪诸贼既尽，然后分哨起营，过密溪，搜羊牯脑，逾相见岭，历上关、下关、关田，经古亭，分屯上保、茶坑，断胡芦洞等处贼路，四面设伏，以待桶冈奔贼，为都指挥许清之继，探候缓急，相机应援，必使根株悉拔，噍类无遗，候有班师期日，方许回兵。领兵各官及兵快人等敢有临阵退缩违犯号令者，仰即遵照本院云云。

一，仰江西都司都指挥佥事许清，统领后开官兵，自南康进破溪湖，扑新地，袭杨梅坑，攻白蓝；与本院会于横水，遂与知府邢珣等兵会合共结为一大营；乃各选精锐，用乡导分引，赍干粮二三日，四搜附近各山寨，多方爪探，务期尽绝，互相援应，毋致疏虞。横水诸贼既尽，听候本院再授方略，然后分哨起营，自横水穿牛角窟，搜川坳、阴木潭会左溪，入密溪，过相见岭，历下关、上关、关田、上华山，过鳞潭，屯左泉，分断西山界、胡芦洞等贼路，四面设伏，以待桶冈奔贼。仍归屯横水，控制诸巢，遥与知府季敩相机应援。必使根株悉拔，噍类无遗，候有班师日期，方许回兵。领哨各官及兵快人等敢有临阵退缩违犯号令者，仰即遵照本院云云。

一，仰守备南、赣二府地方，以都指挥体统行事，指挥使郁文，统领后开官兵，前往南安府，自石人坑度汤瓶岭破义安上西峰，过铅厂破苦竹坑，剿长河洞，搜狐狸坑攻左溪，与本院会于横水，遂兴知府唐淳、季敩、指挥余恩、县丞舒富等兵营营连络为一大营；乃各选精锐，用乡导分引，赍干粮二三日，四搜附近山寨，如天台巷、狮子山、丝茅坝等处，多方爪探，务期尽绝，互相援应，毋致疏虞。左溪附近诸贼既尽，听候本院再授方略，然后分哨起营，自左溪过密溪，分兵搜丝茅坝，会下关，入关田，过古亭，逾上保，搜茶坑，屯于十八磊，分兵断下章，设伏以待桶冈奔贼，为知府唐淳之继。使人探候消息，相机应援，必使远近各贼噍类无遗，候有班师期日，方许回兵。领兵各官及兵快人等敢有临阵退缩违犯号令者，仰即遵照本院云云。

一，仰赣州卫指挥余恩，统领后开官兵，自上犹、官隘逾独孤岭，至营前，进金坑，屯过步，破长流坑，分兵入梅伏坑，破牛角窟，扑川坳、阴木潭，与正兵合攻左溪，与本院会于横水，遂与县丞舒富、知府唐淳、季敩、守备郁文等兵连络为一大营；乃各选精锐，赍干粮二三日，用乡导分引，四搜附近各山寨，多方爪探，务期尽绝，互相援应，毋致疏虞。左溪诸贼既尽，听候本院再授方略，然后分哨起营，过密溪，搜羊牯脑，逾相见岭，历下关、上关、关田、上华山、鳞潭、网夹里，从左溪入西山界，攻桶冈诸贼，与知府邢珣、唐淳、指挥谢昶等兵合势夹击。贼既败散，遂会各营连络犄角为一大营，各选精锐，开合纵横，分布搜扒，必使噍类无遗，候有班师期日，方许回兵。领兵各官及兵快人等敢有临阵退缩违犯号令者，仰即遵照本院云云。

一，仰宁都县知县王天与，督同典史梁仪，统领后开官兵，自上犹、官隘、员坑过琴江口，由白面寨至长潭，经杰坝屯石玉，分兵搜樟木坑。正兵自黄泥坑过大湾入员分与本院会于横水，遂与知府邢珣、都司许清等兵会合四营，共结为一大营；乃合选精锐，用乡导分引，赍干粮二三日，四搜附近各山寨，多方爪探，务期尽绝，互相援应，毋致疏虞。横水等处诸贼既尽，听候本院再授方略，然后分哨起营，过背乌坑、牛角窟、梅伏坑，涉长流渡、果木口，搜芒背、上思顺，入乌地，经上新地，中新地，分屯下新地，分兵搜扒，断绝要路，四面设伏，以待桶冈之贼，为知府邢珣之继。使人探候缓急，乃与县丞舒富声息相接应援，必使噍类无遗，候有班师期日，方许回兵。领兵各官及兵快人等敢有临阵退缩违犯号令者，仰即遵照本院云云。

一，仰南康县县丞舒富，统领后开官兵，自上犹、营前、金坑进屯过步，破长流坑，径攻左溪，与本院会于横水，遂与知府邢珣、唐淳、季敩、守备郁文等兵合四营，共结为一大营；乃分选精锐，赍干粮，用乡导分引，四搜附近贼巢，如鳖坑、箬坑、赤坑、观音山、奄场、仙鹤头、源陂、左溪等处。诸贼既尽，听候本院再授方略，然后分哨起营，复自长流坑过果木口，搜芒背，搜铁木里，徇上池，遍搜东桃坑、山源、竹坝泉、大王岭、板岭诸巢，遂屯锁匙龙外，四面埋伏，以待桶冈奔贼。仍与知县王天与声息相接，彼此相机应援，必使噍类无遗，候有班师期日，方许回兵。领兵各官及兵快人等敢有临阵退缩违犯号令者，仰即遵照本院云云。

一，仰吉安府知府伍文定，统领后开官兵，前去屯札稳下，会同守备郁文并谋协力，搜剿稽芜等处贼巢；进屯横水，听候本院再授方略，然后进攻桶冈诸峒。本官仍须详察地理险易，相度机宜，协和行事，毋得尔先我后，力散势分，致失事机。国典具存，决不轻贷。其领哨各官及兵快人等敢有临阵退缩违犯号令者，许即以军法从事。军中一应事宜，亦应随宜应变，应呈报者，仍呈军门施行。

一，仰广东潮州府程乡县知县张戬，统领部下新民、打手、乡夫人等，搜剿稽芜、黄径坳、新地等处贼巢，进屯横水，听候本院再授方略，然后进攻桶冈诸峒。本官仍须详察云云。

一，仰中军营参随官。

设立茶寮隘所

照得抚属上犹等县所辖桶冈天险，四面青壁万仞，中盘二百余里，连峰参天，深林绝谷，不睹日月，贼众屯据其间，东出西没，游劫殆遍，人民遭其荼毒，地方受其扰害，先年亦尝用兵夹剿，坐困数月，不能俘其一卒，竟以招抚为名而罢。近该本院奉命征剿，伏赖天威，悉已扫荡。但恐官兵撤后，四方流贼，乘间复聚；必须于紧关去处，设立隘所，分拨军兵，委官防御，庶使地方得以永宁。

本院见屯茶寮，亲督知府邢珣、唐淳等遍历各处险要，相视得茶寮正当桶冈之中，自来盗贼据以为险，西通桂东、桂阳，南连仁化、乐昌，北接龙泉、永新，东入万安、兴国，堪以设隘保障。当因湖广官兵未至，各营屯兵坐候，因以其暇，责委千户孟俊等督领兵夫，先行开填基址，伐木立栅，起盖营房。见今规模草创已具，本院即欲移营上犹，必须委官督工，庶几垂成之功不致废弛。及照茶寮既设隘所，就合摘拨官兵防御，查得皮袍洞隘兵，原非紧要，合改移茶寮，及于邻近上保、古亭、赤水、鲜潭、金坑编选隘夫，兼同防守，庶一劳永逸，事可经久。为此仰钞案回道，坐委能干县官一员，前去茶寮督工完造，务要坚固永久，不得因循迟延。一面查照本院钦奉敕谕"随宜处置事理"，即将原拨守把皮袍洞隘官兵，尽数移就茶寮住札；一面于上保、赤水、古亭、鲜潭、金坑等寨，量丁多寡，每寨抽选精壮者一二百名，兼同防御。其合用匠作工食等项，行令上犹、南康、大庾三县量支官钱给用，完日具数，及起拨官兵数目，一并回报查考。仍呈抚镇巡按衙门知会。

仰南安赣州印行告谕牌

照得有司之政，风俗为首，习俗侈靡，乱是用生。本院近因地方多盗，民遭荼毒，驱驰兵革，朝夕不遑，所谓救死不赡，奚暇责民以礼义哉？今幸盗贼稍平，民困渐息，一应移风易俗之事，虽亦未能尽举，姑先就其浅近易行者开道训诲。为此牌仰本府官吏，即将发去告谕，照式翻刊，多用纸张，印发所属各县，查照十家牌甲，每家给与一道。其乡村山落，亦照屯堡里甲分散，务遵依告谕，互相戒勉，共兴恭俭之风，以成淳厚之俗。该府仍行各县，于城郭乡村推选素行端方、人所信服者几人，不时巡行晓谕，各要以礼优待，作兴良善，以励末俗，毋得违错。

告谕父老子弟

正德十四年二月

顷者顽卒倡乱，震惊远迩，父老子弟甚忧苦骚动。彼冥顽无知，逆天叛伦，自求诛戮，究言思之，实足悯悼！然亦岂独此冥顽之罪，有司者抚养之有缺，训迪之无方，均有责焉。虽然，父老之所以倡率饬励于平日，无乃亦有所未至欤？今倡乱渠魁，皆就擒灭；胁从无辜，悉已宽贷；地方虽已宁复，然创今图后，父老所以教约其子弟者，自此不可以不预。故今特为保甲之法，以相警戒联属，父老其率子弟慎行之！务和尔邻里，齐尔姻族，道义相劝，过失相规，敦礼让之风，成淳厚之俗。本院奉命抚巡兹土，属有哀疚，未遑匍匐来问父老疾苦，廉有司之不职，究民之利弊而兴除之；故先遣谕父老子弟，使各知悉。方春，父老善相保爱，督子弟，及时农作，毋惰！

十家牌法告谕各府父老子弟

本院奉命巡抚是方，惟欲剪除盗贼，安养小民。所限才力短浅，智虑不及；虽挟爱民之心，未有爱民之政；父老子弟，凡可以匡我之不逮，苟有益于民者，皆有以告我，我当商度其可，以次举行。今为此牌，似亦烦劳。尔众中间固多诗书礼义之家，吾亦岂忍以狡诈待尔良民。便欲防奸革弊，以保安尔良善，则又不得不然，父老子弟，其体此意。自今各家务要父慈子孝，兄爱弟敬，夫和妇随，长惠幼顺，小心以奉官法，勤谨以办国课，恭俭以守家业，谦和以处乡里，心要平恕，毋得轻意忿争，事要含忍，毋得辄兴词讼，见善互相劝勉，有恶互相惩戒，务兴礼让之风，以成敦厚之俗。吾愧德政未敷，而徒以言教，父老子弟，其勉体吾意，毋忽！

轮牌人每日仍将告谕省晓各家一番。

十家牌式

某县某坊

某人某籍

某人某籍

某人某籍

某人某籍

某人某籍

某人某籍

某人某籍

某人某籍

某人某籍

某人某籍

右甲尾某人

右甲头某人

此牌就仰同牌十家轮日收掌，每日酉牌时分，持牌到各家，照粉牌查审：某家今夜少某人，往某处，干某事，某日当回；某家今夜多某人，是某姓名，从某处来，干某事；务要审问的确，乃通报各家知会。若事有可疑，即行报官。如或隐蔽，事发，十家同罪。各家牌式：

某县某坊民户某人。

某坊都里长某下，甲首军户则云，某所总旗小旗某下。匠户则云，某里甲下，某色匠。客户则云：原籍某处，某里甲下，某色人，见作何生理，当某处差役，有寄庄田在本县某都，原买某人田，亲征保住人某某。若官户则云，某衙门，某官下，舍人，舍余。

若客户不报写庄田在牌者，日后来告有庄田，皆不准。不报写原籍里甲，即系来历不明；即须查究。

男子几丁

某（某项官，见任，致仕，在京听选，或在家。）　　某（某处生员，吏典。）

某（治何生业，成丁，未成丁，或往何处经营。）　　某（见当某差役。）

某（有何技能，或患废疾。）　　　　　　　　某

某　　　　　　　　　　　　　　　　　　　　某

见在家几丁 若人丁多者，牌许增阔，量添行格填写。

一妇女几口

一门面屋几间（系自己屋，或典赁某人屋。）

一寄歇客人（某人系某处人，到此作何生理，一名名开写浮票写帖，客去则揭票；无则云无。）

案行各分巡道督编十家牌

照得本院巡抚地方，盗贼充斥；因念御外之策，必以治内为先。顾莅事未久，尚昧土俗；永惟抚绥之宜，憒然未有所措。访得所属军民之家，多有规图小利，寄住来历不明之人，同为狡伪欺窃之事；甚者私通畲贼，而与之传递消息；窝藏奸宄，而为之盘据贪缘；盗贼不靖，职此其由。合就行令所属府县，在城居民，每家各置一牌；备写门户籍贯，及人丁多寡之数，有无寄住暂宿之人，揭于各家门首，以凭官府查考。仍编十家为一牌，开列各户姓名，背写本院告谕，日轮一家，沿门按牌审察动静；但有面目生疏之人，踪迹可疑之事，即行报官究理。或有隐匿，十家连罪，如此庶居民不敢纵恶，而奸伪无所潜形。为此，仰钞案回道，即行各属府县，著落各掌印官，照依颁去牌式，沿街逐巷，挨次编排，务在一月之内了事。该道亦要严加督察，期于著实施行，毋使虚应故事。仍令各将编置过人户姓名造册缴院，以凭查考；非但因事以别勤惰，且将旌罚以示劝惩。

告谕各府父老子弟

告谕父老子弟，今兵荒之余，困苦良甚，其各休养生息，相勉于善。父慈子孝，兄友弟恭，夫和妇从，长惠幼顺，勤俭以守家业，谦和以处乡里，心要平恕，毋怀险谲，事贵含忍，毋轻斗争。父老子弟曾见有温良逊让、卑己尊人而人不敬爱者乎？曾见有凶狠贪暴、利己侵人而人不疾怨者

乎？大嚣讼之人争利而未必得利，求伸而未必能伸，外见疾于官府，内破败其家业，上辱父祖，下累儿孙，何苦而为此乎？此邦之俗，争利健讼；故吾言恳恳于此。吾愧无德政，而徒以言教，父老其勉听吾言，各训戒其子弟，毋忽！

告谕新民

尔等各安生理，父老教训子弟，头目人等抚缉下人，俱要勤尔农业，守尔门户，爱尔身命，保尔室家，孝顺尔父母，抚养尔子孙，无有为善而不蒙福，无有为恶而不受殃，毋以众暴寡，毋以强凌弱，尔等务兴礼义之习，永为良善之民。子弟群小中或有不遵教诲，出外生事为非者，父老头目即与执送官府，明正典刑，一则彰明尔等为善去恶之诚，一则剪除莨莠，免致延蔓，贻累尔等良善。

吾今奉命巡抚是方，惟欲尔等小民安居乐业，共享太平。所恨才识短浅，虽怀爱民之心，未有爱民之政。近因督征象湖、可塘诸处贼巢，悉已擒斩扫荡，住军于此，当兹春耕，甚欲亲至尔等所居乡村，面问疾苦；又恐跟随人众，或至劳扰尔民，特遣官赍谕告，及以布匹颁赐父老头目人等，见吾勤勤抚恤之心。余人众多，不能遍及，各宜体悉此意。

兴举社学牌

看得赣州社学乡馆，教读贤否，尚多淆杂；是以诗礼之教，久已施行；而淳厚之俗，未见兴起。为此牌仰岭北道督同府县官吏，即将各馆教读，通行访择；务学术明正，行止端方者，乃与兹选；官府仍籍记姓名，量行支给薪米，以资勤苦；优其礼待，以示崇劝。以各童生之家，亦各通行戒饬，务在隆师重道，教训子弟，毋得因仍旧染，习为偷薄，自取愆咎。

批南安府请兵策应呈

六月初十日

据知府季敩呈："各巢贼党众多，本府兵力寡弱，乞添兵协剿。"该岭北道议，将南康二班赖养介兵，拨补县丞舒富；兴国谢庄兵、雩都张英才兵，拨补冯廷瑞统领。其本府仍用添兵营策应。及行该府起立军营二处，听候官兵到彼安插。其南康、上犹二县，俱该一体起立回报。

看得，赖养介、谢庄、张英才所统，准令与峰山、双秀等兵更补，预建营房，议尤适当。即行该府议行，务要地势雄壮，沟堑深高，虽系一时之谋，亦为可久之计。

看得南安、上犹所聚兵众，每处不下二千，防遏剿袭，略已足用。各官犹以兵少为辞，不能运谋出奇，亦已可见。今可行令各官，分部原领各兵，一意防遏。另调坎字营一千二百人，令指挥来春统领，往屯南安。又调艮字营一千二百人，令指挥姚玺统领，往屯上犹。二营人马专以相机剿袭为事，声东击西，务使踪迹靡定，条聚复散。每念变态无常，该道即将该去各兵查给口粮，二十四日巳时起营前去。仍行该府县官，务要协力同心，相为犄角之势，共成夹剿之功。呈缴。

批岭北道攻守机宜呈

六月二十六日

批兵备副使杨璋呈称："访得前项贼徒，俱被逃往横水、桶冈大巢屯聚，所平巢穴，未免复来营给。合行知府季敩统领异字营兵一千二百名，防遏大庾县贼巢。县丞舒富仍统震字营兵一千二百名，防遏上犹、南康二县贼巢。"

看得各巢贼党，虽已溃散，计其势穷食绝，必将复出剽房。所议防遏事理，照议施行。仍行县丞舒富，务要在于贼巢总会处所屯札，多遣乖觉乡导，分路爪缉，探知贼徒将出，即便设伏擒剿，务竭忠诚，以副委任，毋得虚文粉饰。此后但有推托坐视，定行治以军法。再照前项贼徒，今皆聚于横水、桶冈，若遣重兵直捣其地，示以必攻之势，彼将团结自守不暇，势必不敢分众出掠，不过旬余，两巢之贼可以坐取。仍仰该道密议直捣方略，呈来定夺。呈缴。

夹攻防守咨

十月

准湖广巡抚都御史秦咨云云。看得龙泉一县，与上犹县诸巢接境。将来三省夹攻，使龙泉所守不固，则吉安属县俱被骚扰。必须大兵一哨，就从此路进剿，方可止贼奔冲。已行吉安府知府伍文定，备行所属龙泉、万安、太和等县，永新、安福等所，精选民间打手，或在官机兵，共二千名，编成队伍，督同知县陈允谐等分统，俱赴龙泉县屯扎。该县乡夫，即日起集，守把隘口，听候刻期夹剿外。今准前因，合就咨报。为此备由移咨前去，烦为查照施行。

行岭北道催督进剿牌

十月初十日

案照先经行仰该道守巡官，分投先往上犹、大庾等处住札，听候各哨官兵至日，即便催督进剿去后。今照领兵等官，已该本院坐委，合行分投催督。为此仰抄案回道，即便催督各哨官兵，遵照方略，依期星夜直抵巢穴，务将前贼扫荡扑灭，以靖地方，毋遗芽蘖，致贻后患。本官仍行各官，详察地里险易，相度机宜，慎重行事，毋得轻率寡谋。及逗遛退缩，致误事机，定行军法从事。军中未尽事宜，亦听随机应变施行，仍呈本院知会，俱毋违错。

横水建立营场牌

十月二十七日

照得本院亲督诸军，进破横水等巢，贼徒已就诛戮。但山高林密，诚恐漏殄之徒，大军撤后，仍复啸聚，必须建立营场，委官防守。为此牌仰典史梁仪，协同千户林节统领宁都机兵四百名，信丰机兵六百名，就在横水大村，砍伐木植，相视地势雄阜去处，建立营场一所，周围先竖木栅，逐旋修筑土城，听候本院回军住札，以凭委官留兵防守。各官务要同力协谋，精勤干理，工完之日，照依军功论赏。所领兵众，如有不听约束，许以军令责治。其合用夫匠等项，听于南安所属上犹、南康等县取用。该县俱要即时应付，毋得迟违误事。

行岭北等道议处兵饷

八月十四日

节该钦奉敕谕："一应军马钱粮事宜，俱听便宜区画，以足军饷，钦此。"钦遵。照得，近因夹剿上犹、桶冈等贼，粮饷无措。当时仰赖朝廷威德，两月之间，偶速克捷，不然，必致缺乏。今各巢虽已扫定，而遗党窜伏，难保必无。况广东后山等处，方议征剿，万一奔决过境，调兵遏剿，粮饷为先。查得见行措置军饷，以防民患事例：今后江西南、赣等府有兵备去处，各该军卫有司所问囚犯，审有家道颇可者，不拘笞杖徒流并杂犯死罪。各照做工年月，每日折收工价银一分，送府收贮，以备巡抚衙门军情缓急之用。虽有别项公务，不得擅支，仍要按季申报，合干上司，以凭稽考，等因。照得，近来官吏因循不行，查照概将问追工价等银，俱称类解买谷，遂致军饷无备，甚属故违。具访前项银两，埋没侵渔甚众。今姑未查究，再行申明，仰抄案回道，着落当该官吏，并行南、赣二府卫、所、县。今后奉到问理等项，笞杖徒流杂犯斩绞罪，除有力纳米照旧外，其家道颇可者，俱要查照先行事例，折纳工价，俱收贮该府，以备本院军情缓急。敢有故违者，定行参以赃罪，决不轻贷。仍仰各置文簿二扇，按季循环开报查考，毋致隐匿。仍呈抚按衙门知会。

参 考 文 献

一、明清文集

[1] 杨廷和 . 大明武宗毅皇帝实录 [M]. 上海：上海书店，1984.

[2] 孙燧 . 孙忠烈公遗稿 [M]// 余姚孙境宗谱：卷四 艺文志 . 刻本 .[刻者不详]，1899（清光绪二十五年）.

[3] 罗钦顺 . 困知记 [M]. 阎韬，点校 . 北京：中华书局，2013.

[4] 王守仁 . 王文成公全书 [M]. 刻本 . 谢廷杰，1572（明隆庆六年）.

[5] 王守仁 . 王文成公全书 [M]. 刻本 .[刻者不详]，1736—1796（清乾隆年间）.

[6] 王守仁 . 王文成公全书 [M]. 刻本 . 浙江书局，1875—1908（清光绪年间）.

[7] 王守仁 . 王文成公全书 [M]. 上海印书馆影印本 . 上海：上海印书馆，1919（民国八年）.

[8] 王守仁 . 王文成公全书 [M]. 上海：上海中华图书馆，1924（民国十三年）.

[9] 王守仁 . 王文成公全书 [M]. 上海：商务印书馆，1934（民国二十三年）.

[10]王守仁 . 王文成公全书 [M]. 上海：上海中华图书馆，1936（民国二十五年）.

[11] 王守仁 . 王文成公全集 [M]. 台湾：台湾古新书局，1978.

[12] 王守仁 . 阳明先生集要 [M]. 施邦曜，辑评 . 王晓昕，赵平略，点校 . 北京：中华书局，2008.

[13] 王守仁 . 王阳明全集（中日文对照本）[M]. 冈田武彦，福田殖，难波

302

正男，等译注 . 日本东京：明德出版社，1986.

[14] 王守仁 . 王阳明全集 [M]. 吴光，钱明，董平，等编校 . 上海：上海古籍出版社，1992.

[15] 王守仁 . 阳明先生文录：四卷 [M]. 日本九州大学文学部藏本 .

[16] 薛刚 . 布政司诗类 [M]// 湖广图经志书：卷一 本司志 . 吴廷举，续修 . 日本尊经阁文库藏本 . 刻本 . [刻者不详]，1522（嘉靖元年）.

[17] 薛侃 . 中离先生全集 [M]. 刻本 . [刻者不详]，1915（民国四年）.

[18] 徐爱 . 横山遗集 [M]. 刻本 . 浙江：[刻者不详]，1534（明嘉靖十三年）.

[19] 邹守益 . 邹守益集 [M]. 董平，编校整理 . 南京：凤凰出版社，2007.

[20] 钱德洪 . 绪山会语 [M]. 杭州：浙江古籍出版社，1985.

[21] 王畿 . 龙溪先生全集 [M]. 刻本 . [刻者不详]，1882（清光绪八年）.

[22] 张溶，徐阶等 . 大明世宗肃皇帝实录 [M]. 上海：上海书店，1982.

[23] 王时槐 . 友庆堂合稿：七卷 [M]. 刻本 . 盱江：[刻者不详]，1610（明万历三十八年）.

[24] 李贽 . 焚书 续焚书 [M]. 北京：中华书局，1974.

[25] 陈有年 . 孙忠烈公（燧）年谱 [M]. 刻本 . [刻者不详]，1899（清光绪二十五年）.

[26] 余继登 . 典故纪闻 [M]. 北京：中华书局，1981.

[27] 冯梦龙 . 皇明大儒王阳明 [M]. 张昭炜，编著 . 北京：九州出版社，2014.

[28] 谈迁 . 国榷 [M]. 北京：中华书局，2005.

[29] 黄宗羲 . 明儒学案 [M]. 沈芝盈，点校 . 北京：中华书局，1985.

[30] 谷应泰 . 明史纪事本末 [M]. 北京：中华书局，2015.

[31] 张廷玉 . 明史 [M]. 北京：中华书局，1974.

[32] 王鸣盛 . 十七史商榷 [M]. 影印本 . 北京：中国书店，1987.

[33] 纪昀，等 . 四库全书 [M]. 上海：上海古籍出版社，1987.

[34] 赵翼．廿二史札记校证 [M]．王树民，校证．北京：中华书局，1984．

[35] 夏燮．明能鉴 [M]．影印本．上海：上海古籍出版社，1990．

[36] 岑三多，等．馀姚岑氏章庆堂宗谱 [M]．刻本．章庆堂，1908（清光绪三十四年）．

二、方志文献

[1] 贵州通志 [M]．清同治刻本．

[2] 江西通志 [M]．清雍正刻本．

[3] 浙江通志 [M]．清雍正刻本．

[4] 山东通志 [M]．清光绪刻本．

[5] 安徽通志 [M]．清光绪刻本．

[6] 湖广通志 [M]．清康熙刻本．

[7] 湖南通志 [M]．清光绪刻本．

[8] 广西通志 [M]．清嘉庆刻本．

[9] 赣州府志 [M]．明嘉靖刻本．

[10] 赣州府志 [M]．明天启刻本．

[11] 赣州府志 [M]．清同治刻本．

[12] 南安府志 [M]．刻本．北京：书目文献出版社，1990 年．

[13] 南安府志 [M]．清同治刻本．

[14] 虔台志 [M]．明嘉靖刻本．

[15] 虔台志 [M]．明天启刻本．

[16] 赣县志 [M]．清康熙刻本．

[17] 赣县志 [M]．清同治刻本．

[18] 大庾县志 [M]．清乾隆刻本．

[19] 大庾县志 [M]．清同治刻本．

[20] 雩都县志 [M]. 明嘉靖刻本.

[21] 雩都县志 [M]. 清顺治刻本.

[22] 雩都县志 [M]. 清同治刻本.

[23] 王之骥，等. 龙南县志 [M]. 闫士杰，等修. 1709（清康熙四十八年）.

[24] 龙南县志 [M]. 清乾隆刻本.

[25] 南康县志 [M]. 明嘉靖刻本.

[26] 南康县志 [M]. 清同治刻本.

[27] 崇义县志 [M]. 明嘉靖刻本.

[28] 崇义县志 [M]. 清同治刻本.

[29] 崇义县志 [M]. 清光绪刻本.

[30] 上犹县志 [M]. 清康熙刻本.

[31] 上犹县志 [M]. 清光绪刻本.

[32] 上犹县志 [M]. 上犹县志编纂委员会，1992.

[33] 上犹县志（1986—2000）[M]. 北京：方志出版社，2004.

[34] 上犹县地名办公室. 江西省上犹县地名志 [M]. 赣州：赣南印刷厂，1985.

[35] 信丰县志 [M]. 清康熙刻本.

[36] 信丰县志 [M]. 清同治刻本.

[37] 长宁县志 [M]. 清乾隆刻本.

[38] 长宁县志 [M]. 清光绪刻本.

[39] 吉安府志 [M]. 清同治刻本.

[40] 万安县志 [M]. 清同治刻本.

[41] 泰和县志 [M]. 清同治刻本.

[42] 汀州府志 [M]. 清同治刻本.

[43] 漳州府志 [M]. 清同治刻本.

[44] 九江府志 [M]. 清同治刻本.

[45] 广信府志 [M]. 清雍正刻本.

[46] 饶州府志 [M]. 清康熙刻本.

[47] 九江府志 [M]. 清同治刻本.

[48] 南昌府志 [M]. 清同治刻本.

[49] 抚州府志 [M]. 清光绪刻本.

[50] 袁州府志 [M]. 清同治刻本.

[51] 河源府志 [M]. 清同治刻本.

[52] 和平县志 [M]. 清同治刻本.

[53] 平和县志 [M]. 清同治刻本.

三、今人著作

[1] 高濑武次郎. 王阳明详传 [M]. 北京：北京时代华文书局，2013.

[2] 熊十力. 十力语要 [M]. 北京：中华书局，1996.

[3] 熊十力. 体用论 [M]. 台北：台湾学生书局，1983.

[4] 熊十力. 明心篇 [M]. 台北：台湾学生书局，1984.

[5] 熊十力. 新唯识论 [M]. 北京：中华书局，1985.

[6] 钱穆. 王守仁 [M]. 北京：商务印书馆，1930.

[7] 钱穆. 阳明学述要 [M]. 台北：正中书局，1955.

[8] 冯友兰. 宋明道学中理学心学二派之不同 [J]. 清华大学学报（自然科学版），1932，（第 A1 期）：101-111.

[9] 安冈正笃. 王阳明研究 [M]. 东京：明德出版社，1960.

[10] 邵启贤. 赣石录 [M]. 石印本.[刻者不详]，1920（民国九年）.

[11] 侯外庐，邱汉生，张岂之. 宋明理学史 [M]. 北京：人民出版社，1997.

[12] 徐复观. 儒家政治思想与民主自由人权 [M]. 台北：台湾学生书局，1988.

[13] 牟宗三 . 智的直觉与中国哲学 [M]. 北京：中国社会科学出版社，2008.

[14] 冈田武彦 . 王阳明与明末儒学 [M]. 吴光，钱明，屠承先，译 . 上海：上海古籍出版社，2000.

[15] 冈田武彦 . 王阳明大传：知行合一的心学智慧 [M]. 重庆：重庆出版社出版，2015.

[16] 白寿彝，启功，郭预衡，等 . 文史英华·学案卷 [M]. 何本方，编注 . 长沙：湖南出版社，1993.

[17] 狄百瑞，陈荣捷，华兹生 . 中国传统之本源 [M]. 纽约：哥伦比亚大学出版社，1960.

[18] 列文森 . 儒教中国及其现代命运 [M]. 郑大华，任菁，译 . 北京：中国社会科学出版社，2001.

[19] 汤一介 . 中国传统文化中的儒道释 [M]. 北京：中国和平出版社，1988.

[20] 蔡仁厚 . 儒家思想的现代意义 [M]. 台北：文津出版社，1987.

[21] 杜维明 . 文化中国的认知与关怀 [M]. 台北：台湾稻乡出版社，1999.

[22] 束景南 . 王阳明佚文辑考编年（增订版）[M]. 上海：上海古籍出版社，2015.

[23] 束景南 . 王阳明年谱长编 [M]. 上海：上海古籍出版社，2017.

[24] 艾尔曼 . 从理学到朴学——中华帝国晚期思想与社会变化面面观 [M]. 赵刚，译 . 南京：江苏人民出版社，1995.

[25] 陈来 . 宋明理学 [M]. 沈阳：辽宁教育出版社，1992.

[26] 陈来 . 有无之境：王阳明哲学的精神 [M]. 北京：人民出版社，1991.

[27] 钱明 . 阳明学的形成与发展 [M]. 南京：江苏古籍出版社，2002.

[28] 周建华 . 周敦颐南赣理学和文学研究 [M]. 北京：中国文联出版社，2003.

[29] 周建华 . 王阳明南赣活动研究 [M]. 北京：中国文联出版社，2002.

[30] 周建华 . 南赣理学研究及其影响 [M]. 北京：线装书局，2011.

[31] 周建华，徐影 . 王阳明与崇义 [M]. 北京：中共党史出版社，2009.

[32] 周建华 . 王阳明在江西 [M]. 南昌：江西高校出版社，2017.

[33] 周建华，刘枫 . 王阳明与福建 [M]. 福州：福建人民出版社，2020.

[34] 周建华 . 知行合一：王阳明在赣州（英汉对照）[M]. 广州：广东旅游出版社，2019.

四、工具书类

[1] 上海人民出版社 . 中国历史纪年表 [M]. 上海：上海人民出版社，1976.

[2] 李崇智 . 中国历代年号考 [M]. 北京：中华书局，1981.

第四大服务：养。

小镇建有特色泡池、温泉宫、大型户外梦幻水世界、"上犹巴厘岛"湖心岛亲子乐园，特别是阳明温泉内设有 VIP 温泉汤苑，安静隐秘。

第五大服务：赏。

小镇汤街，依山傍水，白墙黛瓦，闹中取静，氛围祥和，还可以与阳明小镇 VIP 管家提前预约，在小镇阳明书院赏奇石、看画展、参文事、听圣课，谈古论今。阳明小镇的高级、阳明文化的高度，给 VIP 宾客带来无与伦比的体验。

第六大服务：培。

小镇是赣州阳明文化研学基地、上犹县委党校红色教育培训基地，小镇把"破心中贼""致良知"等阳明文化与井冈山精神、红井精神、半条被子精神有机结合，开展独具特色的政企文化建设、红色教育活动。小镇有"琴、棋、书、画、诗、酒、花、茶"八雅文化，以及"礼、乐、射、御、书、数"春秋六艺培训。

阳明文化　熠熠生辉

1. 阳明书院

赣州是王阳明先生平定"山中贼"的地方，是王阳明先生平乱立功的主要阵地，是施行王化德政的重要实践地，也是成就王阳明立德、立功、立言"三不朽"圣人形象的重地。明正德十三年（1518），王阳明平定了盘踞在江西、广东、福建、湖广边际地区的山贼之后，感到"破山中贼易，破心中贼难"，于是便令南赣所属各县书院、社地，以宣风教，传授他的知行合一、致良知的学说，阐述"良知"的深刻含义，"见父自然知孝，见兄自然知弟，见孺子入井自然知恻隐，此便是良知"。2022 年，上犹阳明小镇董事长陈定云先生在王阳明先生过化之地，建立阳明书院，鲁壁金丝，尼山木铎，上接瓣香，传承阳明文化，光大中华文明，此举功在当代，利在千秋，体现了一个企业家的文化责任与社会担当。

上犹原有东山书院、永清书院等。阳明小镇古书院所，顾名思义，把阳明文化融入小镇，是小镇的题中之义。阳明书院位于小镇汤街，设有藏书阁、传习堂、讲读室、阳明精舍、书画创作室、书画展厅等。

2. 长生阁艺术馆

陈定云先生藏有数百幅古字画，结合项目的推进，打造了一个长生阁艺术馆。

王阳明有一首题为《长生》的诗，有两句名言"千圣皆过影，良知乃吾师"，把这个作为"长生阁"的楹联，再合适不过了。

王阳明《长生》诗云：

> 长生徒有慕，苦乏大药资。
>
> 名山遍探历，悠悠鬓生丝。
>
> 微躯一系念，去道日远而。
>
> 中岁忽有觉，九还乃在兹。
>
> 非炉亦非鼎，何坎复何离。
>
> 本无终始究，宁有死生期？
>
> 彼哉游方士，诡辞反增疑。
>
> 纷然诸老翁，自传因多歧。
>
> 乾坤由我在，安用他求为？
>
> 千圣皆过影，良知乃吾师。

3. 文成圣泉

明正德十二年（1517）十月间，王阳明准备对盘踞在上犹等县境内以谢志山、蓝天凤为首的乱民进行围剿。率官军驻扎中稍期间，他见当地百姓饮用浑浊、苦涩的河水，便令官军在中稍河边修建了一口井，并题一联："一井窥天何识天理，十年观心始见良知。"这口井泉流淙泪，丰沛充盈，质净清冽，不仅解决了中稍百姓和驻军官兵饮用水的问题，王阳明也常用此井泉水煮茶品茗，在沁人心脾的茶香中修学悟道、谋划军政要事。为了纪念王阳明修井惠民的功德，当地百姓将此处命名为"文成圣泉"。

多位名家题咏：

明代书法家祝允明题：神源。

明代阳明后学、文学家、戏剧家汤显祖题：阳明圣泉。

明末清初"江西画派"鼻祖罗牧题：半山心水。

明末清初书画家八大山人题：天地有象，圣泉阳明。

第四大服务：养。

小镇建有特色泡池、温泉宫、大型户外梦幻水世界、"上犹巴厘岛"湖心岛亲子乐园，特别是阳明温泉内设有 VIP 温泉汤苑，安静隐秘。

第五大服务：赏。

小镇汤街，依山傍水，白墙黛瓦，闹中取静，氛围祥和，还可以与阳明小镇 VIP 管家提前预约，在小镇阳明书院赏奇石、看画展、参文事、听圣课，谈古论今。阳明小镇的高级、阳明文化的高度，给 VIP 宾客带来无与伦比的体验。

第六大服务：培。

小镇是赣州阳明文化研学基地、上犹县委党校红色教育培训基地，小镇把"破心中贼""致良知"等阳明文化与井冈山精神、红井精神、半条被子精神有机结合，开展独具特色的政企文化建设、红色教育活动。小镇有"琴、棋、书、画、诗、酒、花、茶"八雅文化，以及"礼、乐、射、御、书、数"春秋六艺培训。

阳明文化　熠熠生辉

1. 阳明书院

赣州是王阳明先生平定"山中贼"的地方，是王阳明先生平乱立功的主要阵地，是施行王化德政的重要实践地，也是成就王阳明立德、立功、立言"三不朽"圣人形象的重地。明正德十三年（1518），王阳明平定了盘踞在江西、广东、福建、湖广边际地区的山贼之后，感到"破山中贼易，破心中贼难"，于是便令南赣所属各县书院、社地，以宣风教，传授他的知行合一、致良知的学说，阐述"良知"的深刻含义，"见父自然知孝，见兄自然知弟，见孺子入井自然知恻隐，此便是良知"。2022 年，上犹阳明小镇董事长陈定云先生在王阳明先生过化之地，建立阳明书院，鲁壁金丝，尼山木铎，上接瓣香，传承阳明文化，光大中华文明，此举功在当代，利在千秋，体现了一个企业家的文化责任与社会担当。

上犹原有东山书院、永清书院等。阳明小镇古书院所，顾名思义，把阳明文化融入小镇，是小镇的题中之义。阳明书院位于小镇汤街，设有藏书阁、传习堂、讲读室、阳明精舍、书画创作室、书画展厅等。

2. 长生阁艺术馆

陈定云先生藏有数百幅古字画，结合项目的推进，打造了一个长生阁艺术馆。

王阳明有一首题为《长生》的诗，有两句名言"千圣皆过影，良知乃吾师"，把这个作为"长生阁"的楹联，再合适不过了。

王阳明《长生》诗云：

> 长生徒有慕，苦乏大药资。
>
> 名山遍探历，悠悠鬓生丝。
>
> 微躯一系念，去道日远而。
>
> 中岁忽有觉，九还乃在兹。
>
> 非炉亦非鼎，何坎复何离。
>
> 本无终始究，宁有死生期？
>
> 彼哉游方士，诡辞反增疑。
>
> 纷然诸老翁，自传困多歧。
>
> 乾坤由我在，安用他求为？
>
> 千圣皆过影，良知乃吾师。

3. 文成圣泉

明正德十二年（1517）十月间，王阳明准备对盘踞在上犹等县境内以谢志山、蓝天凤为首的乱民进行围剿。率官军驻扎中稍期间，他见当地百姓饮用浑浊、苦涩的河水，便令官军在中稍河边修建了一口井，并题一联："一井窥天何识天理，十年观心始见良知。"这口井泉流淙汩，丰沛充盈，质净清冽，不仅解决了中稍百姓和驻军官兵饮用水的问题，王阳明也常用此井泉水煮茶品茗，在沁人心脾的茶香中修学悟道、谋划军政要事。为了纪念王阳明修井惠民的功德，当地百姓将此处命名为"文成圣泉"。

多位名家题咏：

明代书法家祝允明题：神源。

明代阳明后学、文学家、戏剧家汤显祖题：阳明圣泉。

明末清初"江西画派"鼻祖罗牧题：半山心水。

明末清初书画家八大山人题：天地有象，圣泉阳明。

清代状元、宰相戴衢亨题：山川降灵，神光熠辉，甘露滋液，文成渊源。

清代宰相戴均元题：阳明真泉，此心光明。

清代南安知府、书法家陈奕禧题：阳明心水，万年不息。

清代书法家伊秉绶题：阳明心泽，陶冶性灵。

民国书法家谢远涵题：源头活水，利济无穷。

4. 阳明点将台

相传，明正德十二年（1517）十月间，王阳明调派军队准备对以谢志山、蓝天凤为首的山贼进行清剿。进剿前，王阳明集结各路大军于中稍，召开军事会议，部署进剿方略，并在搭建的点将台上下达作战命令，排兵布阵，点将出征。同时，王阳明还亲自为点将台撰联："运筹帷幄此心不动，决胜千里随机而行。"贼患平定后，各路大军凯旋，再一次集结点将台前，论功行赏，接受王阳明的表彰嘉奖。

王阳明离开中稍后，点将台也成为当地百姓节庆聚会、联谊表演的重要场所，因而又称为"古戏台"。

5. 小镇之歌　名家名作

阳明小镇之歌，题为《天沐阳明》。

天沐阳明

词：何沐阳　蒋平

曲：何沐阳

云到宝山山定云

风吹上水水漾温

客自远来　茶香酒浓

情如泉涌　待你一洗红尘

千愁万绪浸消融

山重水复见阳明

万物和鸣　一体之仁

荡涤时光　润我身与心灵

术的饕餮盛宴。长生阁画廊，主营国家级非遗荣宝斋木版水印书画、全国当代名家保真书画作品、赣南名家私人定制保真书画作品，让您感受书画艺术的美与力量！

第五张名片：圣人泡过的温泉。

贤士夸，隐士夸，别无他处；

圣人泡，凡人泡，唯有此泉。

小镇以原山森林水系为景观，打造"含氟真温泉"奢养温氧体验，88 个各具特色的泡池、1000 平方米的室内温泉宫，近 2000 平方米的康养中心。小镇梦幻水世界，设有海浪池、儿童水寨、水上漂流等 30 多个大型儿童水上游乐项目，可以让游客开启夏日狂欢，纵享激情畅意。

第六张名片：阳明书院的课。

谈古论今，心学启迪众慧；

传真布道，良知开悟人生。

阳明心学根植赣山秀水间，阳明书院以阳明先生讲学时原址原貌复建，设"藏书阁""研习室""讲读室""传习堂"，以"藏研讲传"致良知之学于事事物物。邀请阳明心学领域专家学者，推出心学课、红学课、商学课、文学课、艺术课、修养课六大阳明系列课程，与伟大心灵对话，启迪人心，灵根再植，循着王阳明立德、立功、立言的行迹问道前行。

六大服务　体贴入微

小镇有六大服务：吃、住、会、养、赏、培。

第一大服务：吃。

小镇设有行政酒廊、真味堂、北京蝎梁府特色餐厅等 3 大餐厅，有围餐、自助餐、西餐、早餐、夜宵等多种形式，还有阳明家宴、全鱼宴、羊蝎子等特色美食。

第二大服务：住。

小镇设有青年客栈、湖心岛木屋、VIP 汤屋、圣泉阁酒店、何陋轩四合院民宿、瑞云山居山顶民宿群等风格迥然不同的 6 个酒店，有豪华双床房、大床房、亲子房、复式房、套房、娱乐房等房型。

第三大服务：会。

小镇设有大、中、小会议厅，并配有 LED 屏、投影仪、音响等设备。

六张名片　彰显特色

小镇有六张名片：元宝山的光、文成圣泉的水、真味堂的菜、长生阁的画、圣人泡过的温泉、阳明书院的课。

第一张名片：元宝山的光。

元宝山上一轮月；

仰见良知千古光。

公元 1516 年，王阳明出任南赣巡抚，亲率大军围剿在上犹、大余等地的山贼时，就在小镇元宝山下练兵点将。元宝山，见证了王阳明在南赣的成功之路；元宝山精神，激励了上犹民众建设美好家园，吸引了一代又一代的求知者探寻"破心中贼""致良知"的心学之路。

第二张名片：文成圣泉的水。

圣哲掘井为大众；

今人饮泉感良知。

"文成圣泉"是王阳明在上犹的遗存遗址之一。正德十二年（1517）十月间，王阳明令官军在中稍河边修建了此井，并题一联："一井窥天何识天理，十年观心始见良知。"此举解决了中稍百姓和驻军官兵饮用水的问题，王阳明也常用此井泉水煮茶品茗，在沁人心脾的茶香中修学悟道、谋划军政要事。为了纪念王阳明修井惠民的功德，当地百姓将此处命名为"文成圣泉"。

第三张名片：真味堂的菜。

取材以精烹之巧，此有真味；

奉客至上待之诚，定无假情。

小镇地处赣南群山之中，滋养地道风物，打造出客家地道美食、客粤融合风雅宴席，食材考究，富有创新。阳明家宴——穿越时光窥见圣人精神，全鱼宴——感受岁月更迭间水乡人特有的舌尖美味，北京羊蝎子——跨越时空地域的特色美食，精心打造的美味盛宴，让游客感受烟火赣气！

第四张名片：长生阁的画。

藏名家字画，香溢长生阁；

展历代风韵，雅集永乐宫。

长生阁艺术馆，艺术文化的灵魂在这里汇聚。馆藏王阳明真迹手札《南赣家书》，闪耀"知行合一"心学思想的光辉。内设两间书画展厅，不同主题真迹书画轮番展出，带您品鉴文化艺

天沐阳明　天沐阳明

总有一隅　停泊你心

天沐阳明　天沐阳明

与你同沐一池温

我心光明

（戏唱）

山水之间须著我风尘堆里却输侬

自然风光　人文韵味

自然风光，加持人文韵味。

赣州风景独好，可玩可赏的地方不少。上犹县，这颗隐匿在其中的璀璨明珠，因境内有山如犹蹲而得名。

昔日之上犹，人文底蕴深厚，山川秀美迷人，是一块尚未雕琢的璞玉，藏在深闺人未识。今日之上犹，华丽转身，打造生态旅游品牌，将建设以"黄州重要的生态功能新区和休闲度假的后花园""赣粤闽湘四省最具山水特色的旅游休闲度假地"为亮点，以观光、度假、休闲、养生为主，倡导自然健康生活理念和生活方式。

它犹如一只振翅欲飞的山鹰，正向世人展示它辉煌耀目的神韵。

上犹县生态旅游"五张名片"：一块石、一幅画、一条鱼、一杯茶、一列森林小火车。那一缕茶香，那一景一鱼一石一画，无不让人留恋。丰富的旅游产业资源如散落在上犹大地上的珍珠，星罗棋布。

去齐云山之巅，看云海；去草山之顶，听巨大的风车嘶吼；遥望如温暖手掌的五指峰，聆听燕子岩的石头阵唱情歌；去鹰盘山顶一起看日出，或是在油石嶂下共赏静谧时光。

历史遗情落华章，低碳旅游绘新篇。拥揽"中国天然氧吧"称号的上犹小城，必将跃然青川绿水之上。

养生休闲"泉" 沐心浴德

"汤泉泉水沸且清，仙源遥自丹砂生，沐日浴月泛灵液，微波细浪流踪峥。"康熙帝笔下细描慢绘的沐汤美事，向世人解读温泉的独特意韵。

共卧于水光岩影之间，寻得闲情千重。唯有水间的氤氲缭绕，妙宇奇境。想来这样一个放松身心的绝佳处，不用说古人，就是今日浮世的人们也要趋之若鹜的。所以，我们在此流连，纵情温泉中，逍遥云外边。

泉质柔滑细腻，宛若琼浆玉液，一饮一酌之间，沐浴温养时光。

真山水温泉——天沐温泉，素有"冬浴后则身暖而不寒，夏浴后则体轻而凉生"的美誉。在赣州天沐，"不入焉知其中味，浴罢恍若换肌骨"。禅与泉，相伴而生。徜徉在原生态的溪流、小河、园林中，一步一景，景自心生，禅文化深深植根于灵动的泉水之中。在山水自然中调养生息，穿过千年的水汽氤氲，寻一方闲适天地，体会自心本性，达到身心合一的人生境界，不亦乐乎。

穿行在青山绿水之中，置身于大自然的怀抱，人在画中游，像一曲琴箫合奏，清脆而悠长。与水共舞，身心融入大自然的静谧和美好之中，处处感受水的无限动感和清凉抚摸。

山水养人，禅意养生。看绿树掩映的回廊婉转、小道蜿蜒，看宁静中的朱木黛瓦、灰墙构成的楼阁古朴祥和，身无琐事，体味赣南诗意建筑之美，感受阳明文化的深邃意境。看的是一种风景，也是一种禅意。

一席山水在怀，自然定心；

满室禅意于心，自然静虑；

有山岚轻雾，凝香静气；

亦有汤浴温泉，枕水听禅。

阳明温泉，等您！

◉ 赣州阳明小镇　文旅地标

赣州阳明小镇以阳明心学为企业文化核心，以王阳明"良知"之道为企业的精气神，以阳明文化引领业态。

文化地标　文旅中心

赣州阳明小镇是中国阳明心学文化地标、中国阳明文化旅游集散中心。

小镇定位：

中国阳明文化旅游集散中心；

江西红色旅游最佳中转中心。

赣州阳明小镇位于中国天然氧吧、国家生态文明建设示范区赣州上犹县城西4千米处，小镇占地面积5000亩，依托圣人王阳明历史文化遗存，规划建设"一带两轴八区十二桥"明代历史建筑群，打造以温泉、餐饮、酒店、书院、艺术馆等多业态相结合，集观光旅游、文化体验、度假康养、运动健身为一体的全域型文旅小镇。 阳明小镇夜景赣州首席绿色文旅小镇全国知行文旅康养福地。

赣州阳明小镇所在地上犹县中稍村，是王阳明屯兵平乱的重要驻军地和"破心中贼"的重要教化之地。小镇依托阳明文化遗存，恢复和重建了阳明书院、文成圣泉、阳明古汤街、点将台、藏兵洞、军疗所、许愿池等一批历史文化景点，受到中国阳明文化学界的肯定，也受到当地百姓的赞扬和追捧。

赣州是王阳明先生立功平乱的主要阵地，施行王化德政的重要实践地，也是成就王阳明立德、立功、立言"三不朽"圣人形象的重地。 赣州阳明小镇依托阳明文化，经过五年的沉淀，在国内外已有一定的地位、知名度及影响力。小镇的长生阁艺术馆也是全国知名、省内一流的文化艺术展馆。赣州阳明小镇也被业界誉为国内最好的温泉度假小镇。